아들러 심리치료의 실제

LEARNING AND PRACTICING ADLERIAN THERAPY

Len Sperry · Vassilia Binensztok 공저 | 강영신 · 유리향 · 오익수 공역

학지사

Learning and Practicing Adlerian Therapy

Original version ISBN: 9781516536948
Authors: Len Sperry and Vassilia Binensztok

역자 서문

‘움직이지 않으면 아무 일도 일어나지 않는다.’ 시카고 소재 아들러 대학의 마리나 블루뷔시타인(Marina Bluvshtein) 교수는 이에 대해 설명하면서, 조명이 움직임을 감지해서 켜지는 것처럼 우리의 삶에 ‘빛’이 들어오게 하고 싶으면 “움직이라”고 웃으며 말했다. 아들러 이론의 핵심에는 ‘움직임(movement)’이 있다. 아들러 성격 이론에서는 이 움직임을 마이너스(열등한) 상태에서 플러스(우월한) 상태로 만들기 위한 ‘보상 추구’ 과정이라고 하며, 움직임이 향하는 목표는 ‘사회적 관심’이 되어야 한다고 설명한다.

우리 역자들도 ‘사회적으로 유용한’ 무언가를 ‘하기’ 위하여 마음을 모아 이 책의 번역을 시작했다. 아들러 상담에 관한 이론 서적은 드물지 않으나 실제 상담과정에 관한 서적은 흔치 않다. 평상시 아들러 상담 이론에 관심이 많은 사람도 실제로 아들러 상담을 어떻게 진행해야 할지에 대해 어렵다고 말한다. 이 책은 첫 회기에서부터 종결 회기까지 아들러식 상담이 어떻게 진행되는지를 구체적인 축어록과 해설을 통해 설명하고 있어, 상담과정에 대한 전반적인 그림을 그리면서 좇아가기에는 부족함이 없으리라 생각된다. 번역한 내용은 역자들이 모두 처음부터 끝까지 여러 번 반복해서 확인했고, 한국어로 소개되지 않은 개념은 서로 상의하여 한국어 용어를 정했다. 아들러 상담을 공부하고자 하는 학술 공동체에 이 책이 조금이라도 도움이 되기를 희망한다.

이 책의 저자 중 한 명인 렌 스페리(Len Sperry) 박사는 패턴중심치료(Pattern-Focused Therapy)를 개발하여 아들러의 유산을 이어 가고 있다. 이 책에는 수련생이나 전문상담자들이 아들러 상담을 적용하면서 겪는 실질적인 어려움을 해결하고, 아들러 심리치료가 증거 기반 치료로 인정받기 위한 기반을 닦고자 하는 스페리 박사의 노력이 담겨 있다. 몇 년 전 스페리 박사의 집을 방문했을 때, 자신의 책이 여러 다른 언어로 번역되는 것을 기뻐하면서 그 책들을 가지런히 전시해 놓였던 것이 기억난다. 이 책 또한 스페리 박사의 사회적 관심에 동참한 결과가 되기를 바란다.

더불어, 그 누구보다도 사회적 관심이 많은 오익수 교수님께 깊은 감사의 인사를 드리고 싶다. 교수님의 제안이 없었더라면 이 책의 번역은 시작되지 않았을 것이다. 늘 한국 독자들에게 아들러 상담에 관한 유익하고 탁월한 책들을 전달하고 싶어 하시는 마음을 알기에 기쁜 마음으로 번역을 시작하게 되었다. 또한 번역과정 내내 유리향 선생님의 꼼꼼함과 날카로운 호기심은 하나의 격려와 다름없었다. 사명감으로 시작한 번역은 선생님의 쉼 없는 격려를 통해 역자들 모두의 즐겁고 행복한 여정으로 바뀌었다. 매번 감사를 전해도 충분하지 않다.

마지막으로, 아들러 상담에 관한 도서를 늘 기꺼이 출간해 주시는 학지사 김진환 사장님과 편집진 모든 분께 깊은 감사를 드린다. 우리 모두는 누군가의 사회적 관심에 빚을 지고, 덕을 보며 살아감을 항상 느끼게 된다.

역자 대표
강영신

서문

아들러 심리치료는 초창기 심리치료법 중 하나이다. 수십 년에 걸쳐 아들러 심리치료의 많은 기본 개념과 기법은 여러 다른 치료 접근법에서 구체화되었으며, 오늘날 일반적으로 심리치료가 어떻게 이루어지는지를 대표하여 보여 준다. 요즘의 모든 치료 접근법이 갖는 도전거리는 간략하고, 효과성에 대한 책임을 질 수 있으며, 보험 청구가 가능한지와 관련이 있다. 이는 치료자가 증거에 기반하고 최적의 임상적 성과를 달성하는 단기 치료법(5~12회기)을 실행하기를 바라는 기대가 더욱 커졌음을 의미한다.

많은 전공생과 실무 치료자는 아들러 치료법이 자신의 신념과 가치에 가장 일치함을 발견하고, 이를 실행하고 싶어 한다. 동시에 그들은 입증이 가능하고, 보험 청구가 가능한 접근법을 실행하도록 기대받는다. 이 책의 목적은 독자에게 아들러 심리치료의 이론과 실제에 관한 최신 정보를 제공하는 것이다. 좀 더 책임감 있는 치료 개입 접근법의 제공을 바라는 학생과 실무에 참여하는 치료자의 요구를 충족시키기 위해 전통적인 아들러 심리치료와 아들러 패턴중심치료(Aderian Pattern-Focused Therapy: APFT)라고 불리는 현대적인 버전을 소개한다.

본질적으로 아들러 패턴중심치료는 어떤 구체적인 아들러식 중재나 기법을 모아 놓은 것이 아니다. 오히려 모든 기본적인 아들러식 개념과 많은 기법을 포함하면서도, 아들러 심리치료의 실제를 유의미하게 확장하는 독특한 치료적 전략을 포함함으로써 입증 가능성과 보험청구 가능성을 촉진하는 완전한 치료 모델이다.

『아들러 심리치료의 실제』는 이러한 접근법을 강조하고, 치료과정에 대한 '직접적인' 경험을 독자에게 제공한다. 치료의 첫 회기부터 성공적인 마지막 회기까지 축어록과 해설을 통해 이러한 체험적 학습을 촉진할 것이다.

이 책의 간략한 개요는 다음과 같다.

제1장에서는 아들러 심리학의 기본 개념, 전제, 이론 그리고 적용하는 법을 논의한다. 제2장에서는 아들러 심리치료의 전략과 기법을 설명한다. 여기에는 생활양식 사정, 가족 구도, 초기기억, 생활양식 신념 그리고 몇 가지 아들러식 중재와 기법이 포함되며, 아들러 심리치료가 지닌 다문화 민감성도 언급한다. 제3장에서는 전통적인 아들러 심리치료의 확장으로서 아들러 패턴중심치료를 소개한다. 여기서는 생활양식 전략과 패턴을 강조하는 아들러 패턴중심치료의 치료 개입과정을 설명하며, 아들러 패턴중심치료 실제의 윤리와 증거 기반 실행에 대해서도 언급한다. 마지막으로, 이후 장에서 자세하게 다룰 제니퍼의 사례와 10회기 치료과정을 소개한다. 제4장에서는 모든 회기 중에서 가장 중요한 첫 회기에 초점을 둔다. 특히 내담자가 치료에 전념하고 임상적으로 성공하려면 반드시 달성해야 할 사항이 무엇인지에 초점을 둔다. 첫 회기와 이어지는 회기의 축어록 및 해설을 통해 독자로 하여금 '동석'하도록 초대한다. 제5장에서는 2회기에 초점을

두며, 축어록 및 해설에서 아들러 패턴중심치료의 핵심 치료 전략을 설명한다. 제6장에서는 3회기에 초점을 두며, 특정한 아들러식 기법과 다른 기법을 포함한 아들러 패턴중심치료의 실제를 축어록 및 해설을 통해 설명한다. 제7장에서는 4회기에 초점을 두며, 축어록 및 해설을 통해 회기 내와 회기 간(과제)의 치료과정을 모두 설명한다. 제8장에서는 치료의 중간 단계인 5회기부터 8회기까지 내담자의 실질적인 변화에 영향을 미치는 과정에 초점을 둔다. 이는 각 회기에서 발췌된 축어록과 해설에서 설명된다. 제9장에서는 9회기와 10회기의 종결과정에 초점을 둔다. 아들러 심리치료에서 늘 그렇듯이 마지막 회기에서 두 번째 초기기억을 끄집어낸다. 그리고 축어록과 해설에서 그동안의 치료 진행과정을 검토하고 추후 상담 가능성을 설명한다. 제10장에서는 성공적인 치료의 기준과 지표를 분석적으로 검토한다. 첫 회기와 마지막 회기의 초기기억 변화를 해석하는데, 초기기억의 변화가 제니퍼의 부적응적 패턴에서 더욱 적응적인 패턴으로의 전환을 어떻게 반영하고 있으며, '확증'하는지를 알아본다. 마지막으로, 아들러 심리치료의 미래를 논의한다.

저자들은 독자 여러분이 아들러 패턴중심치료뿐 아니라, 이 접근법을 배우고 익히는 데 이 책의 단계적 방법이 시기적절하고 매우 가치 있음을 발견하길 희망한다.

차례

제 3 장 아들러 패턴중심치료 / 55

제 4 장 첫 회기의 중요성 / 89

제 5 장 2회기 / 127

제 1 장

아들러 심리치료의 이론

학습 내용

1. 알프레드 아들러의 개인사와 학문적 중요성
2. 아들러 치료의 핵심 개념
3. 아들러 치료의 핵심 가정과 전제
4. 성격, 정신병리, 심리치료에 관한 아들러 치료의 관점
5. 아들러 치료 접근법의 강점과 한계

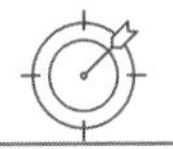

오늘날 대략 400개의 심리치료법이 있고, 이 중 일부는 앞으로 몇 년 안에 사라질 것이다. 그러나 아들러 치료는 그렇지 않을 것이다. 아들러 치료는 가장 초기 심리치료법 중 하나로서, 생명력을 유지하면서 앞으로도 지속될 가능성이 높다. 아들러 치료는 프로이트의 정신분석학과 융의 분석심리치료와 동시대에 출현했다. 아들러 치료는 현대의 많은 치료법에 영향을 주었으며(Corey & Bitter, 2017), 출생 순위, 열등감, 열등감 콤플렉스와 같은 대중적인 용어를 유산으로 남겼다. 아들러 치료는 개인심리학(Individual Psychology)으로 알려진 아들러 심리학(Adlerian Psychology)에 뿌리를 두고 있다.

이 장은 아들러 치료의 이론적 근거를 개관한다. 먼저 알프레드 아들러의 간략한 일대기와 그가 현재까지 끼친 영향에 대해 다룬다. 그

린 다음, 아들러 치료의 중심인 아들러 심리학의 핵심 개념을 정의하고, 핵심 가정과 전제를 논의한다. 나머지 부분에서는 아들러 치료법의 기초 입장(즉, 성격, 정신병리, 심리치료)을 소개한다. 마지막으로, 아들러 치료의 강점과 한계를 평가한다.

알프레드 아들러: 개인사와 학문적 중요성

의학 박사이기도 한 알프레드 아들러(Alfred Adler, 1870~1937)는 아들러 심리학과 아들러 심리치료를 개발했다. 아들러는 어렸을 때 허약하고 병약한 아이였으며, 구루병으로 네 살까지는 걸을 수도 없었다. 또한 형에게 괴롭힘을 당하기도 했다. 따라서 자신은 왜소하고 매력적이지 않으며, 어머니가 자신을 싫어한다고 생각했다. 그렇지만 청소년기와 초기 성인기를 거치면서 자신의 약점과 열등감을 극복했다. 비엔나 대학교에서 의학 공부를 마친 후 외향적이며 성공한 의사가 되었고, 어느 정도는 자신의 어린 시절을 반영하는 성격과 심리치료 이론을 개발했다.

전문가 경력의 초기에 아들러는 프로이트(Freud)에 의해 빈 정신분석학회에 초대되었고, 이후 10여 년 동안 프로이트와 친하게 지냈다. 하지만 아들러는 프로이트의 관점이 융통성이 없고, 성과 죽음에 집착하고 있다는 생각을 갖게 되었다. 결국 아들러와 프로이트는 이론적인 차이로 결별했고, 아들러는 자신만의 치료법을 개발했으며, 아들러 심리학으로 알려진 개인심리학파(School of Individual Psychology)를 창시했다(Hoffman, 1994).

아들러는 카렌 호나이(Karen Horney), 고든 올포트(Gordon Allport), 아론 벡(Aaron Beck), 에이브레햄 매슬로(Abraham Maslow)를 포함한 수많은 사람에게 영향을 주었다. 매슬로, 롤로 메이(Rollo May), 빅터 프랭클(Viktor Frankl)은 아들러 밑에서 공부했으며, 모두 자신의 사고에 영향을 미친 아들러의 공로를 인정했다. 아들러는 인본주의 심리학, 인지치료, 인지행동치료, 구성주의 치료를 포함한 많은 후속 심리치료의 발달을 위한 길을 닦았다. 집단치료, 아동 생활교육, 가족치료, 부부치료를 포함한 여러 치료 양식하에서도 아들러 접근법이 실행되었다. 북미에서는 루돌프 드레이커스(Rudolf Dreikurs)와 그 외 여러 사람이 아들러 접근법을 다양한 양식하에서 실행하면서 확장시켰다(Dreikurs, 1967).

[그림 1-1] 알프레드 아들러, MD, 개인심리학 창시자

아들러 심리학의 핵심 개념

아들러는 모든 행동이 목적을 지니고 상호작용한다고 생각했다. 개인 및 사회 시스템 모두 전체적(holistic)이며, 개인은 사회 체제 내에서 기능하는 방식을 통해 '소속(belonging)' 또는 중요성(significance) 그리고 의미(meaning)를 추구하도록 동기화된다고 보았다. 아들러

는 개인이 소속하고 상호작용하는 방법을 처음으로 배우는 곳이 바로 가족 구도(family constellation) 내이며, 가족은 문화와 더 큰 사회에 대한 아동의 첫 경험을 반영한다고 주장했다. 아들러는 개인의 독특하고 사적인 신념과 전략, 즉 사적 논리(private logic)를 강조했다. 사적 논리는 아동기에 형성되는데, 개인의 태도뿐 아니라 자신, 타인, 세계에 대한 사적 관점 그리고 행동에 대한 참조 체계의 역할을 한다. 아들러는 이를 '생활양식(lifestyle)'과 '생활양식 신념(lifestyle convictions)'이라고 지칭했다.

개인은 다른 사람과 관계를 맺고, '열등감(feelings of inferiority)'을 극복하며, 소속감을 얻기 위해 노력하면서 자신의 생활양식을 형성한다. 게다가 아들러는 건강하고 생산적인 사람은 공동체감(community feeling)과 행동 방식에서 '사회적 관심(social interest)'의 특징이 나타난다고 믿었다. 이를테면, 사회적 관심은 다른 사람과 공동체의 요구에 관한 관심으로서, 적응력이 부족하거나 정신병리가 있는 사람은 사회적 관심을 거의 보이지 않으며 자기 중심적인 경향이 있다(Ansbacher, 1992; Ansbacher & Ansbacher, 1956).

아들러는 개인의 성격에는 통일성(unity)이 있고, 각 개인은 이러한 통일성을 만들어 간다고 주장했다. 그런 면에서 개인은 화가이자 초상화라고 할 수 있다. 그러므로 자기 개념을 바꿀 수 있다면 자기 삶에서 그리는 초상화도 바꿀 수 있다. 아들러 심리학 이론은 다음의 일곱 가지 기본 개념으로 잘 파악할 수 있다(Bitter, 2007; Carlson, Watts, & Maniacci, 2006; Mosak & Maniacci, 1999).

출생 순위

출생 순위는 가정에서 아이가 태어난 순서이다. 아들러는 출생 순위가 성격 발달과 생활양식에 영향을 미친다고 했다. 출생 순위는 서수적 위치(즉, 형제자매의 실제 출생 순위)와 심리적 위치(즉, 다른 형제자매와의 상호작용할 때 가정되는 역할)로 특징지어진다. 심리적 출생 순위는 첫째, 둘째, 외동, 중간, 막내의 다섯 가지로 기술되어 왔다(Carlson & Englar-Carlson, 2017). 출생 순위에 대해 몇 가지 일반화가 가능하지만(예: 매우 어린 외동은 응석받이이며 버릇없는 경향이 있음), 가족 내에서 자신의 위치를 어떻게 볼 것인가를 결정하는 사람은 궁극적으로 바로 그 개인이다.

초기기억

초기기억은 어린 시절에 있었던 구체적인 단일 사건의 이야기를 회상하는 것이다. 신경학적으로는 일화적 기억 또는 자전적 기억이라고 한다. 심리학적으로는 투사적 기법으로 간주된다(Mosak & Di Pietro, Clark, 2006; 2002). 아들러 치료에서는 초기기억을 역동적으로 이해한다. 즉, 초기기억은 과거에 실제로 있었던 일인가(역사적 타당성)와 관련이 없으며, 그것을 회상하고 기억하는 행위가 현재 활동이라는 데 의미가 있다. 초기기억은 현재 유지하고 있는 태도, 신념, 평가, 편견을 있는 그대로 보여 준다.

가족 구도

가족 구도는 개인에 대한 초기 발달의 영향에 관한 것이며, 원가족이 아동기에 어떻게 기능했는지를 나타낸다. 더불어, 부모, 형제, 확대 가족, 가족 문화, 이웃이나 공동체의 중요한 사람 간 관계의 본질을 반영한다. 가족 구도는 이와 같은 가족 역동을 설명할 뿐 아니라, 출생 순위, 기대, 가족 가치, 문제와 갈등을 해결하는 방식을 포함한다. 또한 생활양식에 중대한 영향을 미친다.

열등감 콤플렉스

아들러는 아동이 자기보다 더 강하고 능력 있는 성인 주변에 있는 결과로 열등감을 겪는다는 것을 관찰했다. 아동은 성장하면서 이러한 열등감에 사로잡히게 되고, 힘과 인정을 추구함으로써 이를 보상하려고 한다. 아이가 '보상(compensation)'(다른 분야에서 특별한 강점을 개발하기)이나 '과잉 보상(overcompensation)'(약점을 강점으로 전환하기)을 통해 특정한 삶의 과제를 충족하지 못하면 열등감 콤플렉스를 발달시키게 된다.

생활양식

생활양식은 개인의 중요성과 소속감을 추구하기 위한 패턴이다. 달리 말하면, 그것은 시간과 변화하는 상황(도전거리)을 통과하는 움직임(movement)이며, 대처하기 위해 한 개인에 의해 채택된 과정이다

(Rasmussen, 2010). 이러한 패턴은 삶의 초기에 나타나며 평생을 걸쳐 하나의 주제(theme)로 관찰될 수 있다. 생활양식은 모든 지각과 행동에 스며들어 있으며(Sperry & Sperry, 2012), 세상에서 자기 위치를 어떻게 찾을 것인가에 대한 개인의 태도와 신념(convictions), 어떻게 소속될 것인가에 대한 지령(instructions)을 포함한다. 다른 사람의 생활양식을 이해함으로써 그 사람의 행동을 이해할 수 있다.

사적 논리

사적 논리(private logic) 또는 사적 이해(private sense)는 자기 이익만을 도모하는 행동이나 생활양식을 정당화하기 위해 만들어 낸 추정적 이론(reasoning)이다. 이는 사회가 쌓아 오고 합의한 논거를 나타내는 보편 논리(common logic) 또는 상식(common sense)과 대조된다. 또 다른 관점에서는 사적 논리가 "아동기에 심어져 심층적으로 자리 잡은 개인의 신념 또는 구성 개념으로 이루어진 관념(idea)"(Carlson & Englar-Carlson, 2017, p. 142)을 포함한다고 본다.

사회적 관심

독일어로 Gemeinschaftsgefühl 그리고 공동체감(community feeling)이라고도 하는 사회적 관심은 아들러 접근법의 핵심 교리이다. 사회적 관심은 "오늘날만이 아니라 다음 세대를 위하여, 다른 사람의 이익에 대한 관심 그리고 동료 의식, 책임감, 타인과의 공동체감을 보여 주는 행동과 태도이다."(Carlson, Watts, & Maniacci, 2006, p.

278) 열등감이 그다지 과하지 않다면, 개인은 삶의 유용한 면에서 가치 있는 사람이 되고자 노력할 것이다. 그에 비해, 열등감, 미숙한 사회적 관심, 개인의 우월성에 대한 과도한 목적이 커지게 되면 부적응이나 심리적 장애를 겪게 된다. 이런 개인이 과제 중심의 '상식'보다는 자기 중심적인 '사적 논리'로 문제를 해결하려고 할 때 증상이 발달할 수 있다. 〈표 1-1〉은 이러한 일곱 가지 핵심 개념을 요약한 것이다.

〈표 1-1〉 핵심 개념

출생 순위	원가족 내에서 개인의 위치. 생물학적 위치와 심리적 위치(즉, 첫째, 중간, 막내)를 모두 반영함
초기기억	내담자의 자기관, 타인관, 세계관 그리고 다른 사람과 삶의 도전거리들을 다루는 전반적인 전략을 결정하는 데 사용되는 투사적 기법
가족 구도	다른 가족구성원과의 관계, 출생 순위, 기대, 가족 가치, 갈등을 다루는 방식을 포함한 가족 역동에 대한 기술
열등감 콤플렉스	다른 사람만큼 훌륭하지 못하다는 느낌으로서, 과도하게 보상을 추구하도록 하여 결과적으로 극단적인 성취나 비사회적인 행동을 초래함
생활양식	개인이 중요성과 소속감을 추구하는 패턴. 생애 초기에 나타나고 그 이후로도 일관된 주제를 보임
사적 논리	자기만의 이익을 도모하는 행동과 신념을 정당화하기 위한 사적인 추정적 이론. 상식과 반대로서 사적 이해라고도 함
사회적 관심	개인이 공동체와 연결된 느낌과 타인의 복지에 기여하려는 의지

아들러 심리치료의 핵심 가정

치료적 접근법의 핵심 가정 또는 전제는 기본 이론, 사례개념화, 치료적 중재의 토대가 된다. 다음은 아들러 치료의 기초가 되는 여섯 가지 기본 가정을 간략하게 요약한 것이다(Mosak & Maniacci, 1999).

전체주의

아들러는 개인이 욕망과 본능의 집합체라기보다는 전체(totality)로서 기능하는 전체적이며(whole) 자의식적인 존재라고 이해하는 것이 최선이라고 믿었다. 전체주의(holism) 가정은 개인을 하나의 전체로서 이해하게 한다. 주목할 점은 '개인심리학(Individual Psychology)'이 '개인(individual)'이라는 단어와 관련되기보다는, 오히려 전체적이고 쪼갤 수 없는 불가분성(indivisibility)을 의미한다는 것이다. 그에 따라 아들러 치료자는 개인의 다양한 부분 대신에 개인이 무엇을 하고 있는지에 초점을 둔다. 전체적이고 통합적인 존재로서의 개인에 초점을 두는 이러한 치료적 특징은 책임감 요소를 가정한다. 따라서 아들러 치료자는 양가감정을 개인 성격의 다양한 부분 간의 갈등으로 보는 대신에 한 개인이 지닌 상충된 목적과 선택의 결과로 개념화한다.

목적론

아들러는 행동—그것이 생각이든 감정이든 행위이든—이 목표 지향적(goal directed) 또는 목적론적(teleological)으로 가장 잘 이해된다고 믿었다. 이는 개인이 의식적으로 알아차리지 못할지라도, 행동은 목적적이며 개인의 생활양식 목표 및 움직임과 일치한다는 것을 의미한다. 목적론은 갈등의 목적도 설명한다. 아들러는 개인이 목적을 위해 생각하고, 느끼며, 반응한다고 믿었다. 다른 이론들이 어린 시절에 근거한 성격 발달과 정신병리를 설명하는 데 초점을 두었던 시기에 아들러는 자신만의 이론을 발전시켰다. 그는 성격 발달의 기초를 형성하는 데 과거가 중대한 역할을 한다는 점을 인정하면서도, 현재의 행동은 과거의 영향을 받을 뿐만 아니라 미래를 위한 목표에 의해서도 영향을 받는다고 주장했다. 이를 허구적 목적론(fictional finalism)이라고 부른다. 그는 개인이 현실과 관련 없으며 경험적으로 검증하고 확인할 수 없는 허구적인 이상(fictional ideals)으로 살아간다는 것을 관찰했다. 또한 개인이 과거보다는 미래에 대한 기대에 의해 더욱 동기화된다고 결론을 내렸다. 따라서 한 개인이 천국은 선한 사람을 위해, 지옥은 악한 사람을 위해 예정된 것이라고 믿는다면, 이러한 이상은 개인이 살아가는 방식에 영향을 미칠 것이다(Mitchell, 2011).

현상학

현상학은 의식과 직접 경험에 초점을 둔 철학의 한 분야이다. 이는 개인이 자신만의 독특한 관점으로 사물을 바라보고 경험한다는 것을 의미한다. 따라서 아들러 치료자는 사실 그 자체보다는 사실에 대한 내담자의 지각에 관심을 둔다. 목표는 내담자가 바라보는 방식으로 실재(reality)를 바라보는 것이다. 아들러 치료자는 보편적인 진실에 초점을 두는 대신, 개인이 의미를 만들어 내는 독특한 방식에 더 관심을 둔다. 이는 개인의 사적인 철학을 이해하고, 그 고유한 개인에게는 무엇이 진실인지 이해하려고 노력하는 것을 의미한다.

유연한 결정론

아들러 치료는 유연한 결정론에 기반을 둔다. 경직된 결정론에 기반을 둔 초기 다른 접근법들과는 두드러진 차이가 있다. 경직된 결정론은 환경, 유전, 무의식적 충동, 방어기제, 기타 영향들이 개인이 행동하는 이유를 결정한다고 가정하는 인생관이며, 철학적이고 과학적인 관점이다. 이러한 관점에서 개인은 선택의 자유가 없으므로 자기 행동을 책임지지 않는다.

반면, 유연한 결정론은 개인이 선택할 수 있으므로 자기 행동에 대한 책임이 있다는 관점이다. 유연한 결정론이 현재 많은 치료적 접근법의 기초가 되지만, 아들러는 정신분석학과 행동주의가 경직된 결정론을 주장하던 시기에 자신만의 이론과 접근법을 발달시켰다(Ansbacher & Ansbacher, 1956). 대신에 아들러는 개인이 자신의 인생 대본을 작성한다고 주장하고, '창조적 자기(creative self)'라는 개념을 역설했다. 이는 개인이 성격을 '만들고(create)', 자신의 행동에 대해 책임지는 것을 의미한다(Mosak & Maniacci,1999). 그에 따라 개인은 현재 상태에 대해 다른 사람이나 통제할 수 없는 힘을 탓할 수 없다. 더욱이 선택의 자유는 내담자의 역량 강화와 격려에 초점을 두는 아들러 치료의 실제에 있어 중심이 된다.

사회적 내재성

아들러는 개인이 사회적 존재이며, 공동체의 지지가 필요하다고 했다. 사람은 고립되어 발달하지 않는다. 대신 사회적 맥락에서 중요성과 소속감을 느낄 자리를 찾는다. 따라서 개인의 행동은 문화 및 사회와의 관계 속에서 가장 잘 이해될 수 있다. 물론 대부분의 사람에게 가정은 사회적 내재성(social embeddedness)을 처음으로 경험하는 곳이다. 그리고 주류 문화에 속한 많은 사람에게는 즉각 또렷하게 보이지 않을지라도, 개인의 유전자로 전달되고 가족생활에서 강화되는 민족, 문화, 성과 관련한 많은 측면이 있다. 사회적 내재성은 주변화된(marginalized) 문화 혹은 종교 출신의 사람, 게이, 레즈비언, 방랑자, 성전환자, 기타 차별을 겪는 사람들에게 특히 중요하다.

건강과 정신병리

아들러 치료에서는 자신감 있고 낙천적으로 인생을 살아가는 사람을 건강한 사람이라고 본다. 소속감과 공헌감, 불완전하지만 다른 사람에게 수용될 수 있다는 평온한 인식이 있다(Sperry, 2008). 주관성(subjectivity)은 내담자를, 특히 자신, 타인, 세계에 대한 그 개인의 인식과 신념을 이해하는 데 중심이 된다. 아들러 이론은 정신역동 접근법과 많은 부분을 공유하지만 무의식보다는 의식에 초점을 둔다. 왜냐하면 아들러는 가장 중요한 삶의 문제는 사회적이고 관계적이어서, 개인은 사회적 맥락 안에서 고려되어야만 한다고 믿었기 때문이다(Sperry, 2008). 아들러 이론은 개인의 기본 동기가 소속감과 유대감을 발견하려는 것이라고 주장한다. 이뿐만 아니라, 생활양식 신념은 가족 구도(즉, 출생 순위, 형제 및 부모 관계, 가족 가치)에 의해 영향을 받는다(Sperry, 2008).

일단 한 개인이 '잘못된 목적'을 선택하면 '잘못된 논리'를 뒷받침하기 위해 다른 오개념을 공식화하게 된다. 따라서 아들러 심리치료의 목표는 개인이 다른 사람과 관계를 맺고 열등감을 극복하기 위해 노력하면서 형성한 인식과 논리의 오류(즉, 잘못된 생활양식 신념)를 바로잡는 것이다.

개인은 다음의 네 가지 생활양식 신념을 발달시킨다. 첫째, 자기관(self-view)은 나는 누구인가에 대한 신념이다. 둘째, 자기 이상(self-ideal)은 위치를 차지하기 위해 나는 어떤 사람이 되어야만 하는가 혹은 어쩔 수 없이 되어야만 하는 존재는 무엇인가에 대한 신념이다. 셋째, 세계관(world-view)은 세계에 대한 이미지 또는 삶의 방식과 세상이 자신에게 요구하는 것에 대한 신념이다. 넷째, 윤리적 신념(ethical conviction)은 개인적인 도덕 강령이다(Mosak & Maniacci, 1999). 열등감은 자기 개념과 자기 이상 간 갈등이 있을 때 발달한다. 열등감을 비정상적인 것으로 간주하지 않는다는 점을 유념하는 것이 중요하다. 그렇지만 개인은 열등감을 느끼기보다는 열등하게 행동하기 시작할 때 '열등감 콤플렉스'를 드러낸다. 따라서 열등감은 보편적 · 정상적이지만, 열등감 콤플렉스는 사회의 제한된 측면에 대한 낙담을 반영하며, 대체로 비정상적이다(Sperry & Sperry, 2018).

개인은 자신에게 세상에서의 위치를 제공해 주는 목표를 성취하기 위해 분투하고, 이러한 세상에서의 위치는 안전감과 자아존중감 향상을 가져다준다. 아들러는 만약 개인이 오로지 자신의 사적 이익만을 추구한다면, 그 사람은 사회적으로 쓸모없고 병리적일 수 있다고 말했다. 반면에 한 개인이 추구하는 목적이 삶의 문제를 극복하기 위한 것이라면, 개인은 자아실현을 추구하고, 더 살기 좋은 세상을 만들어 가는 데 참여하고 있는 셈이다. 이것은 심리적 건강의 표시이자 지표이다.

아들러는 심리적 건강과 정신병리의 유형을 제안했다(Mosak & Maniacci, 1999). 적응을 잘하고 심리적으로 건강한 사람은 '공동에게 유용한 측면'의 입장에서 노력하지만, 부적응하고 정신병리적인 사람은 '공동에게 쓸모없는 측면'의 입장에서 노력한다고 했다. 게다가 아들러는 정신병리가 개인에게만 아니라 사회적 상황에서도 장해 또는 역기능으로 나타난다고 했다. 그는 모든 사람에게 사회적 관심이 내재적으로 잠재되어있다고 가정했다. 이웃을 돕고 싶지 않은 것은 부적응의 특성 중 하나이다(Sperry, 2008). 사회적 관심이 잘 발달한 사람은 문제의 해결책을 찾고, 세상에서 편안함을 느끼며, 삶의 상황을 더 명확하게 바라본다. 반면, 부적응적이며 정신병리적인 사람은 사회적 관심이 거의 또는 전혀 없고, 다른 사람들에게 관심이 없다. 성격장애는 잘못된 생활양식 신념이나 초기 부적응적 심리도식에서 비롯된 것으로 가정한다(Sperry, 2015).

아들러 심리치료의 기본 입장

대부분 치료적 접근법은 기본 입장을 자세히 설명한다. 전형적으로 여기에는 세 가지 기본적인 고려 사항(① 성격이 어떻게 발달하는가, ② 이 과정이 어떻게 장애로 되어 가는가, ③ 왜곡된 과정이 어떻게 역전될 수 있는가)이 포함된다. 요컨대, 이는 각각 성격 발달, 정신병리, 심리치료를 나타낸다. 다음은 이 세 가지 고려 사항에 대한 아들러 치료의 입장이다. 이러한 특징은 아들러 치료의 기저에 있는 이론을 유용하게 요약해 준다(Sperry, 2010).

성격 발달

기본적인 인간의 동기는 소속하려는 것이며, 개인은 가족 구도라는 가족 맥락 내에서 성장한다. 이 맥락 안에서 개인은 자신의 독특한 사적 논리를 바탕으로 삶의 사건들을 주관적으로 해석하며, 이는 생활양식 또는 인지도(cognitive map)가 된다. 이 인지도는 이후에 개인의 인식과 행동을 안내한다. 자기관 및 세계관에 대한 주관적 신념과 생애 내러티브를 반영하는 결론과 삶의 전략을 담고 있다. 건강하게 기능하는 것은 사회적 관심(즉, 다른 사람에 대한 관심)의 결과이다.

정신병리

정신병리는 삶의 과제나 책임들에 부응하지 못한 것에 대한 변명뿐만 아니라 자아존중감을 보호하기 위한 변명으로서의 역할을 하는 증상들을 나름 '정리하는(arrange)' 방식을 반영한다. 정신병리는 개인의 자기 이익(self-interest)과 낙담(discouragement)을 반영하며, 잘못된 생활양식 신념(즉, 사회적 관심과 반대인 핵심 신념)을 나타낸다. 이를 부적응적 심리도식이라고도 하며, '기본적 오류(basic mistakes)'로 간추려 일컬어진다.

심리치료

심리치료는 사회적 관심을 높이는 것을 주된 목표로 하는 변화과정이다. 이는 기본적인 오류와 행동을 수정하는 것에서부터 부적응적 사고와 행동을 더 생기 있는 것으로 대체하는 것에 이르기까지 여러 가지 방법으로 행할 수 있다. 전형적으로 이 과정은 네 단계, 즉 효과적인 치료적 관계의 형성과 유지, 사정 또는 생활양식 탐색, 통찰과 건설적인 행동, 재정향으로 이루어진다. 이 과정은 치료 개입과정 내내 지속되며 반복된다. 〈표 1-2〉는 기본 입장을 요약한 것이다.

〈표 1-2〉 기본 입장

성격 발달	기본적인 동기는 소속하기(to belong)이고 **가족 구도** 내에서 발달하는 것이다. 가족 구도 내에서 개인은 자신의 **생활양식**이 되는 독특한 **사적 논리에 근거하여** 삶의 사건을 주관적으로 해석한다. 생활양식은 이후 자신의 지각과 행동을 안내하고, **자기관**, **세계관**, **결론 또는 삶의 전략**에 대한 주관적 신념들을 담고 있다. 건강하게 기능하는 것은 **사회적 관심**(즉, 다른 사람에 대한 관심)의 결과이다.
정신병리	생애과제(life tasks)의 부응에 실패한 것에 대한 변명이나 자아존중감을 보호하기 위한 변명으로서 도움이 되는 **증상들을 정리하는 방식**을 반영한다. 개인의 자기 이익과 **낙담**, 잘못된 생활양식 신념과 **기본적 오류**를 반영한다.
심리치료	심리치료의 4단계는 효과적인 치료적 관계 형성 및 유지, 생활양식 탐색, 통찰과 건설적인 행동, 재정향이다. 치료 개입과정 내내 이 과정이 지속된다. 주된 목적은 **사회적 관심**을 향상하는 것이다.

아들러 심리치료: 강점과 한계

강점

여러 가지 측면에서 아들러 치료는 현재 많은 심리치료 체계를 출현시킨 학문적인 원천이자 뿌리이다. 합리적 정서행동치료, 인지치료, 인지행동치료, 실존치료, 의미치료, 해결중심치료, 구성주의적 치료 접근법 등이 포함된다. 어떤 면에서 대상관계 치료와 자기 심리학(self psychology)은 아들러 개념과 방식에 상당 부분 빚을 지고 있다. 아들러 치료는 대부분은 아니더라도 많은 임상적 호소 문제에 적용할 수 있고, 단기 및 장기 치료 개입 맥락하에서 실행될 수 있으며, 개인, 부부, 가족, 집단의 다양한 중재 양식의 형태로 행해질 수 있다(Sperry, 2008).

한계

아들러의 접근법이 직간접적으로 대부분의 현재 치료법에 영향을 주고 있지만, 이러한 사실을 알고 있는 학생과 치료자는 비교적 거의 없다. 대조적으로, 인지행동치료는 북미와 세계 여러 지역에서 가장 널리 사용되는 치료법이다. 이는 주로 인지행동치료의 많은 훈련 프로그램과 효능 및 효과가 증명된 방대한 양의 경험 연구 때문이다. 게다가 책무성의 시대에 인지행동치료가 증거 기반 접근법으로 명시되었기 때문에, 치료적 서비스에 대해 인지행동치료 기반 치료자가 보험사로부터 더 쉽게 변제받을 수 있다(Sperry, 2018). 그에 비해 아들러 치료는 상대적으로 훈련 프로그램이 적고, 증거 기반 지위를 획득하는 데 필수 조건인 효능과 효과를 뒷받침하는 연구도 더 적다.

끝맺는 말

알프레드 아들러는 성격 발달, 심리치료, 정신병리에 대한 전체론적 이론을 개척했다. 이 장은 기본 개념과 핵심 가정, 강점과 한계를 포함한 아들러 치료의 이론적 토대를 설명했다. 제2장은 아들러 치료의 실제를 기술하고 예시할 것이다. 제2장은 치료과정과 다양한 치료적 중재 방법을 강조하여 설명한다.

참고문헌

Ansbacher, H. L. (1992). Alfred Adler's concepts of community feeling and of social interest and the relevance of community feeling for old age. *Individual Psychology, 48*(4), 402-412.

Ansbacher, H. L., & Ansbacher, R. R. (Eds.). (1956). *The individual psychology of Alfred Adler*. New York, NY: Harper & Row.

Bitter, J. R. (2007). Am I an Adlerian? *Journal of Individual Psychology, 63*(1), 3-31.

Carlson, J., & Englar-Carlson, M. (2017). *Adlerian psychotherapy*. Washington DC: American Psychological Association.

Carlson, J., Watts, R. E., & Maniacci, M. (2006). *Adlerian therapy: Theory and process.* Washington DC: American Psychological Association.

Clark, A. J. (2002). Early recollections: Theory and practice in counseling and psychotherapy. New York, NY: Brunner–Routledge.

Corey, G., & Bitter, J. R. (2017). Adlerian therapy. In G. Corey (Ed.), *Theory and practice of counseling and psychotherapy* (10th ed.) (pp. 95-128). Boston, MA: Cengage.

Dreikurs, R. (1967). *Psychodynamics, psychotherapy, and counseling: The collected papers of Rudolf Dreikurs, M.D.* Chicago, IL: The Alfred Adler Institute.

Hoffman, E. (1994). *The drive for self: Alfred Adler and the founding of Individual Psychology.* Reading, MA: Addison–Wesley.

Mitchell, G. (2011). *Alfred Adler and Adlerian individual psychology.* Retrieved from https://mind–development.eu/adler.html

Mosak, H., & Di Pietro, R. (2006). *Early recollections: Interpretative method and application.* New York, NY: Routledge.

Mosak, H. H., & Maniacci, M. (1999). *A primer of Adlerian psychology.* New York, NY: Brunner–Routledge.

Rasmussen, P. R. (2010). *The quest to feel good.* New York, NY: Routledge.

Sperry, L. (2008). Adlerian psychotherapy. In K. Jordan (Ed.). *The quick theory reference guide: A resource for expert and novice mental health professionals* (pp. 23-29). New York, NY: Nova Science Publishers.

Sperry, L. (2010). *Highly effective therapy: Developing essential clinical competencies in counseling and psychotherapy.* New York, NY: Routledge.

Sperry, L. (2015). Personality disorders. In L. Sperry, J. Carlson, J. Duba–Sauerheber, & J. Sperry (Eds.), *Psychopathology and psychotherapy: DSM–5 diagnosis, case conceptualization and treatment* (3rd ed.) (pp. 27-61). New York, NY: Routledge.

Sperry, L. (2018). Achieving evidence–based status for Adlerian therapy: Why it is needed and how to accomplish it. *Journal of Individual Psychology, 74*(3), 247-264.

Sperry, L., & Sperry, J. (2012). *Case conceptualization: Mastering this competency with ease and confidence*. New York, NY: Routledge.

Sperry, J. & Sperry, L. (2018). Individual psychology (Adler). In V. Zeigler–Hill & T. K. Shackelford (Eds.), *Encyclopedia of personality and individual differences* (pp. 1-4). New York, NY: Springer.

제 2 장

아들러 심리치료의 실제

학습 내용

1. 아들러 치료의 다양성: 개인 · 집단 · 가족 · 부부 치료
2. 아들러 치료의 변화과정
3. 치료 중재과정과 치료적 관계
4. 가족 구도와 초기기억을 포함한 사정
5. 치료 목표, 사례개념화, 개입, 치료의 평가
6. 아들러 치료의 다문화 민감성
7. 아들러 치료 사례

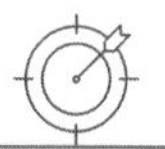

개인은 일반적으로 자기 삶의 환경을 더 잘 이해하고, 행동을 변화시키기 위해 치료를 받는다. 아들러 치료에서 변화과정은 이해(understanding)와 행동 변화(behavior change) 둘 다에 초점을 둔다. 전형적으로 개인의 출생 순위, 초기기억, 사회적 맥락, 부모 영향을 포함한 다른 외부 역동에 대해 평가한다. 사정(assessment)의 목적은 이러한 다양한 요인이 자기 가치, 기대, 행동에 어떻게 영향을 미쳤는지를 이해하기 위한 것이다. 이를 통해 개인이 아동기 초기 및 현재 경험과 관련하여 자신을 더 잘 이해하고 수용할 수 있도록 하고, 신념과 행동 모두 긍정적으로 변화하도록 격려한다.

이 장은 아들러 치료의 실제에 대한 개요로 시작한다. 그런 다음 아들러 치료의 다양성을 다룬다. 그다음 이 접근법의 치료과정을 다루는데, 변화과정과 치료적 관계에 대한 아들러식 관점에 대한 논의로 시작한다. 그 이후에 사정과 치료 전략을 설명한다. 사정 전략에는 상세한 탐문(inquiry)과 가족 구도 및 초기기억 도출이 포함된다. 아들러 사례개념화, 치료 목표, 개입, 치료 평가에 대한 논의가 이어진다. 아들러 치료가 오늘날 일반적으로 어떻게 실행되는지 확장된 사례를 통해 보여 준다.

아들러 심리치료의 개관

아들러 치료자는 내담자가 자신의 생활양식에 영향을 미치는 사고, 추동(drives), 정서를 이해하도록 돕는다. 또한 내담자는 새로운 통찰, 기술 및 행동을 발달시켜 보다 긍정적이고 생산적인 삶의 방식을 획득하도록 격려받는다(Carlson, Watts, & Maniacci, 2006). 하지만 아들러 심리치료의 기본적인 또는 전략적인 목표는 내담자의 공동체감을 기르는 것이다(Carlson, Watts, & Maniacci, 2006, p. 134). 이러한 목표는 아들러 치료의 네 단계를 통해 달성된다.

1. 치료자와 내담자 간 신뢰로운 치료관계를 형성하고, 호소 문제나 관심사를 효과적으로 다루기 위하여 함께 작업하기로 동의하는 관여(engagement) 단계
2. 내담자의 개인사, 가족사, 초기기억, 신념, 감정, 패턴, 동기, 치

료를 위한 준비도를 파악하는 사정(assessment) 단계
3. 내담자가 삶, 호소 문제 또는 관심사에 대하여 새로운 방식으로 생각하도록 돕는 자각(awareness)과 통찰(insight) 단계
4. 내담자가 새로운 통찰을 강화하거나 그것을 촉진하는 더욱 효과적인 행동을 하도록 치료자가 격려하는 재정향(reorientation) 단계

아들러 심리치료의 다양성

아들러 치료에는 여러 유형이 있다. 장기 개인치료, 단기 개인치료, 놀이치료, 집단치료, 부부치료, 가족치료 등이다. 이러한 다양한 유형의 공통점은 개인이 비생산적인 가치, 신념, 감정, 행동에서 벗어나 사회적 관심을 기르는 좀 더 생산적인 가치, 신념, 감정, 행동으로 초점을 다시 맞추도록 안내하는 과정이라는 것이다. 이러한 치료 유형의 전반적인 목표는 파괴적인 자기 지향적(self-directed) 신념과 행동을 변화시키고, 내담자가 자신 있고 사회적인 역량을 발휘하게 하는 데 필요한 도구를 갖추게 하는 것이다(Sperry, 2008). 이 장의 나머지 부분은 아들러 개인치료의 간단한 형식에 초점을 둔다.

아들러 심리치료의 변화과정

아들러 치료는 내담자의 성장과 변화의 잠재력을 강조한다는 점에서 낙관적이다. 병리 모델이 아닌 성장 모델에 기반을 두므로, 내담자에게 장애가 있다기보다는 내담자가 좌절되었다고 본다. 이는 내담자

에게 삶에 대한 새로운 기술과 새로운 관점이 필요하다는 의미이다. 그러므로 아들러 치료는 내담자를 치료하기보다 격려하고 교육하는 것에 더 가깝다(Carlson & Carlson-Englar, 2017). 변화과정에 대한 이러한 일반적인 이해 이외에도, 아들러 치료는 변화과정을 구체적이고 주관적이라고 생각한다. 이는 "아들러 치료자는 모든 내담자가 다른 수준의 준비 상태로 치료에 임한다는 것을 인식해야 한다. 변화 상태(state of change)는 사람이 변화할 때를 드러내 주므로, 아들러 치료자는 단계(stage)를 파악하고 단계에 맞는 치료과정(사람이 어떻게 변하는지)을 계획한다."(Carlson & Carlson-Englar, 2017, pp. 53-54)를 의미한다.

알아차림은 변화과정의 또 다른 국면이다. 내담자가 자신의 구체적인 패턴과 목적을 항상 충분히 알아차리는 것은 아니기 때문에, 출생 순위, 초기기억, 대처 방식의 분석을 통하여 치료자는 내담자가 자신의 제한적이고 문제 있는 신념과 행동의 패턴을 알아차리도록 돕는다. 이를 통해 내담자는 삶을 다른 관점에서 바라볼 수 있게 되고, 삶에 대한 새로운 행동과 방향을 탐색하고 실행할 수 있게 된다.

아들러 심리치료의 치료과정

아들러 치료에서 치료과정은 치료적 관계, 생활양식 사정, 사례개념화와 개입 계획, 개입 실행, 평가 및 종결의 다섯 가지 요소로 구성된다. 즉각적인 목표는 호소 문제의 해결이지만, 치료의 주된 목표는 사회적 관심을 증가시키는 것이다(Ansbacher & Ansbacher, 1956). 〈표 2-1〉은 이러한 요소를 요약한 것이다.

〈표 2-1〉 아들러 심리치료의 과정

치료적 관계	관계의 특징은 상호 존중과 평등이다. 변화과정에서 내담자가 적극적인 역할을 할 것으로 기대된다는 점에서 내담자와 치료자는 협력적 파트너이다.
생활양식 사정	사정은 현재 상황과 기저 요인(즉, 생활양식 분석) 둘 다에 초점을 둔다. 이러한 분석은 개인의 생활양식 신념을 파악하기 위한 목적으로, 초기기억을 포함하여 가족 구도와 초기 발달 경험을 탐색한다.
사례개념화와 개입 계획	생활양식 정보는 사례개념화로 요약된다. 이는 내담자와 협력적으로 논의되고 수정된다. 이러한 개념화는 내담자가 자신이 누구이며 어떻게 지금의 모습이 되었는지 이해하도록 돕고, 잘못된 논리와 패턴에 대한 자각을 증진한다.
개입 실행	치료는 잘못된 생활양식 신념과 기본적 오류에 초점을 둔다. 기본적인 치료 전략은 인지적 재구조화와 통찰과 건설적 행동의 육성이지만, 기본적인 치료 목표는 사회적 관심을 증가시키고 잘못된 생활양식 신념을 수정하는 것이다. 개입에는 생활양식 사정, 해석, 격려, '마치 ~처럼' 행동하기 등이 포함된다.
평가 및 종결	일반적으로 종결이 가까워지면 일련의 두 번째 초기기억을 탐색한다. 변화를 평가하기 위해 치료를 시작할 때 탐색한 첫 번째 초기기억의 주제와 비교한다.

치료적 관계

아들러 치료는 치료적 관계를 촉진한다. 이는 치료적 동맹으로 알려져 있는데, 평등한 개인 간의 협력적인 동맹이다. 그리고 치료자가 협력적이고 공감하며 비독단적인 관계를 설정하고 유지하려 하는 것이다. 구체적으로, 아들러 치료자는 내담자를 해석하고 조언하는 전문가 역할을 취하지 않는다. 오히려 인생 여정에서 동료 여행자로서 내담자에게 합류(join)한다. 대신에 치료자는 내담자에게 심리적 건강과 사회적 관심의 역할 모델이 된다. 존중하는 대화와 격려를 통해 내담자는 자신과 세상에 대한 잘못된 신념, 태도, 감정을 바로잡을 수 있을 뿐만 아니라 행동도 변화시킬 수 있다(Carlson, Watts, & Maniacci, 2006).

사정

기본적으로 아들러 치료에서 사정(assessment)되는 구성 요소에는 가족 구도와 초기기억이 포함된다. 이 자료를 통해 추론한 후 아들러식 사례개념화를 수행한다. 전통적인 접수면접 자료(예: 현재 문제, 정신 상태 검사, 일반적인 사회적 · 직업적 · 발달적 역사)에서 도출하는 것 외에도, 치료자는 내담자의 가족 구도와 생활양식 신념을 수집하고 분석한다(Sperry & Sperry, 2012). 이 정보는 사례개념화, 특히 임상적 공식화 부분을 구체화하는 데 가장 유용하다. 임상적 공식화는 왜, 어떻게 패턴화되고 예측할 수 있는 방식으로 느끼고 행동하는가를 설명해 준다(Mosak & Maniacci, 1999; Sperry, 2015).

가족 구도

가족 구도는 내담자와 가족구성원의 관계뿐만 아니라 다른 가족구성원 간의 관계에 대한 정보로 구성된다. 즉, 내담자의 출생 순위, 부모 · 형제자매 · 또래와의 동일시(identification), 가족 가치, 가족 내러티브, 내담자가 가족에서 소속감을 찾는 방법 등에 관한 정보이다. 생물학적 · 심리적 출생 순위뿐만 아니라 가족 가치, 내담자의 가족 내

소속감도 고려되어야 한다. 어렸을 때의 집안 분위기, 부모와 형제자매와의 관계를 기술하도록 내담자에게 요청한다. 부모 간 관계와 가족구성원이 갈등을 다루는 방식, 부모의 자녀 훈육방법도 탐색해야 한다(Carlson & Carlson-Englar, 2017).

가족 구도 사정

〈표 2-2〉는 가족 구도를 도출하는 데 유용한 질문이다.

〈표 2-2〉 가족 구도 정보 도출하기

- 가정에서 성장하는 것은 어땠나요?
- 가족 중 첫째(막내, 중간, 외동)로서의 경험은 어땠나요?
- 부모님과의 관계를 말해 주세요. 어떤 점이 가장 마음에 들었나요?
- 형제자매 중 어머니가 가장 좋아하는 사람은 누구였나요? 아버지가 가장 좋아한 사람은 누구였나요?
- 부모님끼리는 어떤 관계였는지 말해 주세요. 누가 중대한 결정을 내렸나요?
- 부모님은 어떻게 문제를 해결했나요? 부모님은 갈등에 어떻게 대처했나요? 공개적으로 애정을 드러냈나요?
- 누가 생계를 꾸렸나요? 누가 훈육을 담당했나요?
- 상처받거나 두려울 때 누구에게 갔나요?
- 가족의 가치는 무엇이었나요? 당신은 자라면서 어떤 사람이 되거나 어떤 행동을 하도록 기대받았나요?
- 형제자매와의 관계를 말해 주세요.
- 누가 가장 좋은 성적을 받았나요? 누가 가장 운동을 잘했나요? 누가 가장 친구가 많았나요?
- 누가 가장 말썽을 부렸나요? 그들은 지금 어떻게 지내고 있나요?

초기기억

초기기억은 내담자의 자기관, 타인관, 세계관을 도출하기 위한 투사적 평가방법이다. 내담자 초기기억의 회상은 현재의 생활양식 신념에 비추어 어린 시절의 사건을 반영하기 때문에, 초기기억은 내담자의 자기-타인 심리도식(schema)(내담자가 자신, 타인, 세상을 보는 방식)에 빠르고 정확하게 접근하는 강력한 투사적 기법이다(Sperry & Sperry, 2012). 초기기억은 내담자의 사회적 관심 수준을 밝히는 데도 도움이 된다(Carlson & Carlson-Englar, 2017).

치료자는 내담자에게 세 가지 이상의 기억을 끄집어낸다. 기억에 대한 기술(description)을 주제 및 발달적 성숙도에 따라 분석하고, 이로부터 내담자의 생활양식 신념을 도출한다. 초기기억은 내담자 가족구도의 영향을 반영한다. 일반적으로 이러한 기억은 8세 이전의 것이어야 한다. 초기기억은 다른 누군가가 내담자에게 말해 준 기억이 아니라 내담자가 구체적으로 회상한 기억이어야만 한다. 또한 경험은 단일 사건이어야 한다. 치료자는 그 당시 내담자의 나이, 무슨 일이 일어났는지, 누가 관련되었는지, 그 사건 동안 각 개인은 무슨 일과 무슨 말을 했는지를 기록해야만 한다. 마지막으로, 기억에서 가장 생생한 장면과 내담자의 관련된 생각과 감정을 도출해야만 한다(Mosak & Di Pietro, 2006).

초기기억 사정

〈표 2-3〉은 초기기억을 도출하는 방법이다.

〈표 2-3〉 초기기억 도출하기

다음과 같이 말한다. "당신의 어린 시절(8세경)을 떠올려 보세요. 첫 번째 기억을 말해 주세요. 누군가 당신에게 일어났던 일이라고 말한 기억이 아니라 당신이 구체적으로 떠올릴 수 있는 단일 경험이어야만 해요. 반복적인 경험이 아니라 단 하나의 경험."
내담자가 기억을 떠올리는 데 어려움이 있다면, 기억에 남는 생일, 학교에 처음 갔던 날, 특별한 방학 등에 관해 물어봄으로써 내담자를 거들어 준다.
각각의 기억에 대해 내담자가 그 당시 몇 살이었는지 질문한다. 다음으로, 해당 기억의 순서를 이끌어 낸다. 어떻게 시작되었고, 내담자 이외에 누가 있었는지, 각 사람은 무엇을 하거나 말했는지, 어떻게 끝이 났었는지 묻는다. 그런 다음, 일련의 이야기에서 가장 생생한 순간과 그 순간에 내담자가 어떻게 느꼈는지, 무슨 생각을 했는지를 도출한다.

생활양식 신념

생활양식 신념은 가족 구도, 출생 순위, 초기기억, 과잉 보상에 관한 정보로부터 도출한 내담자의 내적 세계에 관한 결론이다. 내담자의 기본적인 패턴으로도 나타난다(Sperry, 2015).

다음은 이러한 신념을 생애 전략 또는 패턴으로 요약하는 공식화된 진술문(formula statement)이다.

- 나는 ……이다. (자기관)
- 삶은 ……이다. 사람은 ……이다. (세계관)
- 그러므로 ……이다/한다. (생애 전략)

사례개념화

"사례개념화는 내담자에 관한 정보를 획득하고 조직화하며, 내담자의 상황과 부적응적 패턴을 이해하고 설명하며, 치료를 이끌어 주고 초점화하며, 도전과 장애물을 예상하고, 성공적인 종결을 준비하는 방법이자 임상적 전략이다."(Sperry & Sperry, 2012, p. 4). 다른 이론 기반의 사례개념화 방법과 마찬가지로, 아들러 사례개념화 방법은 내담자의 고유한 생활양식과 생활양식 신념을 강조하는 임상적 · 문화적 · 치료적 공식화를 포함한다. 아들러 사례개념화의 임상적 공식화 부분은 내담자가 자신이 누구인지, 어떻게 현재의 모습이 되었는지를 이해하도록 돕는다. 또한 내담자가 자신의 잘못된 논리와 생활양식 신념에 대한 자각을 증진하도록 돕는다. 이는 치료자가 치료 계획과 관련한 생활양식 역동을 이해하게 한다. 문화적 공식화 부분은 내담자의 생활양식 역동과 관련하여 문화적 역동의 관점에서 설명한다. 사례개념화의 치료적 공식화 부분은 잘못된 생활양식 신념과 기본적인 오류를 수정하고 사회적 관심을 증가시키기 위한 계획을 포함한다. 이러한 네 가지(진단적 공식화 포함) 구성 요소의 정보는 사례개념화로 통합 · 요약되는데, 내담자와 협력적으로 논의된다.

대부분의 사례개념화 모델은 몇 가지 공통 요소를 가지고 있는데, 아들러 사례개념화는 주된 세 가지 특징적 요소에서 다른 사례개념화 모델과 차이를 나타낸다. 이 세 가지 요소는 기저 요인, 치료 목표, 치료 개입 요소이다. 아들러 치료에서 기저 요인으로 가족 구도와 생활양식 신념을 강조하는 것은 놀랄 일이 아니다. 유사하게, 고유한 치료 목표로 사회적 관심과 건설적 행동의 증진이 포함된다. 마찬가지로, 아들러 치료에서 치료 개입은 생활양식 사정, 초기기억 분석, 격려, 버튼 누르기, '마치 ~처럼' 행동하기를 포함한다(Sperry & Sperry, 2012).

치료 목표

일단 초기 사정과 사례개념화를 하면 치료 목표를 설정할 수 있다. 치료 목표는 증상 완화 또는 문제 해결 그 이상이다. 오히려 치료 목표는 삶에 대한 새로운 정향(new orientation)과 공동체 내에서 도움이 되는 방식에 있다. 치료가 어느 정도 성공하면 내담자는 더 많은 사회적 관심을 경험하게 된다. 아들러 치료는 내담자가 보유하고 살아가는 가치는 학습된다고 가정한다. 그 가치들이 더 이상 작동하지 않거나 고통이나 불행으로 이끈다면, 내담자는 가치를 다시 학습하고 좀 더 효과적으로 작동하는 생활양식을 만들어 낼 수 있다.

내담자의 생활양식 신념은 심리도식과 자기-타인 심리도식(자기관, 세계관)이라고 이해할 수도 있다. 개인은 그러한 부적응적 심리도식 또는 기본적 오류가 옳은 것이라고 믿기 때문에 그에 따라 행동한다. 아들러는 이러한 기본적인 오류를 과잉일반화라고 지적했다. 과잉일반화된 기본적인 오류의 예는 다음과 같다. '사람들은 적대적이다.' '인생은 위험하다.' '인생은 나에게 도무지 쉴 틈을 주지 않는다.' 이러한 과잉일반화는 내담자의 신체적 행동, 언어, 가치, 꿈에서 표현된다(Sperry & Sperry, 2012). 따라서 치료 목표는 내담자가 '더 낫게' 작동하는 심리도식을 갖도록 재교육하고 재정향하는 것이다(Carlson & Carlson-Englar, 2017).

더욱이 아들러 치료자는 행동 지향적인 경향이 있다. 이는 많은 아들러 치료자가 통찰이 필요 조건이지만 충분 조건은 아니라고 믿고 있음을 의미한다. 변화가 일어나기 위해서는 반드시 행동이 변화되어야만 한다. 통찰은 내담자가 행동의 목적적 특성을 이해하고 있음을 나타낸다. 통찰 뒤에는 행동이 반드시 뒤따라야 한다. 다른 말로 하면 통찰은 행동으로 옮겨지는 이해이다.

개입

치료자와 학생들에게 아들러 치료가 매력적인 주된 이유는 치료를 계획하고 실행하는 것이 유연하고 절충적이라는 점이다. 이는 아들러 철학과 생활양식 사정을 이용하는 치료자는 아들러 치료에 고유한 개입과 기법들뿐만 아니라 다양한 다른 치료법의 특정 개입과 기법들을 유연하게 선택한다는 것을 의미한다.

많은 아들러 치료의 개입과 기법은 행동 지향적이다. 아들러 치료의 개입과 기법은 개인이 낙담을 극복하고, 자기효능감을 높이며, 자아존중감을 증진하는 것을 익히도록 돕는 동안에 생활양식과 행동의 변화를 촉진한다(Sperry, 2008). 유머, 자주 격려하고 지지하기, 도덕적 설교 피하기와 같은 치료적 전략을 사용함으로써 변화를 일으킬 수 있다. 일부 아들러 치료 기법과 전략은 행동에 초점을 둔다. 여기에는 과제 부여, '마치 ~처럼' 행동하기, 버튼 누르기 기법과 같은 창의적이고 극적인 접근법들이 포함된다(Mosak & Maniacci, 1998)(제3장에 이러한 기법에 대한 설명과 예시가 있다). 이러한 기법들을 사용하는 것은 새로운 삶의 기술을 연습할 기회를 내담자에게 제공함과 더

불어, 버리는 것이 더 나을 수 있는 역할 및 행동 패턴과 유지하는 것이 더 나을 수 있는 역할 및 행동 패턴에 대해 내담자로 하여금 선택할 수 있게 한다.

개입 평가

전형적으로, 아들러 치료자는 두 번째 초기기억 세트를 탐색하여 치료의 성과를 평가한다. 치료 초기에 수집했던 초기기억은 개입 전 초기기억(pre-intervention ERs)이라 부르고, 치료 종결 즈음에 수집된 초기기억은 개입 후 초기기억(post-intervention ERs)이라고 한다. "초기기억의 변화는 치료에서 자주 일어나며, 이러한 변화는 삶에 대한 내담자의 지각이 변화되었음을 나타낸다."(Mosak & DiPietro, 2006, p. 203) 개입 전후 변화에는 생애 전략에서의 변화도 포함된다고 본다(즉, 부적응적 패턴에서 더 적응적 패턴으로). 부적응적 패턴을 좀 더 적응적 패턴으로 전환하는 데 초점을 맞춤에 있어, 치료가 자기-타인 심리도식이 아닌 생애 전략에 초점을 맞추고 있음에도 불구하고, 내담자의 자기-타인 심리도식(자기관과 세계관) 역시 더욱 건강한 방향으로 전환된다는 것이 우리의 경험이다.

아들러 심리치료의 다문화 민감성

그렇다면 아들러 치료는 다문화 문제에 얼마나 민감한가? 대답은 '매우 민감하다.'이다. 예를 들면, "아들러 심리치료의 많은 핵심적인 측면은 효과적인 다문화 심리치료를 위한 권고 사항을 따르고 있다. 이는 평등하고 존중하며 협력적인 상담자-내담자 관계(치료적 동맹)의 중요성, 사회적 평등과 사회적 정의에 대한 초점, 마음과 신체 그리고 영성을 고려한 전체론적 접근, 가족과 사회문화적 맥락 안에서 맥락적으로 사람을 바라볼 필요성, 강점, 낙관주의, 격려, 역량 강화, 옹호, 지지의 강조"(Carlson & Englar-Carlson, 2017, pp. 106-107)를 포함한다.

게다가 "아들러 심리학의 특성과 가정은 많은 인종과 민족, 소수 집단의 문화적 가치와 일치하며 ……(중략)…… 아들러 치료과정은 문화적 다양성을 존중한다."(Carlson, Watts, & Maniacci, 2006, p. 32) 또한, "개인의 고유한 주관적인 해석과 지각은 아들러 이론의 일부이며, 내담자의 문화, 가치, 관점은 존중되고 수용된다. 아들러 (치료) 목표는 내담자가 자신에 대해 무엇을 바꿔야만 하는지를 결정하는 것에 두지 않는다. 오히려 상담자는 내담자 및 그들의 가족 네트워크와 함께 협력하여 작업한다."(Arcineiga & Newlon, 2003, p. 436)

아들러 심리치료-사례

제프리(Jeffrey)는 국제 소프트웨어 기업의 영업 부사장인 39세의 기혼 백인 남성이다. 그는 우울증 증가, 집중력 저하, 불면증 때문에 회사 인사 담당 이사에 의해 의뢰되었다. 그의 증상은 아내 제인(Jane)이 유방암 진단을 받은 직후에 시작된 것으로 보인다. 제프리는 아내의 진단에 충격을 받았는데, 아마도 아내의 정서적 지지에 의존

하고 있었기 때문인 것 같다. 아내가 화학요법을 시작한 이후, 제프리는 아내가 아프다는 것을 믿을 수 없다는 마음으로 어머니에게 정기적으로 전화를 걸기 시작했다.

제프리는 재정적 성공과 대중의 인정을 중요시하는 가족의 세 남매 중 막내이다. 어린 시절 그는 심한 알레르기 반응을 경험했는데, 이로 인해 어머니와 함께 여러 차례 응급실에 갔다. 어머니는 자신을 돌봐주는 지지적이며 갈등을 피하는 사람이라고 묘사했고, 반면에 아버지는 열심히 일하지만 정서적으로 무심하며 요구가 많은 사람으로 묘사했다. 제프리는 성공하게 되었고, 아버지처럼 자기에게만 몰두했다.

제프리는 자신이 대학 시절에 '파티광'이었다고는 말했지만, 경영학 학위를 받고 졸업했다. 그 후 빠르게 승진하여 회사의 최고 영업 임원이 되었다. 그는 열렬한 농구팬이자 나름 뒤지지 않는 브릿지 카드 선수이다. 그는 사회 친구를 통해 제인을 만났고, 그녀가 지지적이고 보살핌이 많은 사람이라고 묘사했다.

다음의 생활양식 분석은 가족 구도와 초기기억에서 수집한 자료를 기반으로 이루어졌다. 다음과 같은 생활양식의 핵심 신념은 아들러 치료의 초점이 되었다.

- **자기관**: 자신을 강하고, 우월하며, 자격이 있다고 생각함
- **세계관**: 인생을 다른 사람들을 초대하여 자신이 언제든지 즐길 수 있는 연회장으로 간주함
- **생애 전략**: 문제를 다루고 갈등을 해결하기 위한 기본 전략은 언짢은 행동을 하고, 요구하며, 보살핌을 받고, 보상받기를 기대하는 것임

제프리의 기본적 오류는 자신이 우주의 중심이고, 인생은 즐거워야 하며, 다른 사람은 필요할 때 자신의 요구를 충족시켜 주기 위해 있다는 신념을 포함한다. 그는 자신의 삶에서 자신을 지지하는 여성들에게 의지하고 있다. 그리고 남성이 여성보다 우월하며, 그에게 결코 도전하거나 요구해서는 안 된다고 믿는다.

치료는 그의 우울 증상에 초점을 맞추고, 잘못된 신념을 다루는 것으로 시작했다. 제프리는 언짢은 행동을 하고 요구하는 것이 삶의 전략이며, 어린 시절의 건강 문제를 보상하는 방식이라는 점에 매우 흥미를 느꼈다. 시간이 흐르면서 제프리는 이런 전략이 어린 시절에는 아버지와 그에게 효과적이었지만 지금은, 특히 아내의 건강 상태가 악화된 이후로는 이러한 전략이 덜 효과적이라는 것을 깨닫게 되었다. 그는 협상과 갈등 해결이 자신과 배우자 둘 다의 책임이라는 것을 전혀 생각하지 않았었다. 대부분의 삶 동안에 그는 단지 협상하지 않고 요구만 하는 아버지의 전략을 모델로 삼았을 뿐이다. 시간이 흐르면서 그는 좀 더 건강한 전략을 발달시킬 수 있었다.

이러한 대안적 전략에 더욱 능숙해지면서 제프리는 자신의 우월감과 자격 있음을 치료적으로 다루는 것을 더 잘 받아들였다. 종결이 가까워짐에 따라 우울증이 해소되었고 자기관과 세계관이 조정되었다. 게다가 그는 아내의 건강 상태 및 아내를 지지하고 보살펴야 할 필요성을 더 잘 수용하게 되었다.

끝맺는 말

아들러 치료는 치료에 대해 매우 낙관적이고, 영감을 주는 치료법이다. 문제나 역기능은 낙담과 사회적 관심 부족의 결과로부터 생긴다. 치료과정은 성장과 생활양식 신념의 변화를 촉진하기 위한 교육을 강조한다. 내담자와의 치료는 사회적 관심을 증진하며, 행동에 대한 책임을 격려하며, 행동 변화를 지지하는 것에 중점을 둔다. 통찰은 더 깊은 자기 이해와 행동 변화를 촉진하는 도구로서 치료적으로 이용된다(Sperry, 2008).

아들러 치료는 협력적이고, 공감하며, 비독단적인 치료적 관계를 선호한다. 가족 구도와 초기기억을 기반으로, 그리고 아들러식 사례 개념화에 의한 정보에 근거하여 치료는 구체적인 목표에 따라 계획되고, 변화에 대한 내담자의 준비도에 따라 맞추어진다. 개입과 기법은 아들러 접근법과 다른 접근법들로부터 선택된다. 존중하는 대화와 격려를 통하여 내담자는 잘못된 생활양식 신념을 수정하고 행동을 바꾸도록 도전받는다. 요약하면, 아들러 치료는 긍정적이고, 유연하며, 문화적 · 윤리적으로 민감한 치료법이다.

참고문헌

Ansbacher, H. L., & Ansbacher, R. R. (Eds.). (1956). *The individual psychology of Alfred Adler*. New York, NY: Harper & Row.

Arcineiga, G., & Newlon, B. (2003). Counseling and psychotherapy: Multicultural considerations. In D. Capuzz & D. Gross (Eds.),

Counseling and psychotherapy: Theories and interventions (3rd ed., pp. 417-441). Upper Saddle River, NJ: Merrill/Prentice Hall.

Carlson, J., & Englar-Carlson, M. (2017). *Adlerian psychotherapy.* Washington DC: American Psychological Association.

Carlson, J., Watts, R., & Maniacci, M. (2006). *Adlerian therapy: Theory and practice.* Washington DC: American Psychological Association.

Clark, A. J. (2002). *Early recollections: Theory and practice in counseling and psychotherapy.* New York, NY: Brunner-Routledge.

Dreikurs, R. (1967). *Psychodynamics, psychotherapy, and counseling: The collected papers of Rudolf Dreikurs, M.D.* Chicago, IL: The Alfred Adler Institute.

Mosak, H. H., & Di Pietro, R. (2006). *Early recollections: Interpretative method and application.* New York, NY: Routledge.

Mosak, H. H., & Maniacci, M. (1998). *Tactics in counseling and psychotherapy.* Itasca, IL: F. E. Peacock.

Mosak, H. H., & Maniacci, M. (1999). *A primer of Adlerian psychology.* New York, NY: Brunner-Routledge.

Sperry, L. (2008). Adlerian psychotherapy. In K. Jordan (Ed.), The quick theory reference guide: A resource for expert and novice mental health professionals (pp. 23-29). New York, NY: Nova Science Publishers.

Sperry, L. (2010). *Highly effective therapy: Developing essential clinical competencies in counseling and psychotherapy.* New York, NY: Routledge.

Sperry, L. (2015). Personality disorders. In L. Sperry, J. Carlson, J. Duba-Sauerheber, & J. Sperry (Eds.), *Psychopathology and psychotherapy:*

DSM–5 diagnosis, case conceptualization and treatment (3rd ed., pp. 27-61). New York, NY: Routledge.

Sperry, L. (2018). Achieving evidence–based status for Adlerian therapy: Why it is needed and how to accomplish it. *Journal of Individual Psychology, 74*(3), 247-264.

Sperry, L., & Sperry, J. (2012). Case conceptualization: Mastering this competency with ease and confidence. New York, NY: Routledge.

제 3 장

아들러 패턴중심치료

학습 내용

1. 아들러 치료의 발전과정
2. 아들러 패턴중심치료의 기원, 전제, 구성 요소
3. 아들러 패턴중심치료의 개입과 기법
4. 아들러 패턴중심치료의 증거 기반 실제 및 윤리적 고려 사항
5. 아들러 패턴중심치료의 실제: 제니퍼 사례

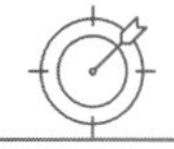

전통적인 아들러 치료의 실제는 전형적으로 절충적이기 때문에, 치료자는 다른 치료법으로부터 개입 방법들을 선택하고 적용하는 데 상당한 유연성을 갖는다(Carlson, Watts, & Maniacci, 2006). 하지만 전통적인 아들러 치료의 단점은 아직 표준화되지 못하고 증거 기반 지위(evidence-based status)를 획득하지 못했다는 것이다. 이에 증거 기반 지위를 획득하고 지속적인 보험 지불이 가능하도록 새로운 아들러 치료가 개발되었는데, 이를 아들러 패턴중심치료(Adlerian Pattern-Focused Therapy: APFT)라고 한다.

이 장은 아들러 치료의 발전과정을 간단하게 설명하고, 아들러 패턴중심치료의 기원과 구성 요소를 설명한다. 이 접근법의 핵심 요소

는 패턴이므로, 이를 광범위하게 다룬다. 다음으로 핵심적인 치료 전략을 논의한 후, 가장 일반적인 아들러 패턴중심치료의 개입과 기법을 설명한다. 이후 치료적 과정과 구체적인 회기의 특징적인 구조를 설명한다. 마지막으로, 사례에 대해 논의한다.

아들러 심리치료의 발전

필자(Len Sperry)가 평생토록 헌신한 아들러 치료와의 관계는 대학원과정에서 시작되었고, 시카고의 아들러 연구소(현 아들러 대학교)에서 열린 심리치료 자격 프로그램 연수로 이어졌다. 거기서 필자는 루돌프 드레이커스(Rudolf Dreikurs)와 함께 집단 슈퍼비전에 참여하는 대단한 행운을 가졌다. 1960년대 후반부터 시작하여, 아들러 치료 훈련과정은 북미와 전 세계로 확산되었다. 아들러 치료는 상위 3대 치료법 중 하나로 알려져 있는데, 이는 거의 400개의 심리치료 연구에 대한 메타분석에 근거한 것이다(Smith & Glass, 1977).

그러나 심리치료에서 책무성 운동이 시작되면서 증거 기반 치료를 옹호한 1980년대 후반에 상황이 극적으로 변화하기 시작했다. 그 이후로 모든 주요 치료법은 증거 기반 지위를 획득하거나, 아니면 역사 속 뒤편으로 사라지는 선택에 직면했다. 증거 기반으로 인식되지 않은 치료법은 점점 불리해졌다. 지금까지 아들러 치료는 증거 기반 치료로 인식되지 않았다. 아들러 치료는 생활양식 사정이라는 인정할 만한 평가 전략을 가지고 있었지만, 증거 기반 지위를 획득하는 데 필수적인 고유한 치료 전략을 개발하지는 못했다. 따라서 증거 기반 지위에서 정의된 핵심 치료 전략과 기타 필수 조건들을 갖추어 아들러 패턴중심치료를 개발했다.

아들러 패턴중심치료의 기원과 전제

여기에서는 아들러 패턴중심치료의 기원, 전제, 구성 요소를 알아보자.

기원

아들러 패턴중심치료는 아들러 치료뿐만 아니라 생물심리사회적 치료(biopsychosocial therapy)와 심리치료 성과 연구에 기원을 둔다. 아들러 치료의 이론과 실제는 이미 제1~2장에서 다루었으므로, 여기에서는 생물심리사회적 치료와 심리치료 성과 연구에 초점을 둔다.

생물심리사회적 치료는 생물학적 · 심리적 · 사회문화적 요인을 통합하는 접근법이며, 패턴 확인, 패턴 변화, 패턴 유지에 초점을 두는 치료과정을 강조한다(Sperry, 1988, 2000, 2006). 이 치료법이 유용한 부분은 통합적 특성이지만, 이를 아들러 관점에서 적용하면 보다 구체적인 패턴을 평가할 수 있게 된다. 패턴과 패턴 인식은 다음 절에서 더 자세히 설명할 것이다.

심리치료 성과 연구는 심리치료 효과 및 심리적 장애 치료와 관련한 변화 기제를 사정하고 평가한다. 또한 치료의 진척과 치료과정에서의 치료법을 모니터링하는 것을 포함한다(Sperry, Brill, Howard, &

Grissom, 1996; Sperry, 2010). 성과 연구는 치료법에 대한 증거 기반을 확인하는 데 필수적인 부분이며, 필자는 교수 생활을 하는 내내 성과 연구를 해왔다.

전제

아들러 패턴중심치료의 네 가지 전제는 다음과 같다. 첫째, 개인은 다른 사람과 관계를 맺고 기능하는 데 있어서 자신도 모르게 자기영속적이고 부적응적인 패턴을 발달시킨다. 결과적으로 이러한 패턴은 내담자 호소 문제의 기초가 된다. 둘째, 패턴 변화(즉, 보다 적응적 패턴으로 대체 또는 전환)는 증거 기반 실제의 필수적인 구성 요소이다. 셋째, 효과적인 치료는 내담자와 치료자가 협력하여 부적응 패턴을 확인하고, 깨뜨리며, 보다 적응적 패턴으로 대체하는 변화과정을 포함한다. 이러한 변화과정에서 최소한 두 가지 결과, 즉 환자/내담자의 안녕의 증진과 호소 문제의 해결(Sperry & Sperry, 2012)이 관찰되어 왔다. 넷째, 비생산적인 사고와 행동을 더 적응적이거나 생산적인 사고와 행동으로 대체하는 과정이 효과적인 치료적 변화로 좀 더 빠르게 이끌어 갈 수 있다. 이는 인지를 직접 재구조화하거나 도전시키려는 치료법(즉, 인지치료, 직접적 행동 수정, 행동치료)과는 대조된다.

아들러 패턴중심치료의 구성 요소

구성 요소는 변화에 영향을 미치는 치료법의 핵심 요소 및 활성 요소를 말한다. 아들러 패턴중심치료는 네 가지 요소, 즉 생활양식과 패턴, 핵심 치료적 전략인 대체 전략, 아들러식 및 기타 치료 개입법과 기법, 성과 평가와 모니터링을 포함한다.

생활양식과 패턴

생활양식 사정은 제2장에서 소개했다. 아들러 패턴중심치료는 패턴의 핵심 요소를 생활양식을 사정할 때 확인되는, 특히 자기관, 세계관 그리고 생애 전략 삼단논법에서의 생애 전략과 동의어로 간주한다. 생활양식, 삶의 양식, 생애 전략은 생각하기, 느끼기, 행동하기의 개인적 패턴을 언급하는 다른 방식들이다. 부적응적 패턴을 확인하고 더 적응적인 패턴으로 바꾸거나 대체하는 것은 아들러 패턴중심치료의 핵심이다. 패턴에 대한 간결한 설명은 다음과 같다. "나는 ~이다." "인생/다른 사람/세상은 ~이다." "그러므로 나는 ~." 예를 들면, "나는 열등하고 인생은 위험하다. 그러므로 나는 자신을 보호하기 위해 물러나야 한다." '그러므로' 진술은 개인의 생애 전략 또는 기본적인 패턴이다. 일단 패턴을 확인하게 되면, 이 패턴은 부적응적 패턴을 하나 이상의 적응적 또는 융통성 있는 패턴으로 대체하기 위한 치료를 결정짓게 하는 간결한 사례개념화의 역할을 한다.

패턴 확인

아들러 패턴중심치료의 고유한 요소 중 하나는 패턴 확인이다. 치료자는 사정 면접뿐만 아니라 초기 해석 및 아들러 생활양식 요인에서 제공된 정보를 사용하고, 내담자의 피드백을 들으면서 내담자의 패턴을 결정한다. 내담자는 하나 이상의 패턴을 보일 수 있으며, 부적응적 반응은 심각도가 다양할 수 있다. 정확한 내담자 패턴 확인은 아들러 패턴중심치료를 효과적으로 전개하는 데 필수적이다. 패턴은 호소 문제, 촉발 요인, 유지 요인, 기저 요인을 도출한 후에 확인할 수 있다. 용어의 정의는 〈표 3-1〉과 같다.

〈표 3-1〉 핵심 개념

호소 문제	개인의 호소 문제(예: 증상 또는 갈등). 전형적으로 내담자의 패턴과 일치하는 촉발 요인에 대한 반응
촉발 요인	내담자의 패턴을 활성화하여 호소 문제를 일으키는 자극
기저 요인	부적응적이거나 적응적 패턴을 조성하고 이끌어 가는 요인
패턴	개인이 생각하고, 느끼고, 행동하고, 대처하고, 자신을 방어하고, 예측 가능하고, 일관적이며, 자기 영속적인 스타일과 방식
유지 요인	호소 문제와 패턴을 유지하게 하는 요인

부적응적 패턴과 적응적 패턴은 개인의 핵심 성격 역동을 끊임없이 반영한다는 점을 유념하는 것이 중요하다. 이는 치료자가 개인의 기본 성격 유형이나 성격장애를 확인하는 데에 도움이 될 수 있다. 그런 다음 치료자는 상응하는 부적응적 패턴에 대한 가설을 세울 수 있다. 상응하는 적응적 패턴을 구체화하는 것도 중요한데, 이는 2차 치료 목표에 반영될 것이기 때문이다.

이러한 가설을 특정한 성격 유형 및 장애와 연관된 일반적인 패턴과 대조하여 점검할 수 있다. 〈표 3-2〉는 성격 역동에 기초한 일반적인 부적응적 · 적응적 패턴에 관한 자료이다.

〈표 3-2〉 성격과 패턴 확인을 위한 가이드

성격 유형 또는 장애	적응적 패턴[A] / 부적응적 패턴[M] 예시
연극성 성격장애	[A] 관심을 받으며, 가치 있다고 느낌 [M] 관심을 받지만, 높은 대가를 치르거나 손상을 입음
의존성 성격장애	[A] 타인의 요구에 부응함으로써 타인을 기쁘게 하고, 자신의 요구를 충족함 [M] 타인의 요구에 부응함으로써 타인을 기쁘게 하지만, 자신의 요구를 충족하지 못함
자기애성 성격장애	[A] 자신감이 있고 타인을 존중함 [M] 자신을 높이고, 타인을 이용하거나 경시함
편집성 성격장애	[A] 다른 사람과의 관계 시 평가하고 조심함 [M] 평가하고, 다른 사람들이 해를 끼칠 것으로 생각함
반사회성 성격장애	[A] 자신의 내부 규범에 따라 생활하며, 법을 준수함 [M] 자신의 내부 규범에 따라 생활하지만, 법을 준수하지 않음
회피성 성격장애	[A] 몇몇 사람에게 안전함을 느끼고, 그들과 안전한 관계를 맺음 [M] 몇몇 사람에게 안전함을 느끼지만, 대부분의 사람을 회피함(고립/단절)
조현성 성격장애	[A] 교제 욕구가 부족하고 혼자 있는 것이 더 편안함 [M] 교제 욕구가 부족하고 적극적으로 타인을 회피함
조현형 성격장애	[A] 사회적 관습에 무관심하고 친근한 사람들과 관계함 [M] 사회적 관습에 무관심하고 낯선 사람들을 경계함
강박성 성격장애	[A] 사리에 맞게 성실하며, 어느 정도 정서적으로 가까움 [M] 지나치게 성실하고/완벽하고, 정서적으로 거리를 둠
수동 공격성 성격장애	[A] 기대받는 일을 하기로 동의하고, 주저하긴 하지만 그 일을 하려고 함 [M] 기대받는 일을 하기로 동의하지만, 변명하며 그 일을 하지 않으려고 함
경계성 성격장애	패턴은 기본적인 성격(의존성 성격장애, 연극성 성격장애 또는 수동 공격성 성격장애)의 보상받지 못한 측면을 반영함

패턴 인식의 예

아들러 패턴 인식의 첫 예시는 제리(Geri)의 사례에서 찾아볼 수 있다(Sperry, 2015). 이 내담자는 우울과 회피성 성격장애 유형을 보였다. 초기기억에 나타난 생활양식 삼단논법은 "나는 부적절하고 결함이 있다." "인생은 지나친 요구를 하며 자의적이고 안전하지 않다." "그러므로 안전하지 않다고 느낄 때는 관계를 피하고 철수한다."(p. 22)이다. 그녀의 생애 전략은 회피성 성격을 가진 개인 사이에서 공통된 주제이지만, 특정 언어와 생활양식 분석 사용을 통해 내담자와 치료자가 모두 작업할 수 있는 간결하고 개인적이며 협력적인 핵심개념화가 가능하다. 그녀의 생애 전략은 그녀에게서 관찰되는, '타인을 회피함으로써 안전하게 느끼는' 부적응적 패턴과 일치한다는 점에 유의해야 한다. 또한 그녀의 부적응적 패턴과 생애 전략은 이후 치료의 초점을 어떻게 맞추는지 알려 준다. 내담자는 사회적 고립과 우울 증상을 호소했고, 이러한 부적응적 패턴을 보다 적응적 패턴으로 대체함으로써 이러한 문제가 해결되었다(Sperry, 2015).

두 번째 예시는 2차적 패턴을 포함한다. 단 하나의 부적응적 패턴이 가장 흔한 호소 문제이지만, 때때로 내담자들은 2차적 패턴을 호소하기도 한다. 이는 치료자를 혼란하게 하고 치료과정을 복잡하게 만든다. 이러한 2차적 패턴을 인식하는 것은 혼란을 줄이고 치료적 변화에 영향을 주는 데 필수적이다. 에이미(Aimee)의 사례는 이와 같은 이중 패턴(double pattern)의 유용한 예이다. 이 사례는 원래 존 칼슨(Jon Carlson) 박사가 치료자로 참여한 미국심리학회(APA) 제작 6회기 비디오 시리즈 중 일부였는데, 나중에 회기 내용이 필사되었고 분석되었다(Sperry & Carson, 2004). 그녀의 1차 부적응 패턴은 다른 사람을 돌보지만 자신을 돌보지 않는 것으로 관찰되었다. 그녀의 2차적 패턴은 지나치게 성실하고 완벽함을 추구하는 것이었다. 초기기억을 바탕으로 한 그녀의 생애 전략은 "그러므로 다른 사람들을 돌보고 기쁘게 하는 데 성실하라."였다. 이러한 생애 전략은 부적응적 패턴과 적응적 패턴을 확실히 해 준다. 효과적인 단기 심리치료과정을 통해, 에이미는 부적응적 패턴을 보다 적응적 패턴으로 대체했고, 동시에 호소 문제도 해결할 수 있었다(Sperry & Carlson, 2014).

패턴 전환

두 번째 고유한 요소는 순차적 질문(query sequence)(다시 말하면, 치료적 자료를 처리하기 위한 전략)을 통한 패턴 전환(pattern shifting)이다. 부적응적 패턴에서 적응적 패턴으로의 전환은 2차 변화가 발생했음을 나타낸다. 심리치료의 인지행동 분석체계(Cognitive Behavior Analysis System of Psychotherapy: CBASP)와 아들러 패턴중심치료는 그러한 전환을 가능하게 하는 치료 접근법이다.

미국심리학회(American Psychological Association, 2018)가 증거기반 또는 경험적으로 지지되는 치료로 인정하는 심리치료의 인지행동 분석체계는 만성 우울증 치료를 위해 제임스 맥컬로(James P. McCullough)가 개발했다(McCullough, 2000). 심리치료의 인지행동 분석체계는 결과를 고려하는 사고(consequential thinking) 그리고 문제 있는 사고 및 행동의 대체를 촉진하지만, 패턴을 확인하거나 패턴을 지닌 상황을 분석하지 않는다. 따라서 그것이 달성할 수 있는 대부분은 증상 해결 또는 개인 및 관계의 안정화이다. 이는 1차 변화 목표이다.

대조적으로 아들러 패턴중심치료의 초점은 패턴 전환이므로, 아들러 패턴중심치료는 2차 변화 목표까지도 달성할 수 있다. 아들러 패턴중심치료에서 생애 전략을 강조하는 가장 중요한 이유는 이러한 초점이 다른 많은 치료법보다 훨씬 더 넓은 범위의 내담자와 징후에 대한 적용 가능성을 증진하기 때문이다. 내담자의 강력한 사례개념화는 강력한 설명력과 예측력을 허용한다(Sperry & Sperry, 2012). 또한 아들러 관점에서 패턴을 이해하면 여러 임상적 호소 문제에 대해 통합적 접근을 할 수 있다(Sperry, 2015). 정서적 · 인지적 발달 수준이 다소 낮은 내담자라 하더라도 아들러 패턴중심치료로부터 이득을 얻을 수 있다. 자기-타인 심리도식(즉, 자기관과 세계관)을 변경하거나 수정하는 데 초점을 두고, 해석, 인지적 논박 또는 재구조화를 강조하는 치료법은 훨씬 더 높은 수준의 인지적 · 정서적 발달을 요구한다. 이는 우울과 같은 호소 문제를 다루는 많은 치료법의 잠재적 이익을 제한한다. 우울과 같은 문제를 호소하는 내담자들은 인지적 · 정서적 영역에서 더 낮은 발달적 기능을 보이는 경우가 자주 있다.

대체 전략

대체(replacement)는 특정한 치료법과 동일시되는 핵심 치료 전략 중 하나이다. 예를 들어, 해석은 정신분석, 인지적 재구조화는 인지치료, 노출은 행동치료의 핵심 전략이다. 대조적으로, 대체는 내러티브 치료(White & Epston, 1990), 심리치료의 인지행동 분석체계(McCullough, 2000), 현실치료(Glasser, 1975)의 핵심 치료 전략이다. 세 가지 모두 해로운 생각과 행동을 더 건강하고 도움이 되는 생각과 행동으로 대체하기라는 핵심 전략을 활용한다. 많은 치료자는 해석이나 인지적 논박을 사용해서 새로운 문제를 처리하는 데 시간이 충분하지 않을 때 보조 전략으로서 대체를 사용한다. 예를 들어, 토요일 저녁에 함께 지낼 친구가 없어서 우울하거나 괴로울 때 내담자는 침대에 누워서 할 일이 없다고 생각할 수 있다. 치료자는 내담자가 대체 행동(특정 친구에게 전화하기) 또는 대체 생각('내가 친구에게 전화를 걸어 봐야 그 친구가 나와 함께 시간을 보내고 싶어 하는지를 알 수 있다.')을 하도록 격려한다.

현재 아들러 치료는 고유하거나 특색 있는 핵심 치료 전략이 없으므로, 아들러 패턴중심치료에서는 대체 전략을 채택했다. 기본적인 가정은 구체적인 상황에서의 생각과 행동이 개인의 전반적인 생애 전략이나 패턴을 반영할 가능성이 크다는 것이다. 그 패턴이 부적응적이라면, 부적응적 패턴(그리고 그와 관련된 해로운 생각과 행동)이 더 적응적 패턴으로 대체될 때 완화되고 해소된다.

아들러 패턴중심치료의 개입과 기법

이 부분에서는 아들러 패턴중심치료를 특징짓는 개입과 기법에 관해 설명한다. 구체적으로, 질문 전략과 여섯 가지 아들러 기법(격려, '마치 ~처럼' 행동하기, '마치 ~처럼' 생각하기, 버튼 누르기 기법, 과제 설정, 역할 놀이)에 대해 설명한다.

순차적 질문

순차적 질문(query sequence)은 아들러 패턴중심치료의 주된 변화 개입방법이다. 질문을 이어서 하는 이런 방식은 심리치료의 인지행동 분석체계에서 채택되었다. 앞서 언급했듯이, 심리치료의 인지행동 분석체계의 핵심 치료 전략은 대체이다. 따라서 순차적 질문이 대체 개입이라는 건 놀라운 일이 아니다. 이를테면, 해로운 생각과 행동을 확인하여 좀 더 도움이 되는 생각과 행동으로 대체하는 데 중점을 둔다. 이는 두 국면으로 되어 있다. 첫 번째는 여섯 단계로 이루어진 상황 분석(situation analysis) 국면이고, 두 번째는 두 개의 부가적 단계로 이루어진 교정(remediation) 국면(McCullough, Schramm, & Penberthy, 2014)이다. 이 치료법의 탁월한 장점은 비교적 배우기 쉽고, 까다로운 내담자들의 다양한 호소 문제에 적용하기 쉽다는 것이다. 구체적인 상황을 함께 분석하는 과정에서 내담자는 문제를 가져오는 해로운 생각과 행동을 더 도움이 되는 생각과 행동으로 '대체'할 수 있다. 치료의 핵심 전략이 문제가 되는 생각을 인지적으로 재구조화하거나 문제 행동을 수정하려는 것이라면 생각보다 더 빠르게 대체가 일어나는 경우가 자주 있다. 치료에 대한 기대와 요구가 더 단기적이고 시간 제한적이 됨에 따라, 심리치료의 인지행동 분석체계와 같은 대체법은 상당한 가치가 있다.

교육 가능성을 높이기 위해 심리치료의 인지행동 분석체계의 치료 과정을 아홉 단계로 개편했으며(Sperry, 2006), 대체 전략을 기반으로 하여 아들러 이론과 패턴 중심을 강조하는 것이 아들러 패턴중심치료의 핵심 구성 요소가 되었다(Sperry, 2018).

임상적 성공 가능성을 높이기 위해 열 번째 단계가 추가되었다. 여기에는 치료과정을 평정하고 측정하기 위한 두 가지 주요 질문이 포함된다. 첫 번째는 구체적인 변화를 하는 것의 '중요성'을 사정하고, 두 번째는 그 변화를 이루어 낼 내담자의 '자신감' 정도를 사정한다. 둘 다 동기 강화 상담(motivational interviewing)에서 도출되었다(Miller & Rollnick, 2012). 독자는 치료 매뉴얼(Sperry & Bienstzok, 2018)에서 순차적 질문과 아들러 패턴중심치료에 대한 더 자세한 설명을 찾아볼 수 있다.

순차적 질문의 실행

다음은 간단하게 10단계 순차적 질문을 실행하는 방법이다. 이는 문제 상황들을 분석하고 처리하는 데 중점을 둔다. 이러한 문제 상황들은 항상 내담자의 부적응 패턴을 반영한다. 먼저, 내담자에게 상황(1)과 관련된 생각(2) 및 행동(3)을 설명하게 한다. 그런 다음, 내담자에게 그 상황에서 원했거나 기대했던 결과(4)와 실제 결과(5)를 말하게 한다. 내담자는 전형적으로 원했던 결과를 얻지 못했다고 말하기 때문에(6), 내담자에게 그 상황과 그 상황이 어떻게 다르게 전개되었을 수 있는지를 다시 살펴보고 싶은지를 묻는다(7). 내담자가 이를 수용한다면 그 생각이 그 상황에서 원하는 것을 얻는데 내담자에게 도움이 되었는지, 아니면 해가 되었는지를 차례로 묻는다(8). 전형적으로 해가 되었다면, 내담자에게 어떤 대안적 생각이 더 도움이 되었을 것 같은지, 그러한 대안적 생각은 내담자가 원하는 결과를 얻는 데 어떻게 도움이 되었을 것 같은지를 묻는다. 다음으로, 내담자가 보고한 행동에 대해서도 같은 방식으로 분석한다. 그 행동들이 원하는 결과를 얻는 데 내담자에게 도움이 되었는지, 아니면 해가 되었는지, 어떤 행동이 더 도움이 되었을 것 같은지(9)를 묻는다. 그리고 그 행동이 원했던 결과를 얻는 데 도움이 될 것 같은지, 아니면 해가 될 것 같은지(9)를 묻는다. 마지막으로, 보다 적응적 패턴으로 전환하는 것의 중요성과 이를 달성하는 것에 대한 자신감에 관하여 묻는다(10).

치료적 변화의 지표는 내담자가 해로운 생각이나 행동을 더 도움이 되는 생각이나 행동으로 대체하는 동시에, 자신의 부적응적 패턴을 더 적응적 패턴으로 점진적으로 대체하기 때문에 내담자가 원하거나 기대하는 결과를 더 자주 달성하고 있음을 아는 것이다. 치료가 진행됨에 따라 내담자는 그들의 생각과 행동이 어떻게 그들의 부적응적 패턴을 반영하고, 증상을 활성화하며, 기능을 저하시키는지를 이해하게 된다.

격려

격려는 "인생의 어려움에 직면하기 위해 용기를 키우는 과정이다." (Carlson & Englar-Carlson, 2017, p. 29) 격려가 없다면, 개인은 자신에 대한 믿음을 가질 가능성이 낮고, 자기 삶이 향상되거나 더 잘 기능할 것이라고 기대하지 않을 것이다. 격려는 치료에 중요한 의미가 있다. 아들러 치료자는 병리 모델(pathology model)보다는 성장과 안녕 모델(growth and well-being model)로 개인을 바라보기 때문에 내담자가 아프기(sick)보다는 낙담(discouraged)했다고 간주한다. 이는 삶의 도전거리들을 효과적으로 다루는 데 내담자가 낙담하고 용기와 자신감이 부족하기 때문에 치료에 참여한다는 의미이다. 그러므로 아들러 치료는 격려를 강조한다. 사실 아들러 치료자에게 격려는 치료적 변화의 근본적인 요소이다.

격려는 단순한 기법이 아닌 삶의 태도와 방식이다. 이는 "내담자가 있는 모습 그대로 가치 있음을 느끼도록 돕는 과정이다. 이는 치료자가 내담자에게, 그리고 내담자를 위해 사회적 관심을 보일 때 나타난다."(Carlson & Englar-Carlson, 2017, p. 141) 이는 치료자가 내담자의 강점과 능력에 대한 확신을 보인다는 의미이다. 또한 치료자가 내담자의 과거 성공을 확인하고 끌어냄을 의미한다. 더불어 내담자의 노력과 치료 경과를 지지한다는 뜻이다. 사실 치료적 성공은 치료자의 "격려하는 능력"에 크게 좌우되며, 실패는 일반적으로 "치료에서 격려할 수 없음 때문에"(Carlson et al., 2006, p. 74) 발생했다.

'마치 ~처럼' 행동하기

'마치 ~처럼' 행동하기(acting 'as~if')라는 아들러 기법은 아들러 패턴중심치료의 핵심적인 개입 기법이다(Carlson et al., 2006; Mosak & Maniacci, 1998). 이는 내담자가 원하는 방식(예: 좀 더 자신감 있는, 독립적인, 보살피는)이 마치 이미 그렇게 된 것처럼 행동하기 시작하라고 요청하는 것이다. 다른 말로 하면, 건강하지 않은 행동을 좀 더 건강한 행동으로 '대체'하는 것이다. 이 기법은 몇 가지 변형이 있다(Carich, 1997).

행동 활성화

'마치 ~처럼' 행동하기의 변형 중 하나는 행동 활성화이다. 이는 우울증과 같은 장애에서 흔히 볼 수 있는 비활동성과 회피의 순환을 깨기 위한 개입이다(Dimaggio & Shahar, 2017). 예를 들어, 우울한 사람들은 특징적으로 원하지 않는 생각과 감정을 회피하기 위하여 자신의 행동을 제한한다. 이는 즐거운 활동으로 받는 긍정적인 강화와 보상이 줄어들고 증상이 증가하는 결과로 귀착된다. 그들은 필요한 과제를 회피하고 다른 사람들로부터 물러날 가능성이 있다. 이는 패배감, 절망감, 다른 사람과의 단절을 초래한다. 행동 활성화는 처음에 인지행동치료에서 사용되었지만, 이후 많은 치료법과 대부분의 임상적 조건에서 활용되어 왔다. 당연히 행동 활성화는 아들러 치료와 상당히 잘 맞는다.

'마치 ~처럼' 생각하기

'마치 ~처럼' 생각하기 기법(reflecting 'as~if')(Watts, 2003)은 '마치 ~처럼' 행동하기 기법의 확장이다. 이는 내담자에게 '마치 ~처럼' 행동하기 전에 곰곰이 생각하는 단계를 갖도록 하는 것이다. 이는 내담자가 원하는 방식으로 행동한다면 삶이 어떻게 달라질 것 같은지를 곰곰이 생각해 보고 대체하도록 격려한다. '마치 ~처럼' 생각하기 기법은 다음과 같은 요소, 즉 협력적인 목표 설정과 브레인스토밍, 측정 가능한 행동, 행동 계획하기를 포함한다. 해석, 인지적 재구조화 혹은 노출하기 대신에 내담자는 단순하게 자신에 대해 생각하는 방식을 달리 생각하는 방식으로 대체한다.

버튼 누르기 기법

버튼 누르기(push button) 기법은 우울증을 위한 아들러식 개입으로 특별히 개발되었다(Mosak & Maniacci, 1998). 내담자에게 먼저 즐거운 경험과 그 경험이 일으키는 감정에 집중하라고 요청한다. 그런 다음, 불쾌한 경험에 집중하라고 요청한다. 내담자는 부정적인 경험이나 감정 상태를 '대체'하기 위해 단순히 '버튼을 누르는' 것으로써 자신의 정서 반응을 통제할 수 있음을 알게 된다. 이는 우울 증상을 중단하는 데 특히 효과적인 기법이다. 해석이나 인지 재구조화의 긴 과정 대신, 내담자는 단순히 한 감정 상태를 다른 감정 상태로 대체한다. 또한 즐거운 경험과 그와 관련된 감정에 집중하고, 버튼을 누르는 것을 연습하도록 격려받는다.

과제 설정

과제 설정(task setting)은 내담자가 자신에 대하여 책임을 지도록, 그리고 자신의 행동이 타인에게 미치는 영향에 대하여 책임을 지도록 격려하는 아들러 기법이다. 이는 과제의 형태이다(Mosak & Maniacci, 1998). 우울한 사람을 다룰 때 아들러(1958)는 다음과 같이 조언했다. "이 처방을 따르면 14일 안에 치료될 수 있습니다. 어떻게 하면 누군가를 기쁘게 할 수 있을지 매일 생각해 보세요."(p. 258) 그리고 나중에, "저의 모든 노력을 환자의 사회적 관심을 증진하는 데 바치고 있습니다. 환자가 동료와 평등하고 협력적인 사이로 관계를 맺을 수 있게 되자마자, 환자는 치유됩니다."(p. 260) 또 다른 예는 박사학위논문 쓰기를 미루는 학생에게 매일 250개의 단어를 쓰는 과제를 주는 것이다.

치료자는 치료실 안팎에서 수행할 수 있는 과제를 부여한다. 과제는 "비교적 단순해야 하며, 환자가 과제를 게을리 할 수 있지만 실패하고 치료자에게 탓을 돌릴 가능성이 적은 수준"(Mosak & Maniacci, 1998. p.119)으로 정해야 한다. 이러한 강력한 기법은 자기 관심 행동을 사회적 관심 행동으로 대체한다. 인지적 논박이나 체계적 둔감화와 같은 복잡한 개입 대신에 내담자는 단순히 자신에 대해 생각하는 방식을 달리 생각하는 방식으로 대체한다.

요컨대, 대체의 핵심 전략은 아들러 치료의 실제와 잘 일치한다. 또한 이는 다른 네 가지 아들러 기법(순차적 질문, '마치 ~처럼' 행동하기, '마치 ~처럼' 생각하기, 버튼 누르기 기법)과 관련된 변화의 기제이다.

역할 놀이

역할 놀이는 '마치 ~처럼' 기법의 또 다른 변형이다(Carich, 1997). 이는 행동 시연(behavior rehearsal)으로도 알려져 있다. 일반적으로 행하는 역할 놀이에서 치료자는 내담자가 예상되는 역할이나 상황에 놓이도록 돕고, 내담자에게 대화와 행동을 연습하는 기회를 준다. 예를 들어, 내담자는 새로 배운 사회적 기술을 치료자와 함께 연습할 수 있다. 치료실 밖의 사회적 상호작용에 참여하기 전에 새로 배운 사회적 기술을 숙달하고 자신감을 갖기 위하여, 치료자는 내담자가 상호작용을 연습할 사람의 역할을 연기할 수 있거나, 내담자가 그 사람과 어떻게 더 효과적으로 상호작용할 수 있는가에 관하여 내담자에게 역할 모델이 될 수 있다. 아들러 패턴중심치료에서는 과거에 문제가 되어 왔던 일들을 내담자가 경험하고 연습하는 방법으로서 역할 놀이가 이용된다.

성과 평가와 모니터링

아들러 패턴중심치료의 마지막 구성 요소는 치료 전반에 걸친 진행 상황을 모니터링하기 위해 사정 척도들을 사용하는 것이다. 이러한 척도에는 환자 건강 질문지-9, 사회적 관심 척도-간편형, 초기기억(ERs)이 포함된다. 초기기억은 첫 회기와 마지막 회기에서 수집된다. 두 번째 초기기억 세트는 2차 치료 목표와 사회적 관심상의 경과

(progress)를 보여 준다. 여기에서는 환자 건강 질문지-9와 사회적 관심 척도-간편형을 소개하고, 이어서 제니퍼의 사례를 설명한다.

환자 건강 질문지-9

환자 건강 질문지-9(Patient Health Questionnaire-9: PHQ-9)(Kroenke & Spitzer, 2002)는 주요우울장애에 대한 DSM-5 기준을 반영하는 9개 항목으로 이루어진 우울증 척도이다(American Psychiatric Association, 2013). 일반적인 의료 장면과 정신과 장면 모두에서 우울증을 빠르게 선별하는 데 사용된다. 매회기가 시작할 때, 평정값(ratings)이 수집되는데, 이는 치료를 모니터링하는 효과적인 방법이다. 평정값은 증상 감소가 목표인 1차 치료 목표의 경과를 나타낸다.

사회적 관심 척도-간편형

사회적 관심 척도-간편형(Social Interest Index-Short Forms: SII-SF)은 사회적 관심 축약 척도이다. 사회적 관심 척도-간편형(Leak, 2006)은 사회적 관심 척도(Social Interest Index: SII)의 개정 및 축약 버전이며, 가장 자주 사용되고 가장 타당한 사회적 관심 척도로 여겨진다(Bass, Curlette, Kern, & McWilliams, 2002). 사회적 관심 점수의 변화는 부적응적 패턴에서 더 적응적 패턴으로의 전환과 치료과정 동안의 초기기억상의 변화를 모두 반영하는 것으로 간주된다. 사회적 관심 척도-간편형 검사는 치료 전후와 치료 중간에 한다.

성과 평정 척도

성과 평정 척도(Outcome Rating Scale: ORS)(Miller & Duncan, 2002)

를 사용하여 내담자의 경과를 모니터링하고, 회기 평정 척도(Session Rating Scale: SRS)를 사용하여 치료적 관계의 질을 계속 평가한다(Duncan et al., 2003). 성과 평정 척도는 치료과정에서 개인적 · 사회적 · 대인관계적 성과를 추적하는 데 사용되며, 치료적 관계의 질은 회기 평정 척도(SRS)를 사용하여 계속 사정한다. 제니퍼 사례에는 이러한 척도 및 기타 자기보고 척도가 사용되며, 제5장에서 자세하게 설명하고 있다.

아들러 패턴중심치료: 회기 구조

아들러 패턴중심치료의 네 가지 기본 구성 요소를 확인한 후 구체적인 회기 내용을 통해 치료과정이 어떻게 구성되는지 살펴본다.

제니퍼 사례는 아들러 패턴중심치료를 활용하여 10회기 개인 상담으로 계획하고 종결한 치료이다. 아들러 패턴중심치료는 시간이 제한된 단기 치료에 적합하며, 회기 수는 더 길거나 짧을 수 있다. 〈표 3-3〉은 10회기의 구조와 내용을 요약한 것이다.

〈표 3-3〉 1~10회기 회기별 요약

1회기: DSM-5 증상 및/또는 성격장애에 관하여 진단적 평가를 한다. 내담자의 예상 부적응 패턴을 확인하고, 적어도 2~3개의 초기기억을 이끌어 내고, 첫 번째 환자 건강 질문지-9 및 사회적 관심 척도-간편형을 실시한다. 이 치료법에 내담자가 친숙해질 수 있도록 안내하며, 치료 절차(treatment protocol)를 설명하고, 충분한 사전 동의를 얻는다. 1차와 2차 치료 목표를 설정하고, 과제에 대해 상호 동의한다.

2회기: 회기 직전에 환자 건강 질문지-9와 성과 평정 척도를 실시한다. 환자 건강 질문지-9와 성과 평정 척도의 점수에 대해 논의하고 과제를 검토한다. 부적응적 패턴과 더 적응적 패턴으로 전환할 필요성에 상호 동의한다. 아들러 패턴중심치료 질문을 사용하여 호소 문제 상황을 다룬다. 행동 활성화/'마치 ~처럼' 행동하기 연습을 소개하고, 계획된 활동들을 기록하며 측정하는 방법을 알려 준다. 과제에 대해 서로 동의한다. 회기 평정 척도를 실시하고 논의한다.

3~9회기: 회기 직전에 환자 건강 질문지-9와 성과 평정 척도를 실시한다. 환자 건강 질문지-9, 성과 평정 척도, 기분 척도 점수에 대해 논의하고, 과제를 검토한다. 아들러 패턴중심치료 질문을 사용하여 부적응적 패턴에 관한 문제 상황을 다룬다. 앞서 기술한 대로 버튼 누르기 기법과 같은 추가적 개입을 설명한다. 과제에 대해 상호 동의한다. 회기 평정 척도를 실시하고, 논의한다.

10회기: 회기 직전에 환자 건강 질문지-9, 사회적 관심 척도-간편형, 성과 평정 척도를 실시한다. 회기의 초점은 종결이다. 그러므로 환자 건강 질문지-9와 성과 평정 척도를 검토하면서 시작한다. 다음 (1회기 때의) 1차 변화 목표의 달성에 대한 경과를 살펴본다. 다음으로, 적어도 2~3개의 초기기억을 끌어낸다. 그런 다음, 2차 변화 목표의 경과를 살펴본다. 이는 더 적응적인 패턴을 반영하는 초기기억상의 변화로 명백해진다. 재발 방지 계획을 세운다. 내담자가 스스로 작업해야 할(3차 변화 목표) 다른 문제들이 무엇인지 논의한다. 앞으로 사후 점검(follow-up)을 위한 옵션을 구체화한다.

증거 기반 실제와 아들러 패턴중심치료

수련생과 개업 치료자는 증거 기반 실제(evidence-based practice)와 증거 기반 접근법(evidence-based approaches)에 점점 더 많은 관심을 가진다. 이 두 가지는 서로 관련이 있지만 다르다. 증거 기반 실제부터 알아보자.

불과 얼마 전만 해도 치료자들은 자신이 신봉하는 치료법과 경험에 근거하여 치료를 결정하는 것이 일반적이었다. 가끔 드물게, 그들이 제공하는 치료가 안전하고 효과적이며 윤리적이라는 과학적 증거에 기반을 두고 결정하기도 했다. 하지만 오늘날에는 책무성에 대한 요구가 증가하면서, 증거 기반 실제의 개념으로 바뀌었다. 처음 설명했듯이, 증거 기반 실제는 치료자와 내담자가 치료에 관하여 주요한 결정을 하도록 돕는 탐구과정이다. 이는 다음과 같은 요인, 즉 연구 증거, 임상적 경험과 전문적 지식, 내담자 선호와 가치, 전문가적 윤리, 상황적 환경 및 자원의 가용성(Sackett, Richardson, Rosenberg, Haynes, & Brian, 1997)에 근거하여 어떤 개입을 제공할 것인가를 결정하는 전략이다.

증거 기반 실제는 증거 기반 접근법이나 개입과는 다르다는 점을 유의해야 한다. 이는 '경험적으로 지지된 치료(empirically supported treatment)'로 알려져 있기도 하다(APA Presidential Task Force on Evidence-Based Practice, 2006; American Psychological Association, 2018). 이는, 즉 내담자의 가치와 임상가의 전문성을 고려하지 않고도 경험적으로 지지된 치료를 제공할 수 있다는 의미이다. 달리 말하면, 증거 기반 실제를 하는 것은 증거 기반 접근법이나 개입을 단순히 채택하는 것보다 더 포괄적이고 더 큰 노력을 요한다. 보다 구체적으로, 치료자가 증거 기반 접근법 또는 개입을 채택하거나 채택하지 않거나 간에 증거 기반 실제를 할 수 있다는 의미이다.

아들러 패턴중심치료는 미국심리학회(APA, 2018)의 분과 12에서 경험적으로 지지된 80개 치료 중 하나로 아직 등재되어 있지 않다. 그러나 아들러 패턴중심치료의 핵심 구성 요소인 심리치료의 인지행동 분석체계는 미국심리학회(APA)에서 경험적으로 지지된 치료로 인정받고 있다. 따라서 아들러 패턴중심치료는 이러한 핵심 구성 요소를 통합하기 때문에 증거에 입각한 치료(evidence-informed therapy)로 간주될 수 있다.

마지막으로, 치료자가 내담자의 가치에 부합하는 충분한 전문적 지식을 갖추고 있으며, 충분한 연구 증거에 의해 지지되는 치료법을 제공한다고 생각한다면, 치료자 또는 수련생은 아들러 패턴중심치료의 증거 기반 실제에 자신 있게 참여할 수 있다. 지금 시점에서는 핵심 구성 요소가 경험적으로 지지되기 때문에, 아들러 패턴중심치료는 전통적인 아들러 치료보다 증거 기반 실제에서 더 가치가 있는 것으로 보인다.

윤리적 고려 사항 및 아들러 패턴중심치료 실제

수련생과 전문 치료자는 특정 치료법을 실행하는 데 따른 윤리에도 관심이 있다. 주요한 윤리적 관심사는 치료법의 안전성 및 효과성과 관련된다. 일반적으로, "위험(risk)과 이익(benefit)에 관한 윤리는 효과성과 안전성에 대한 강력한 과학적 증거가 있는 치료가 그러한 증거 기반이 없는 치료에 비해 상당한 윤리적 이점(advantages)을 갖고 있음을 시사한다."(Sookman, 2015, p. 1295) 아들러 패턴중심치료의 핵심 치료 전략이 효과성과 안전성 모두에 대한 증거를 가지고 있으므로 아들러 패턴중심치료가 이러한 윤리적 이점을 제공한다는 점은 주목할 만하다. 특히 심리치료법은 윤리적인 증거 기반 실제의 구체적인 영역들과 관련하여 평가되어야 한다. 이러한 영역에는 내담자-치료자 관계, 치료과정에의 참여, 사전 동의, 심리교육, 과제, 장애별(disorder-specific) 접근법이 포함된다(Sookman, 2015). 이러한 기준이 충족될 때까지 기본적인 윤리적 원칙, 즉 "상담자의 일차적 책임은 내담자의 존엄성을 존중하고 내담자의 복지를 증진하는 것"(American Counseling Association, 2014, p. 2)이 적용된다.

다음은 아들러 패턴중심치료에서 이러한 영역이나 기준에 관한 간략한 평가이다. 아들러 패턴중심치료의 트레이드마크는 내담자-치료자 관계 및 치료적 과정에서 내담자의 참여, 둘 다에서의 협력과 협동이다. 심리교육 및 회기 내 다른 활동의 목적은 내담자가 필요하다고 동의한 새로운 태도와 기술을 배움으로써 성장하는 것이다. 마찬가지로 과제 또는 회기 간 활동은 성장과 역량 강화를 촉진하는 상호 합의한 활동이다. 여기에는 '마치 ~처럼' 행동하기, '마치 ~처럼' 생각하기, 역할 놀이, 버튼 누르기 기법이 포함된다. 제니퍼 사례(제4~9장)의 축어록에서 설명한 대로 사전 동의는 계속 진행 중인 과정(ongoing process)이다. 기본적인 윤리 원칙에 따라 내담자의 복지와 안녕을 촉진하면서 내담자를 끊임없이 존중한다. 마지막으로, 아들러 패턴중심치료의 핵심 구성 요소가 주요우울장애 치료에서 효과성에 대한 증거 기반 지위를 획득했기 때문에, 이 책의 주요 사례인 제니퍼 사례가 이 장애를 다루고 있다는 점에서 아들러 패턴중심치료는 장애별 접근법의 기준을 충족한다.

아들러 패턴중심치료: 제니퍼 사례

다음은 주요우울장애를 호소하는 내담자에게 계획된 10회기 치료에서 아들러 패턴중심치료를 적용한 사례를 요약한 것이다. 그녀는 우울증 증상에 대해 약물 복용을 원하지 않았기 때문에, 의사가 심리치료를 의뢰했다. 그녀의 증상이 심리치료에 충분히 반응하지 않는다면 약물치료를 추가하기로 했지만, 그래도 그녀는 약물의 부작용에 대해 걱정이 많았다.

배경

제니퍼는 처진 기분, 즐거움 감소, 동기부여 감소, 한정된 사회적 교류 등을 호소하는 21세 대학생이다. 보고에 따르면, 이러한 증상은 3주 전에 시작되었고, 이런 기분을 느낀 것은 이번이 처음이다. 그녀는 대학 생활에서 증가하는 압박감과 마감 기한 때문에 스트레스를 받았고, 자신의 책임을 다하기 위해 친구들로부터 자신을 스스로 고립시켰다고 보고한다. 제니퍼는 너무 창피해서 부모에게 이런 문제를 말할 수 없었다. 왜냐하면 부모를 실망시키고 싶지 않았기 때문이다. 또한 그녀는 평소보다 더 빨리 피로를 느끼고, 이 때문에 변호사라는 미래의 경력을 망칠지도 모른다고 걱정한다. 그녀는 최근의 기분 문제와 학교 성적에 대해 극심한 죄책감을 느낀다. 제니퍼는 대학교 2학년이며, 소프트볼 팀과 여러 공부 모임을 포함한 수많은 학교 행사에 참여한다. 예비 법학과정을 전공하고 평점 3.9를 유지하고 있으며, 대학 내 편의점에서 아르바이트를 한다.

진단적 인상

제니퍼는 269.22 주요우울장애(중등도), 단일 삽화에 대한 9개의 DSM 기준 중 6개를 충족한다(American Psychiatric Association, 2013). 또한 강박적 성격 유형을 보이나, 하나의 기준이 빠져 강박적 성격장애 진단은 하지 않는다. 제니퍼에게 환자 건강 질문지-9를 실시했다. 제니퍼는 13점을 받았으며, 이는 중등도 우울증(moderate depression)을 시사한다.

가족 구도

제니퍼는 각각 두 살 차이가 나는 세 자녀 중 장녀이다. 부모는 자신들이 바라는 표준인 것처럼 말하면서 다른 자녀들을 자신과 자주 비교했고, 자신에 대해 매우 높은 기준을 가지고 있었다고 제니퍼는 진술했다. 그녀는 높은 성적을 유지하고 여러 과외 활동에서 탁월할 것을 기대받았다. 성공적이고 완벽주의적인 아버지와 더 닮았다고 자신에 대해 묘사했다. 형제자매들에 대해서는 "좋지만 가끔은 귀찮아요."라고 설명했다. 부모는 서로 사이가 좋으며, 아버지가 주로 생계를 책임지고 있다고 했다. 제니퍼는 아버지가 어머니의 '시간 관리 기술 부족'을 비판하고 어머니는 아버지가 일에 몰두한다고 비판한다면서, 부모가 서로 비판적일지도 모른다고 말했다. 부모는 이런 갈등을 해결한 적이 없는 것 같았고, 대부분 그것에 대해 이야기하기를 피하기만 했다고 덧붙였다. 제니퍼 가족은 성취와 성공을 중요시하는 것으로 보인다. 그러므로 그녀는 대학에 진학하여 경영학, 법학, 의학 중 하나를 전공할 것으로 기대되었다. 형제자매 중에서 항상 자신의 운동 능력이 가장 뛰어났으며, 최고의 성적을 받았다고 말했다. 그녀는 막내와 복합적인 관계를 맺고 있는 것으로 보이는데, 그 이유는 "너무 느긋해서 세상에 관심이 없다."라며 막내를 부러워하는 것과, "답이 없어."라며 막내에게 짜증나는 것 사이를 왔다 갔다 하기 때문이다.

초기기억

앞에서 설명한 대로 초기기억은 어린 시절의 구체적인 단일 사건 이야기를 회상하는 것이며, 아들러식 사정 방법인 치료 전 초기기억에서뿐만 아니라 치료 성과를 모니터링하는 치료 후 초기기억에서도 중심이 된다(Clark, 2002).

초기기억: 치료 전

첫 회기에 두 개의 초기기억이 보고되었다. 첫 번째 초기기억은 여섯 살 때였다. "하루에 몇 시간씩 일주일 동안 장난감 벽돌로 높은 탑을 만들면서 보냈어요. 다음날 학교에서 집으로 돌아와 보니 여동생이 그 탑을 무너뜨렸다는 것을 알게 되었어요. 나는 동생을 밀어 넘어뜨렸고, 부모님은 제 특권을 빼앗아 가는 벌을 주셨어요."라고 그녀는 말했다. 그녀가 이야기한 가장 생생한 부분은 '바닥 전체에 흩어진 내 탑을 보고 있는 것'이었다. 제니퍼는 속상했고 화가 났다고 말하지만 그것을 드러내지는 않았다. 그녀는 '망쳤어. 잘못은 동생이 했는데, 내가 벌을 받고 있어. 공평하지 않아.'라고 생각했다.

두 번째 기억은 여덟 살 때의 일이었다. 제니퍼는 "학교 음악회에서 바이올린 독주를 하고 있었는데, 두 번의 작은 실수를 했어요. 그 후 부모님은 충분히 연습하지 않았다고 내게 소리쳤어요."라고 말했다. 가장 생생한 부분으로 기억하는 것은 '실수하고 있는 것'이었다. 그녀는 '당황스럽고 슬프며 걱정되는' 느낌을 보고했다. 제니퍼는 '매우 열심히 했지만 실패했다. 그걸 참을 수 없다.'고 생각했다.

초기기억 해석

제니퍼의 초기기억은 성취, 완벽주의, 지나친 성실성에 대한 그녀의 강박적인 패턴과 일치한다. 첫 번째 초기기억에서 그녀의 고된 작업은 '망했고' 동생을 '밀어뜨려서' 벌을 받았다. 두 번째 초기기억에서 지나치게 높은 요구와 다른 사람의 정서적 지지의 부족에 대한 그녀의 우울한 반응의 징조를 보인다. 이는 과업을 완수하는 데 방해되는 지나친 성실성과 완벽주의적 노력이라는, 치료자가 관찰한 부적응적 패턴과 일치하며 확증을 준다.

사례개념화

제니퍼는 처진 기분, 즐거움 감소, 동기부여 감소, 학교 성적에 대한 죄책감으로 나타난 주요 우울증을 치료하러 왔다. 이러한 증상과 기능 저하는 학업에 더 초점을 둔 후 사회적으로 고립되면서 촉발된 것으로 보인다. 그녀의 부적응적 패턴은 효과성이 손상될 정도의 지나친 성실함과 완벽주의이다. 가능한 기저 요인은 다음과 같다. 생물학적인 면에서 그녀의 증상은 외삼촌이 우울증 진단을 받고 약물치료를 받았던 것으로 보아 우울증에 대한 유전적 취약성을 나타낸 것일 수 있다. 심리적인 면에서 그녀의 성격 유형은 특히 강박적인 특징을 지니고 있다. 그녀의 자기-타인 심리도식은 다음과 같다. 자기관은 '나는 일을 똑바로 하고, 실수하지 않을 책임이 있다.'이다. 세계관은 '인생은 요구가 지나치고 불공평하다. 세부 사항에 주의를 기울이지 않으면 일을 망칠 수 있다.'이다. 생애 전략은 '열심히 공부해야 하고, 높은 기대에 부응해야 하며, 완벽함을 추구해야 한다.'이다. 기술 부족도 확인되었다. 스트레스에 대처하는 능력이 부족하고 시간 관리가 비효율적이었다. 사회적인 면에서 사회적 고립, 성취에 대한 부모의 높은 기대, 형제자매와 잘 어울리지 못한 이력은 주목할 만하다. 마지막으로, 그녀의 부적응적 패턴의 유지 요인에는 사회적 고립, 불합리한 자기 기대, 대학과정에 대한 높은 요구, 기대에 부응하지 못한 죄책감을 들 수 있다. 문화적인 면에서 그녀는 문화에 잘 적응한 백인 중산층 유럽계 미국인이다. 그녀는 현재 자신의 증상을 스트레스로 인한 것이라고 설명하며, 약물 없이 심리치료로 가장 잘 치료될 수 있다고 믿는다. 1차 변화 목표는 우울증 증상을 줄이고 사회적 유대감(예: 소속감)을 증가시키는 것이다. 2차 변화 목표는 합리적인 의식(reasonable consciousness)과 합리적인 효과성(reasonable effectiveness)을 특징으로 하는 더욱 적응적인 패턴으로 전환하는 것이다. 그녀의 강박적인 패턴을 고려할 때, 지나치게 말을 많이 하는 것과 '부드러운' 감정 접촉에 대한 저항이 예견된다. 또한 제니퍼는 종결에 대한 양가감정을 경험할 것이다. 치료 목적을 달성하는 데 예후는 좋다.

끝맺는 말

아들러 치료의 실제는 유서 깊은 역사를 지니고 있으며, 아들러 패턴중심치료의 형식 속에서 아들러 치료의 미래는 밝아 보인다. 초보자 및 경력 치료자 모두 이러한 표준화된 치료법을 쉽게 배우고 효과적으로 실행할 수 있다. 2012년부터 이 버전의 아들러 치료는 대학원 심리치료 훈련 프로그램(Sperry, 2016; Sperry & Sperry, 2018)에서 충분히 실행되었는데, 초기 자료를 살펴보면 내담자의 치료 목표를 달성하는 데 이것이 효과적이고 성공적이었음을 알 수 있다. 게다가 아들러 패턴중심치료는 인정받은 경험적으로 지지된(증거 기반) 치료의 핵심 구성 요소를 통합하고 있기 때문에, 증거에 입각한(evidence-informed) 치료법으로 간주할 수 있다.

제4장부터 제9장까지는 주요 정신장애를 호소하는 내담자 제니퍼를 대상으로 심리치료를 완료한 10회기의 아들러 패턴중심치료 실제에 초점을 둔다.

참고문헌

Adler, A. (1958). *What life should mean to you.* New York, NY: Capricorn.

American Counseling Association (2014). *ACA code of ethics.* Alexandria, VA: Author.

American Psychiatric Association (2013). *Diagnostic and statistical manual of mental disorders* (5th ed.). Arlington, VA: American Psychiatric Publishing.

American Psychological Association (2018). *Psychological treatments.* Retrieved from https://www.div12.org/treatments/

APA Presidential Task Force on Evidence-Based Practice (2006). Evidence-based practice in psychology. *American Psychologist, 61*(4), 271-285.

Bass, M. L., Curlette, W. L., Kern, R. M., & McWilliams, A. E. (2002). Social interest: A meta-analysis of a multidimensional construct. *Journal of Individual Psychology, 58*(1), 4-34.

Carich, M. (1997). Variations of the "as if" technique. In J. Carlson. & S. Slavik (Eds.), *Techniques in Adlerian psychology* (pp. 153-160). Washington DC: Accelerated Development.

Carlson, J., & Englar-Carlson, M. (2017). *Adlerian psychotherapy.* Washington DC: American Psychological Association.

Carlson, J., Watts, R. E., & Maniacci, M. (2006). *Adlerian therapy: Theory and process.* Washington DC: American Psychological Association.

Clark, A. (2002). *Early recollections: Theory and practice in counseling and psychotherapy.* New York, NY: Routledge.

Dimaggio, G., & Shahar, G. (2017). Behavioral activation as a common mechanism of change across different orientations and disorders. *Psychotherapy, 54*(3), 221–224.

Duncan, B., Miller, S., Parks, L., Claud, D., Reynolds, L., Brown, J., & Johnson, L. (2003). The Session Rating Scale. Preliminary properties of a "working" alliance measure. *Journal of Affective Disorders, 49*, 59-72.

Glasser, W. (1975). *Reality therapy: A new approach to psychiatry.* New York, NY: Harper & Row.

Kroenke, K., & Spitzer, R. L. (2002). The PHQ–9: A new depression and diagnostic severity measure. *Psychiatric Annals, 32*(9), 509-521.

Leak, G. K. (2006). Development and validation of a revised measure of Adlerian social interest. Social Behavior & Personality: *An International Journal, 34*, 443–449.

McCullough, J. (2000). *Treatment for chronic depression: Cognitive behavioral analysis system of psychotherapy.* New York, NY: Guilford.

McCullough, J., Schramm, E., & Penberthy, K. (2014). *CBASP as a distinctive treatment for persistent depressive disorder: Distinctive features.* New York, NY: Routledge.

Miller, S., & Duncan, B. (2002). *The outcomes rating scale.* Chicago, IL: Author.

Miller, W., & Rollnick, S. (2002). *Motivational interviewing* (2nd ed.). New York, NY: Guilford.

Mosak, H. H., & Maniacci, M. (1998). *Tactics in counseling and psychotherapy.* Itasca, IL: F. E. Peacock.

Sackett, D., Richardson, W., Rosenberg, W., Haynes, R., & Brian, S. (1996). Evidence based medicine: What it is and what it isn't. *British Medical Journal, 312*(7023), 71-72.

Smith, M., & Glass, G. (1977). Meta-analysis of psychotherapy outcome studies. *American Psychologist, 32*(9), 752-760.

Sookman, D. (2015). Ethical practice of cognitive behavior therapy. In J. Sadler, B. Fulford, & C. Van Staden (Ed.), *Oxford handbook of psychiatric ethics, Vol. 2.* (pp. 1293-1305). New York, NY: Oxford University Press.

Sperry, J., & Sperry, L. (2018). *Cognitive behavior therapy in professional counseling practice*. New York, NY: Routledge.

Sperry, L. (1988). Biopsychosocial therapy: An integrative approach for tailoring treatment. *Journal of Individual Psychology, 44*, 225-235.

Sperry, L. (2000). Biopsychosocial therapy: Essential strategies and tactics. In J. Carlson & L. Sperry (Eds.), Briefly therapy with individuals and couples. Phoenix, AZ: Zeig, Tucker & Theisen.

Sperry, L. (2006). *Psychological treatment of chronic illness: The biopsychosocial therapy approach*. New York, NY: Brunner/Mazel.

Sperry, L. (2015). Diagnosis, case conceptualization, and treatment. In L. Sperry, J. Carlson, J, Sauerheber, & J. Sperry (Eds.) *Psychopathology and psychotherapy* (3rd ed.) (pp. 36-10). New York, NY: Routledge.

Sperry, L. (2016). Educating the next generation of psychotherapists: Considering the future of theory and practice in Adlerian psychotherapy. *Journal of Individual Psychology, 72*(1), 4-1.

Sperry, L. (2018). Achieving evidence-based status for Adlerian therapy: Why it is needed and how to accomplish it. *Journal of Individual*

Psychology, 74(3), 247-264.

Sperry, L. & Binensztok, V. (2018). Adlerian pattern focused therapy: A treatment manual. *Journal of Individual Psychology, 74*(3), 309-348.

Sperry, L., Brill, P., Howard, K., & Grissom, G. (1996). *Treatment outcomes in psychotherapy and psychiatric interventions*. New York, NY: Brunner/Mazel.

Sperry, L., & Carlson, J. (2014). *How master therapists work: Effecting change from the first through the last session and beyond.* New York, NY: Routledge.

Sperry, L., & Sperry, J. (2012). *Case conceptualization: Mastering this competency with ease and confidence*. New York, NY: Routledge.

Watkins, C. E. (1994). Measuring social interest. *Individual Psychology, 50*(1), 69-96.

Watts, R. (2003). Reflecting "as if": An integrative process in couples counseling. *The Family Journal, 11*(1), 73-75.

White, M., & Epston, D. (1990). *Narrative means to therapeutic ends.* New York, NY: Norton.

제 4 장

첫 회기의 중요성

학습 내용

1. 아들러 패턴중심치료에서 첫 회기의 주요 과제
2. 아들러 패턴중심치료에서 치료적 동맹의 중요성과 촉진 요인
3. 패턴 확인을 포함하여, 아들러 패턴중심치료 사정과정을 완료하는 방법
4. 아들러 패턴중심치료의 1차 및 2차 치료 목표를 확인하는 방법
5. 아들러 패턴중심치료의 실제: 제니퍼의 1회기 사례

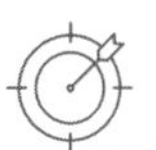

아들러 패턴중심치료(APFT)에서 첫 회기는 내담자를 적절하게 사정하고, 치료의 다음 단계를 설정하는 데 결정적이다. 이 과정은 라포를 형성하고 치료적 동맹을 맺는 것으로 시작하여 통합적인 사정으로 이어진다. 사정에는 진단적 평가를 완료하기, 내담자의 가족 구도와 초기기억을 이끌어 내기, 선별 검사(screeners)라고 불리는 매우 간단한 평가 방법들을 사용하기 등이 있다. 이러한 사정의 목적은 임상가로 하여금 사례개념화의 필수 요소인 내담자의 생활양식과 부적응적 패턴을 확인할 수 있도록 하는 것이다. 치료자는 내담자로 하여금 치료법에 친숙해질 수 있도록 소개해 주고 표준적인 치료 절차를 설명한다. 1차와 2차 치료 목표에 대해 내담자와 논의하고 상호 동의한다.

마지막으로, 치료자는 임상가의 신임도(credibility)를 구축하고, 내담자가 치료에 계속 참여하며 협력할 가능성을 높이기 위해 첫 회기에서 얼마간 변화가 반드시 일어나도록 작업하여야 한다.

이 장은 아들러 패턴중심치료 첫 회기의 핵심 요소를 설명한다. 제니퍼 사례의 배경 정보를 제시하고, 그다음으로 해설이 포함된 1회기 전체 축어록을 제시한다. 첫 회기에 완료해야 할 몇 가지 중요한 과제가 있는데, 이는 〈표 4-1〉에 간단히 제시했다. 각각은 다음 절에서 상세하게 설명할 것이다.

〈표 4-1〉 첫 회기의 주요 과제

- **사전 동의 받기:** 내담자에게 치료의 특징과 내담자의 권리 및 의무에 대해 알려준다.
- **치료적 동맹 형성:** 치료자는 내담자와 합류하고 상호적이고 안전하며 비판단적인 분위기를 조성함으로써 치료적 동맹을 구축한다.
- **사정 수행하기:** 치료자는 다음의 평가를 한다.
  - 진단적 평가: (만약 진단명이 있다면) 진단 및 내담자의 패턴 확인 그리고 별도의 진단과 동반장애를 배제하기 위하여 진단적 평가를 한다.
  - 초기기억: 두 개의 초기기억(8세 이전)을 이끌어 낸다. 그 회상에서 가장 생생한 부분과 회상한 사건 속에서의 내담자가 가진 생각과 감정을 포함한다.
  - 가족 구도: 치료자는 내담자의 출생 순위와 가족 구도를 사정한다.
  - 패턴 확인: 치료자는 진단적 평가와 초기기억을 통해 내담자의 부적응적 패턴 또는 생활양식을 확인한다. 치료자와 내담자가 부적응적 패턴에 대해 상호 동의한다.
  - 선별 검사: 내담자의 호소 문제와 사회적 관심의 수준을 사정하고, 나중에 변화를 모니터링하기 위해 매우 간단한 검사 도구를 사용한다.
- **내담자에게 치료 안내하기:** 치료자는 내담자에게 치료가 어떻게 도움이 되고 무엇이 기대되는지를 포함하여, 치료법과 절차에 대해 설명해야 한다.

- 치료 목표 확인하기: 치료자와 내담자는 1차 목표와 2차 목표 모두 합의한다. 2차 목표의 경우, 내담자가 바라는 적응적 패턴에 동의해야 한다.
- 동기 강화 상담 질문 사용하기: 치료자는 부적응적 패턴을 더 적응적 패턴으로 바꾸고, 치료에 참여하는 것에 있어서 내담자의 동기와 자신감 수준을 평가한다. 이는 두 가지 질문으로 구성된다. 구체적인 변화에 대한 중요도와 자신감 수준에 관하여 내담자가 질문마다 0점부터 10점까지의 점수로 평가한다.
- 초기 변화 가져오기: 치료자는 문제를 재구성함(reframing)으로써 임상가의 신임도(즉, 변화가 일어날 것이라는 신뢰와 확신)를 높이고 희망을 심어 주기 위하여, 정서적 응급 처치 또는 다른 매우 간단한 개입을 하면서 첫 회기에 어느 정도의 변화를 일으킨다.
- 과제 부여: 치료자는 내담자가 매일의 기분을 계속 추적하기 시작하도록 상호 동의한 과제를 내 준다.

사전 동의받기

모든 치료법과 마찬가지로, 치료과정에서 내담자의 권리와 참여, 치료를 통해 기대할 수 있는 것을 개괄하여 내담자에게 설명한다. 여기에는 비밀 유지, 비용, 위험과 이점, 치료를 종결할 수 있는 내담자의 권리, 치료 절차의 특성이 포함된다. 치료 동의서에 서명하기 전에 내담자에게 어떤 질문이든 할 수 있는 기회가 주어져야 한다.

제니퍼는 약물치료를 원하지 않아 의사가 심리치료를 의뢰했기 때문에, 병행치료(약물치료와 심리치료의 혼합)의 조건을 사전 동의과정에서 논의해야 한다. 이러한 논의에서 제니퍼의 기분이 3회기 치료까지 충분하게 개선되지 않는다면, 약물치료를 위한 평가를 계획하게 될 것임을 상호 동의했다. 이러한 동의는 문서화되었다.

치료적 동맹

치료적 동맹을 발달시키는 것은 첫 회기의 중요한 과업이다. 강력한 동맹은 치료 순응도를 높이고, 조기 종결 가능성을 줄이며, 치료 성과를 증진한다고 알려져 있다(Horvath & Luborsky, 1993; Sperry, 2010a). 일부 치료자는 '치료적 동맹'과 '치료적 관계' 용어를 바꾸어 사용하고 있다. 이것은 치료적 동맹이 치료적 관계보다 훨씬 더 큰 개념이기 때문에 부정확하다. 치료적 관계는 일반적으로 내담자와 치료자 사이의 유대를 의미하지만, 치료적 동맹은 유대감, 치료 목표에 대한 상호 동의, 치료 방법에 대한 상호 동의를 포함한다(Bordin, 1994). 치료자와 유대감을 형성하기 위해, 내담자는 치료과정을 이해하고, 편안함을 느끼며, 희망적이 되어야 한다. 아들러 치료에서 치료의 4단계를 설명하면서, 드레이커스(Dreikurs, 1967)는 치료적 관계를 신뢰, 격려, 상호 존중의 관계로 특징지었다. 이는 내담자가 민감한 주제에 대해 말할 수 있을 뿐만 아니라 생각하고, 느끼고, 행동하는 방식을 더 적응적으로 전환할 수 있는 용기를 함양시킨다(Sperry & Carlson, 2014).

치료 목표와 개입을 확인하려면 치료자가 내담자의 사적 논리와 생활양식 신념을 정확하게 확인하는 것이 필수적이다. 치료자는 내담자의 치료에 대한 기대와 내담자가 선호하는 치료법을 확인해야 한다. 어떤 내담자는 치료에 대해 구체적인 요구와 희망을 말할 수 있지만, 다른 내담자는 그렇지 않을 수 있다. 구조화된 질문은 내담자와 치료자가 목표를 확인하고 동의하는 데 도움이 될 수 있다. 또한 어떤 내담자는 상호 탐색을 통해 통찰을 얻는 것을 선호하는 반면, 다른 내담자는 증상을 통제하기 위해 취할 수 있는 보다 구체적인 행동을 선호할 수 있다. 효과적인 치료 동맹을 형성하는 데 능숙한 치료자는 내담자의 요구 사항을 협력적으로 사정한다.

일단 치료적 동맹이 형성되면 부담이나 균열(즉, 협력 관계에서의 긴장이나 붕괴)이 생기지 않도록 모니터링하고 유지하는 것이 중요하다. 치료적 동맹의 균열은 치료 성과에 부정적인 영향을 미칠 수 있는 치료 방해 요인으로 간주된다(Sperry, 2010b).

치료자는 매회기가 끝날 때마다 치료적 동맹을 평가하고 모니터링하기 위해 회기 평정 척도를 시행한다. 예를 들어, 회기 중 어떤 주제가 다루어지지 않은 것에 대해 내담자가 실망할 수 있다. 이런 경우에 내담자의 요구와 기대에 대한 평정과 명료화, 치료자의 알아차림, 다음 회기에서 이러한 요구와 기대로 시작하기에 관하여 짤막한 대화를 나눈다. 이러한 이해와 동의는 치료적 동맹을 향상시킬 수 있고, 그렇지 않으면 긴장이 형성되어 깨질 수 있다.

사정

사정은 내담자의 생활양식, 호소 문제, 촉발 요인, 기저 요인, 유지 요인 등을 진단하여 확인하는 데 초점을 둔다. 정확한 사정은 치료자가 사례개념화를 하고, 치료 목표와 개입을 확인하며, 장애물을 예상하는 데 도움이 된다. 사정은 임상가가 치료적 동맹을 형성하는 데 이용할 수 있는 정보를 제공할 뿐만 아니라, 치료자가 따뜻함, 타당화(validation), 적극적으로 경청하기를 전달하기 때문에 과정 그 자체가

치료적 동맹을 형성할 수 있다. 클라크(Clark, 2002)는 내담자가 민감한 정보를 말하는 데 안전하다고 느끼도록 도움으로써 사정 단계에서 초기기억을 수집하는 것도 치료적 동맹을 보강할 수 있다는 것을 발견했다.

이번 회기의 초반부는 전통적인 진단적 사정으로 구성된다. 사정은 내담자의 패턴과 사회적 관심 수준을 확인하는 것도 포함한다. 이러한 정보는 진단 면접, 초기기억, 가족 구도, 다양한 선별 검사 도구의 점수를 통해 얻는다.

진단적 사정

다른 치료법의 접수면접 평가처럼 아들러 패턴중심치료의 첫 회기는 전통적인 진단적 사정을 포함한다. 치료자는 가능한 한 진단명은 용인하고(rule in), 동반장애는 배제(rule out)할 수 있는 구체적인 질문을 한다. 이를 달성하기 위해, 그리고 다른 첫 회기 과제를 위한 적절한 시간을 남겨 두기 위해 치료자는 더 많은 개방형 질문을 던지기보다 구조화된 질문을 해야 한다. 내담자 패턴을 사정할 때, 치료자는 패턴이 성격장애 진단을 내릴 만큼 충분하게 위중한지를 결정한다. 다음 사례는 치료 회기의 약 15분 이내에 전체 진단 사정을 끝마쳤던 예이다.

생활양식 사정

진단 사정을 마치면 치료자는 내담자의 생활양식을 사정한다. 여기에는 사랑, 일, 사회, 자기, 영성의 생애 과제를 다루는 방식을 이해하기뿐만 아니라, 가족 구도와 초기기억을 이끌어 내기, 내담자의 생활양식 삼단논법 확인하기가 포함된다.

초기기억

첫 회기에 초기기억을 끌어내는 것은 임상가가 치료적 동맹을 맺고, 내담자의 생활양식 신념과 사회적 관심 수준을 확인하는 데 도움이 된다.

가족 구도

가족 구도를 평가할 때, 치료자는 내담자와 가족구성원과의 관계뿐만 아니라 다른 가족구성원 간의 관계에 대한 정보도 얻는다.

생활양식 신념

아들러 치료에서 삶에 대한 개인적 관점은 생활양식 또는 삶의 방식으로 알려져 있다. 생활양식은 자기 영속적이며, 사건, 생각, 감정, 행동을 인식하는 방식을 알려 준다. 생활양식 신념은 아들러 사례개념화를 하는 데 필수적이다(Clark, 2002; Sperry & Sperry, 2012).

패턴

사정의 주된 목적은 내담자의 부적응적 패턴을 확인하는 것이다. 이는 내담자와 상호 동의해야 한다. 초기기억, 생활양식 신념, 가족 구도 정보를 모으는 것은 치료자가 부적응적 패턴을 확인하는 데 도움이 된다. 패턴을 사정할 때, 치료자는 패턴이 성격 유형인지 또는 성격장애 진단을 받을 만큼 심각한지를 평가한다.

사회적 관심

첫 회기에서 치료자는 초기기억, 생활양식, 패턴을 분석해서 사회적 관심 수준을 결정한다. 사회적 관심 척도-간편형은 사회적 관심과 공동체감을 평가하는 데 사용된다. 다음 부분에서 사회적 관심 척도-간편형을 설명할 것이다.

선별 검사 사용

선별 검사 도구는 내담자의 진단을 확정하는 데뿐만 아니라, 시간 경과에 따른 변화를 모니터링하는 데도 유용하다. 이러한 선별 검사 도구들은 제3장에서 이미 설명했다. 환자 건강 질문지-9는 우울증 수준을 선별하고 모니터링하는 데 유용하며, 사회적 관심 척도-간편형은 사회적 관심의 수준을 결정하는 데 사용된다.

환자 건강 질문지-9는 주요우울장애 진단을 위한 DSM-5의 9개 기준에 따른 9개 문항의 질문지이다. 각 질문은 0~3점의 4점 리커트 척도로 평정된다. 0은 '없음', 1은 '2, 3일 이상', 2는 '7일 이상', 3은 '거의 매일'이다. 열 번째 질문은 내담자가 1~3점으로 평정한 어떠한 증상이 내담자가 직장과 가정에서, 다른 사람과의 관계에서 기능하는 능력을 어떻게 방해했는지 묻는 것이다. 응답자는 지난 2주 동안의 경험을 평정한다. 환자 건강 질문지-9에 대한 점수는 다음과 같다. 0~4는 '최소 또는 없음', 5~9는 '경증', 10~14는 '중간', 15~19는 '다소 중증', 20~27은 '중증'이다. 내담자는 매주 회기 전에 환자 건강 질문지-9를 완료한다.

사회적 관심 척도-간편형은 사회적 관심 수준을 측정하는 11개 문항의 검사 도구이다. 각 문항은 5점 리커트 척도이고, 총점의 범위는 11~55점이다. 사회적 관심 척도-간편형 점수가 높을수록 사회적 관심 수준이 높다는 것을 시사한다(Leak, 2006). 내담자는 첫 회기 전, 5회기 전, 마지막 회기 전에 사회적 관심 척도-간편형을 작성한다.

내담자에게 치료 안내하기

치료자는 내담자에게 치료법을 소개하고, 주요 목표와 초점, 내담자에게 기대하는 것을 설명한다. 치료자는 표준적인 절차를 설명하고, 내담자에게 질문을 받는다. 마지막으로, 치료자는 내담자가 치료 과정을 계속 진행할 의향이 있는지를 결정하도록 요청한다. 이렇게 하는 것은 내담자에게 자율감을 주고, 임상가와 치료법에 대한 신임도를 구축하며, 내담자의 희망을 증가시킨다.

치료 목표

첫 회기는 내담자와 함께 1차, 2차, 3차 치료 목표를 세우기 위한 환경을 제공한다. 치료 목표는 성취할 수 있고, 현실적이며, 측정 가능해야 한다. 내담자는 치료 목표에 동의하고, 목표를 성취 가능한 것으로 생각하며, 목표를 향한 작업에 전념해야 한다.

1차 목표

제3장에서 설명한 것처럼, 1차 목표는 주로 증상 완화와 호소 문제 해결을 포함하는 단기 목표이다. 기능의 기준선(즉, 이전) 수준으로의 회복과 일상적인 기능의 개선이 중요한 1차 목표이다. 제니퍼의 경우, 1차 목표는 우울 증상을 줄이고 활동과 동기를 증가시키며 사회적 기능을 높이는 것이다.

2차 목표

2차 목표는 성격 역동을 변화시키는 장기 목표이며, 아들러 패턴중심치료에서는 내담자의 부적응 패턴의 변화를 포함한다. 특히 부적응적 패턴에서 더 적응적인 패턴으로 대체하거나 전환하는 것이 포함된다. 적응적 패턴은 첫 회기에서 치료자와 내담자가 확인하고 동의한다. 적응적 패턴은 전형적으로 부적응적 패턴의 반대이다(Sperry & Carlson, 2014). 예를 들어, 제니퍼의 부적응적 패턴은 효과성이 떨어질 정도로 지나치게 성실하다는 것이다. 따라서 적응적 패턴은 여전히 효과적이면서도 합리적으로 성실하다는 것이다. 그러므로 그녀의 2차 목표는 효과성을 유지하면서 합리적으로 성실한 적응적 패턴으로 전환하는 것이다.

3차 목표

3차 목표는 내담자가 주도하고 실행하는 패턴 변화에 관한 것이다.

그렇게 하는 중에 내담자가 부적응적 반응을 확인하고 변화시킴으로써 스스로 치료자 역할을 한다. 3차 변화는 내담자가 지속적인 치료 없이도 생활 스트레스에 적응적 방식으로 효과적이게 반응하도록 하는 것이기 때문에 궁극적인 치료 목표가 되어야 한다. 3차 변화를 지향하는 주요 과정은 내담자에게 자각을 형성하는 것이다. 내담자가 자신의 패턴, 반응 그리고 결과를 더 많이 자각하게 될수록 내담자가 3차 변화를 가져올 가능성이 더 커진다. 내담자는 또한 자신의 반응에 대해 책임져야 한다. 3차 변화는 저절로 일어나지 않을 것이다. 치료자는 내담자가 자각하도록 조력하고, 자신의 반응을 효과적으로 교정하도록 내담자를 격려해야 한다(Sperry & Carlson, 2014). 전형적으로 3차 변화 목표는 첫 회기에서 다루어지지 않고 치료가 진행되면서 생긴다. 그러나 첫 회기의 필수적인 부분은 자각과 격려의 증진을 통하여 치료 후를 위해 내담자를 준비시키는 것이다.

초기 변화 가져오기

아들러는 협력적이고 평등한 관계를 강조했고, 드레이커스(1967)는 치료자가 내담자 스스로 이해받고 있다고 느끼게 만들고 치료에 대한 희망을 심어 주어야 한다고 강조했다(Kern, Stoltz, Gottlieb-Low, & Frost, 2009). 첫 회기 내에 어느 정도 변화를 일으키는 것은 임상가의 신임도를 구축하고 치료 성과에 대한 희망을 서서히 심어 주는 데 도움이 된다. 고통에 처한 내담자는 첫 회기에서 어느 정도의 변화가 일어나면 치료를 계속할 가능성이 더 커진다(Sperry & Carlson, 2014). 이는 내담자의 문제를 재구성하도록 돕고, 정서적 응급 처치를 하며, 역설적 제안이나 다른 매우 간단한 개입과 같은 참신한 전략을 사용함으로써 성취할 수 있다.

제니퍼 사례

진단적 인상

제니퍼 사례는 제3장에서 소개되었다. 제니퍼는 주요우울장애(중등도), 단일 삽화 기준을 충족하는 21세 대학생이다. 그녀는 강박적 성격 유형을 드러내지만, 한 가지 기준이 빠져 강박성 성격장애로 진단하지 않는다. 그녀는 우울 증상에 대한 약물치료를 원하지 않았기 때문에 의사가 심리치료를 의뢰했다. 제니퍼가 환자 건강 질문지-9를 해 본 결과, 그녀의 점수는 13점이었다. 이는 중등도 우울증을 나타낸다. 사회적 관심 척도-간편형의 점수는 21점이었다. 이는 낮은 사회적 관심 수준을 나타낸다. 제니퍼가 제시한 증상은 그녀의 학업에 집중하고 효과적으로 학업을 완료하는 능력을 방해하며, 사회적 고립을 증가시켜 왔다. 이러한 결과는 제니퍼의 사회적 관심이 감소되고 우울증이 증가되는 데 기여할 뿐이다. 진단과 생활양식 사정을 포함하여 제니퍼 사례의 전체 요약은 제3장을 참고하면 된다.

〈표 4-2〉 1회기 사정 점수

환자 건강 질문지-9(PHQ-9)	13(중등도 우울증)
사회적 관심 척도-간편형(SII-SF)	21
회기 평정 척도(SRS)	38
중요도 척도(MI)	중요성: 10 자신감: 6

1회기 축어록

치료자: 안녕하세요, 제니퍼. 만나서 반가워요. **(웃으면서 내담자와 악수한다.)**

제니퍼: 안녕하세요, 저도 만나서 반갑습니다.

치료자: 오늘 회기는 앞으로의 만남과 조금 다를 거예요. 저는 오늘 제니퍼에게 여러 가지 질문을 할 건데, 이는 이제까지 무엇을 경험해 왔는지와 어떻게 느껴 오고 있는지에 대해 더 잘 이해할 수 있도록 하기 위해서예요. 괜찮을까요?

> **해설**
>
> 치료자는 라포를 촉진하기 위해 언어적 · 비언어적 의사소통으로 초기 상호작용을 시작한다. 제니퍼에게 계속해도 좋은지 허락을 구하면서, 치료자는 치료적 동맹을 형성하는 것을 돕는다. 허락을 구하는 것은 더 평등한 관계를 만들고, 제니퍼가 회기와 치료를 더 통제하고 있다고 느끼게 한다.

제니퍼: 좋아요. 저는 몇 가지 질문에 대답하는 거 상관없어요.

치료자: 네, 좋아요. 먼저 상담을 받으려는 이유에 대해 말해 줄 수 있나요?

제니퍼: 글쎄요, 최근의 저는 저 같지 않아요. 학교에서 해야 할 일이 너무

많아요. 엄청난 스트레스를 받고 있어요. 저에게 너무 벅차고, 정말 많이 지쳤어요. 실제로 전에는 한 번도 없었던 일인데, 프로젝트 마감 기한을 놓쳐서 제출하지 못했어요. 너무 속상했지만, 제시간에 모든 일을 마치기에 너무 피곤했어요.

치료자: 그렇게 느꼈다니 안타깝네요. 벅차고 지쳤다고 말하셨어요. 최근 어떤 기분을 느끼셨는지 좀 더 말해 줄 수 있나요? **(주요우울장애 용인/배제)**

제니퍼: 음, 사실 기분이 매우 가라앉아 있어요. 많이 울적하고 축 처지는 기분이에요.

치료자: 얼마나 자주 그렇게 느끼나요? **(주요우울장애 용인)**

제니퍼: 거의 매일, 하루 내내. 가끔 기분이 조금 나아지긴 하지만, 전반적으로 좋지 않아요.

치료자: 이전에 즐거워했던 일은 어떤가요? 아직도 하나요? **(주요우울장애 용인)**

제니퍼: 더 이상 아니에요. 운동을 자주 못했어요. 기운이 없는 것 같아요. 공부 때문에 너무 바빠서 친구들이랑 어울리는 것도 그만뒀고, 이제는 하고 싶은 마음도 안 생겨요.

치료자: 이전처럼 그것이 그렇게 재미있지 않다는 거죠?

제니퍼: 네, 맞아요. 저는 최근에 아무것도 즐겁지 않아요. 모든 것이 정말 뻔한 것 같아요. 마지막으로 지난번에 친구들과 외출했을 때, 별로 재미있지 않았어요. 그냥 집에 가고 싶었어요. 친구들이 뭔가 이상하다고 눈치챘는지는 모르겠어요. 그 주에 캠퍼스 행사에 함께 참여하기로 했었는데, 저는 그냥 가지 않았어요.

치료자: 그랬군요. 자주 피곤했다고 언급하셨는데, 그것에 대해 좀 더 말해

줄 수 있나요? **(주요우울장애 용인)**

제니퍼: 네, 거의 항상 피곤한 것 같아요. 푹 잘 수 있었던 날조차도 종일 피곤해요. 해야만 하는 모든 것에 집중하는 것도 정말 힘들어요. 모든 게 뿌옇게 느껴져요. 공부에 집중하기 어려워요. 제가 많은 일을 미루고 있는 이유예요.

치료자: 알겠어요. 많이 피곤하고 집중하기도 힘들군요. **(주요우울장애 용인)**

제니퍼: 맞아요.

치료자: 최근 수면 상태는 어땠는지 말해 줄 수 있나요? **(주요우울장애 용인)**

제니퍼: 최근에 잠을 많이 잤어요. 일어나면 항상 피곤한 것 같고, 일어나야 할 시간에 다시 잠이 드는 것 같아요. 며칠 전에는 알람 소리도 못 듣고 잠을 잤는데, 깨어 보니 오전 11시였어요. 어떻게 된 건진 모르겠어요. 그리고 미치겠는 건 제가 그렇게 잠을 자고도 여전히 피곤했다는 거예요.

치료자: 할 일은 너무 많은데, 피곤을 자주 느끼는 게 힘드시겠어요.

제니퍼: 네, 그래요.

치료자: 얼마나 오랫동안 이런 감정을 느낀 것 같으세요? **(주요우울장애 용인, 지속적 우울장애 배제)**

제니퍼: 아마 3주 정도요. 더 길게 느껴지는데, 3주 정도 됐어요.

치료자: 전에도 비슷한 감정을 느낀 적이 있어요? **(주요우울장애 용인, 지속적 우울장애 배제)**

제니퍼: 아니에요. 이런 기분은 처음이에요.

치료자: 이전에 치료자 또는 정신과 의사에게 가거나 치료를 받은 적이 있나요?

제니퍼: 아니요.

치료자: 전에 정신과 약물을 처방받은 적이 있나요?

치료자: 아니요, 저는 약을 처방받은 적이 없어요. 저는 아무것도 처방받거나 복용한 적이 없어요.

치료자: 알겠어요. 이런 증상이 일상생활에 어떤 영향을 주는 것 같나요?

제니퍼: 글쎄요. 더 이상 제가 좋아하는 일을 하지 않아요. 말씀드렸던 것처럼 친구들을 계속 만나지 못했고, 아주 중요하기도 하고 실제로 좋아하기도 했던 공부 모임에도 참석하지 않았어요. 저는 주로 성적에 대해 걱정해요. 예비 법학전공이라 지금은 어려운 필수 과목들을 수강하고 있어요. 이것은 로스쿨에서 중요한 부분이에요. 지금 일을 망치면 제가 원하는 방식으로 내 커리어를 끝까지 마칠 수 없을 것 같아서 압박감이 매우 커요. 정말 속상해요. 부모님께는 성적이 중요하기 때문에 말씀드리지 못했어요. 부모님께서 제가 공부를 제대로 하지 못하고 있다고 생각하지 않으셨으면 좋겠거든요.

치료자: 이해해요. 친구와 부모님에게 고립되어 있고, 중요한 활동들도 놓치고 있네요. 학업을 따라가는 데 어려움이 있고, 커리어가 너무 중요하기 때문에 걱정하고 있군요.

제니퍼: 네, 맞아요. 제가 얼마나 게을렀는지 죄책감이 들어요. 제 말은, 저는 여전히 실제로 성적을 올리려고 노력하고 있지만, 제가 좀 더 할 수 있다는 것을 알아요. 저는 더 잘할 수 있었어요. 그게 정말 기분이 나쁘고, 항상 그 생각을 해요.

치료자: 그래요. 그래서 제니퍼는 죄책감을 느껴 왔군요. 학교에서 여전히 잘하고 있는데도 그런가요? **(주요우울장애 용인)**

제니퍼: 네, 물론이에요.

치료자: 힘든 경험이었다는 것을 이해해요. 협조적으로 질문에 대답해 주어

서 감사해요. 괜찮다면 몇 가지 질문이 더 있는데요.

제니퍼: 네, 좋아요.

치료자: 고마워요. 수면 패턴과 에너지 수준처럼 최근에 달라진 점을 말해 주었어요. 최근 체중에는 변화가 있었나요?

제니퍼: 아니에요, 거의 비슷해요.

치료자: 그렇다면, 최근에 살이 찌거나 살이 빠지지 않았다는 거죠?

제니퍼: 네.

치료자: 혹시 잠을 많이 자지 않았는데도 여분의 에너지가 생긴다고 느껴 본 적이 있나요? **(양극성 장애 배제)**

제니퍼: 사실 그렇지 않아요. 전에는 확실히 에너지가 더 많았지만, 그때처럼 에너지가 솟구치는 것 같은 느낌은 없었어요. 잠을 안 자고 일할 수는 있겠지만, 오래는 못 가요. 잠을 못 자면 매우 피곤할 거예요.

치료자: 가끔 오르락내리락하는 감정 기복이 있었던 적이 있나요? **(양극성 장애 배제)**

제니퍼: 아니요. 감정 기복이 있었다고는 할 수 없어요. 가끔 신경에 거슬리긴 하지만 저는 기복이 심하지 않아요. 행복하다가 그다음에는 슬프거나, 뭐 그런 것처럼 말이에요.

치료자: 좋아요. 최근에 삶에서 큰 변화를 겪었나요? **(적응장애 배제)**

제니퍼: 아니요, 전혀. 저는 이 학교를 1년 넘게 다녔어요. 그 이후로 큰 변화는 없었어요.

치료자: 너무 두렵거나 통제할 수 없을 것 같다고 느끼게 한 사건이 있었나요? **(외상후 스트레스장애 배제)**

제니퍼: 아니요. 저는 그런 일을 겪지 않았어요.

치료자: 좋아요. 자신 스스로 신경과민한 사람이라고 생각하나요? **(불안장**

애 선별)

제니퍼: 음, 저는 학업과 마감 기한을 놓칠까 봐 걱정해요. 하지만 스스로 신경과민한 사람이라고 단정할 수는 없을 것 같아요.

치료자: 그래요, 학업에 대해 걱정하는군요. 그 밖에 걱정이 되는 다른 게 있나요?

제니퍼: 뭐, 별로요. 없어요.

치료자: 아까 사회적 상황에서 다소 물러나 있다고 말했어요. 사회적 상황에서 어려움이 있었나요? 발표할 때 두려움이나 그와 같은 것? (사회불안장애 배제)

제니퍼: 아니, 저는 사실 발표하는 것을 좋아해요. 제가 친구들과 외출이 줄어든 이유는 주로 너무 바쁘고 스트레스를 많이 받았기 때문이에요. 최근에는 너무 피곤했고, 될 대로 되라는 기분이었어요.

치료자: 네, 알겠어요. 가기 두려운 곳이나 하기 두려운 일이 있나요? (광장공포증 배제)

제니퍼: 아니요. 그런 경험은 없어요.

치료자: 비행이나 높은 곳과 같이, 특별히 걱정되는 어떤 특정한 공포가 있나요? (특정 공포증 배제)

제니퍼: 아니, 특별히 그런 두려움은 없어요. 저는 벌레나 거미를 좋아하지 않지만, 죽고 싶을 정도로 그것들을 두려워하지는 않아요.

치료자: 알겠어요. 혹시 죽을 것 같거나 심장마비가 일어날 것 같거나, 숨이 멈출 것 같을 정도로 심한 공포를 느껴 본 적이 있나요? (공황장애 배제)

제니퍼: 아니, 그런 일을 겪어 본 적은 없어요.

해설

치료자는 진단적 평가를 계속하여 DSM-5의 주요우울장애를 용인하고 불안과 스트레스 관련 장애를 배제했다(American Psychiatric Association, 2013). 면접 과정에서 치료자는 따뜻한 태도를 보였고, 라포를 형성하고 치료적 동맹을 촉진하기 위하여 적극적인 경청과 반영하기를 했다. 제니퍼는 자신을 고립시켜 왔고, 사회적 행사와 공부 모임을 건너뛰고 있다고 고백했다. 이는 그녀의 사회적 관심이 감소했음을 나타내며, 치료 동안 초점이 될 영역이다.

치료자: 그럼, 이전에 나쁜 일이 일어날 것이라는 생각을 되풀이한 적이 있나요? 또는 억지로라도 해야만 한다고 느끼는 반복적이거나 의례적인 행동이 있나요? **(강박장애 배제)**

제니퍼: 아니요, 저는 체계적인 것을 좋아해요. 가끔 사람들이 제가 너무 일상적인 루틴에 집착한다고 불평을 하죠. 최근에는 그렇게 심하지 않았어요. 하지만 저는 그 정도로 의례적이거나 반복적인 행동은 하지 않아요.

치료자: 일상적인 루틴이 있고 사람들이 불평한다고 말씀하셨는데, 다른 일이 생겨도 그 루틴에서 벗어나기 어려운가요?

제니퍼: 어려워요, 하지만 할 수 있어요. 제가 일을 계획적으로 한다면, 대신 친구들과 나가서 놀다가 나중에 정리하면 될 것 같아요. 하지만 쉽지는 않을 것 같아요.

치료자: 그렇다면, 융통적이 될 수 있지만 가끔 힘들 때도 있다는 건가요? **(강박적 성격 유형 용인, 강박성 성격장애 배제)**

제니퍼: 네, 그렇게 말할 수 있을 것 같아요.

치료자: 좋아요. 몇 가지 질문만 더 할게요. 낯설거나 특이한 경험을 해 본 적이 있나요? **(정신증 선별)**

제니퍼: 아니요, 특이한 건 전혀 생각나지 않아요.

치료자: 좋아요. 어떤 목소리를 듣거나 사람들이 자신을 해친다고 믿거나 뭔가 현실감을 잃은 적이 있었나요? **(정신장애 배제)**

제니퍼: 아니, 없었어요.

치료자: 사람들이 제니퍼가 이상한 생각을 한다고 말한 적이 있나요? **(망상장애 선별)**

제니퍼: 음, 누구도 그런 말을 한 적은 없어요.

치료자: 자신의 마음이 자신 스스로를 속이는 것 같은 느낌이 든 적이 있나요? **(해리장애 선별)**

제니퍼: 그런 생각은 한 적이 없어요. 예를 들면, 어떤 것들일까요?

치료자: 현실과 동떨어져 있다거나 자기 신체로부터 벗어나 있는 것 같은, 또는 기억하지 못하는 어느 특정 시기가 있는 것 같은 거예요. **(해리장애 선별)**

제니퍼: 아니요, 절대 아니에요. 정말 무서운데요.

치료자: 요즘 기억력은 어떤가요? **(신경인지장애 선별)**

제니퍼: 음, 제 기억력은 괜찮아요. 제가 말씀드렸듯이 집중하는 것은 어려워요. 하지만 기억력은 나쁘지 않다고 생각해요.

치료자: 그렇다면, 최근에 기억력 감퇴는 없었나요?

제니퍼: 네, 감퇴하지 않았어요.

치료자: 자, 최근에 살이 빠지거나 찌지 않았다고 했지만, 음식이나 식사가 문제된 적이 있나요? **(섭식장애 선별)**

제니퍼: 아니요, 그렇지 않아요. 저는 건강에 좋은 음식을 먹지만, 너무 엄격하지는 않아요. 과식하거나 그런 적은 없어요.

치료자: 먹는 양을 통제할 수 없다고 느낄 정도로, 한 번에 엄청나게 많은

양의 음식을 먹은 적이 있나요? **(폭식 배제)**

제니퍼: 아니요, 저는 그런 적이 없어요.

치료자: 먹는 양을 제한한 적이 있나요? **(거식증 배제)**

제니퍼: 아니요, 그런 적 없어요.

치료자: 구토하거나 설사약을 복용한다든지 과도하게 운동함으로써 먹은 음식을 없애야 한다고 느낀 적이 있나요? **(신경성 폭식증 배제)**

제니퍼: 말도 안 돼요. 저는 그런 걸 해 본 적도 없고, 원하지도 않아요.

치료자: 좋아요. 약물과 술에 대해 말해 줄 수 있나요? **(물질사용장애 선별)**

제니퍼: 저는 정말 술을 많이 마시지 않아요. 친구들과 밖에 있을 때만 가끔 술을 마셔요. 술은 저에게 그다지 큰 매력이 없어요. 술에 취한 것을 좋아하지 않아요. 저는 약물도 사용하지 않아요. 그런 적이 없어요. 공부 때문에 ADHD 약과 같은 것을 먹는 사람들이 많아요. 사람들이 제게 약을 주기도 했어요. 그러나 제가 공부에 대해 정말 걱정하고 있긴 하지만, 약물을 복용하는 건 정말 무서워요. 그건 나를 위한 것이 아니에요.

치료자: 좋아요. 그럼 최근 자신의 기분과 어떤 특정 물질은 아무 관련이 없다는 거네요?

제니퍼: 네.

치료자: 처방전으로 혹은 처방전 없이 살 수 있는 약은 어떤가요? **(약물치료로 유발된 물질장애 선별)**

제니퍼: 저는 어떤 처방전도 받지 않았어요. 가끔 두통약을 먹거나 알레르기 약을 먹을 때도 있어요. 그것도 졸리지 않은 종류로요. 그게 다예요.

치료자: 어떤 신체 질병이 있나요? **(의학적 상태 선별)**

제니퍼: 아니에요, 저는 건강해요. 여름 방학 동안 집에 있었을 때, 약 3개월 전에 건강검진을 받았어요. 모든 것이 좋다고 했어요.

치료자: 네, 잘됐어요. 자, 처진 기분을 치료하기 시작한 이후로, 자신을 해칠 생각이나 인생이 살 가치가 없다고 느낀 적이 있나요? **(자살 관념 배제)**

제니퍼: 아니, 절대 아니에요. 그런 생각을 해 본 적이 없어요.

치료자: 좋아요. 다른 사람을 해치는 생각은요? **(타살 관념 배제)**

제니퍼: 아니에요, 그것 또한 절대 아니에요. 말도 안 돼요.

치료자: 제니퍼, 한 사람으로서 자신을 어떻게 설명할 수 있나요? **(성격장애 선별)**

제니퍼: 음, 잘 모르겠어요. 저는 꽤 집중력 있는 사람이라고 할 수 있을 것 같아요. 대체로 체계적이고, 학교 수업과 교육과정 외 활동에 집중하는 것을 좋아해요. 활동적이며 운동을 좋아해요. 소프트볼을 해요.

치료자: 네, 자신이 지나치게 일상적인 틀을 좋아하는 것을 주변 사람들이 불평한다고 말했어요. 이게 흔한 일인가요? **(강박적 성격 유형 용인)**

제니퍼: 음, 그런 것 같아요. 친구들이 가끔 놀려요. 친구들이 밖에 나가서 놀자고 하면, 오늘은 아파트를 청소하는 날이라고 하죠. 그러면 '아, 너 진짜 식상해!'라고 말할 거예요. 아니면 그것과 비슷한 말. 하지만 필요하다면 일정을 조정하거나 어느 정도 융통성 있게 할 수 있어요.

치료자: 원래 하려던 일을 잊어버릴 정도로 정리하고, 목록을 만들거나 세부 사항에 주의를 기울이는 본인의 모습을 깨달은 적이 있나요? **(강박적 성격 유형 용인)**

제니퍼: 아, 맞아요. 와, 그거 딱 저 같아요. 대학교 1학년 때, 과제의 작은 세

부 사항에 너무 집중하다가 과제를 잘못 수행했던 일이 기억나요. 결국 B 학점을 받았어요. 그것 때문에 미칠 지경이었어요. 제가 해야 할 일보다 훨씬 더 많은 일을 했었지만, 결국 과제의 요점을 놓쳤어요. 실제로는 매우 쉽고 간단했었어요.

치료자: 그랬군요. 그럼 과제를 잘못 끝냈을 정도로 사소한 부분에 집중해서 과제를 너무 복잡하게 만든 건가요?

제니퍼: 네.

치료자: 그렇다면 가끔은 너무 성실하고 완벽해서 자신이 해야 할 일에 방해가 될 수도 있는 건가요? **(패턴 확인하기: 효과가 줄어들 정도로 지나치게 성실함)**

제니퍼: (잠시 멈춤) 인정하긴 싫지만 그런 것 같아요. 저에게 체계적으로 정리하는 것은 매우 도움이 돼요. 다른 사람들이 일을 어설프게 하면 짜증이 나요. 많은 사람이 세부 사항에 대해 충분하게 생각하지 않는 것 같아요. 어쩌면 저는 가끔 세부 사항까지 지나치게 많이 생각하는 것 같아요. 어떤 사람은 제가 완벽주의자라고 말한 적이 있어요. 그 말이 맞는 것 같아요.

치료자: 맞아요. 체계화하고 세부 사항에 주의를 기울이는 것은 매우 유용한 특성이 될 수 있어요. 저는 그것이 학업적 성공에 기여한다고 확신해요. 제니퍼가 원하는 방식으로 여전히 효과적이면서도 성실함과 완벽주의 사이에서 균형을 찾을 수 있다면, 그것은 자신에게 훨씬 더 도움이 될 수 있어요. **(2차 목표)**

제니퍼: 네, 저도 그렇게 생각해요. 너무 답답했어요. 그리고 '아, 내가 왜 그랬을까? 내가 왜 이러지?'라고 생각했어요. 아시겠죠? 저는 작은 일에 너무 집중해서 다른 길로 새지 말고, 그냥 잘 정리해서 제 일을

했어야만 했었어요.

치료자: 맞아요. 제니퍼에게도 많은 시간을 절약할 수 있게 해 주어 도움이 될 거예요.

제니퍼: 맞아요. 저는 좀 더 효율적으로 일하고 싶어요.

치료자: 일에 너무 집중하기 때문에 사회적 상호작용이나 즐거운 활동을 회피하는 것도 하나의 패턴이라고 말할 수 있나요? **(강박성 성격장애 용인 혹은 배제)**

제니퍼: 제가 정말 압도당했을 때에는 그렇게 하기 시작했지만, 대부분은 그다지 문제가 되는 것 같지는 않아요. 보통은 제가 좋아하는 사람들과 재미있는 활동이나 시간을 보낼 수 있어요.

치료자: 좋아요. 오래된 물건이 낡았거나 더 이상 가치가 없는데도, 그것을 버리는 것이 어렵다고 느낀 적이 있나요? **(강박성 성격장애 배제)**

제니퍼: 아니에요, 저는 쓰레기를 치우고 버리는 것을 좋아해요.

치료자: 그래요, 다른 사람들이 제니퍼처럼 체계적이지 않아서 가끔 답답함을 느낀다고 했잖아요. 사람들이 자신이 좋아하는 방식으로 일을 하지 않을 것이기 때문에 다른 사람들과 함께 일하거나 업무를 위임하는 것이 어렵다는 것을 알았나요? **(강박성 성격장애 배제)**

제니퍼: 음, 어려워요. 사람들은 제가 트집 잡는다고 비난했지만, 저는 다른 사람들과 함께 일할 수 있어요. 저는 팀으로 일하는 것을 좋아하는데, 특히 친구와 함께할 수 있다면요. 가끔은 힘들 때도 있지만, 대체로 해결할 수 있어요.

치료자: 돈을 어떻게 다루나요? 자신을 돈을 쓰는 사람이라고 생각하나요, 절약하는 사람이라고 생각하나요? **(강박성 성격장애 배제)**

제니퍼: 글쎄요, 지금은 돈이 많지 않고, 부모님의 도움을 받고 있어요. 저축

하고 계획하는 것도 좋아하지만 쇼핑과 외출도 즐겨요. 여자들끼리 만나는 날이나, 영화, 아이스크림, 그런 것에 돈을 써요.

치료자: 그렇군요, 예산을 벗어나지 않으면서도 때로는 자신을 위해 소비할 수 있군요.

제니퍼: 그럼요.

해설

기타 다른 몇 가지 DSM-5 진단도 선별되고 배제되었다. 제니퍼의 반응은 강박적 성격 유형을 나타낸다. 이 평가 이전에는 주요우울장애가 진단되었다. 그녀의 부적응적 패턴은 효과가 떨어질 정도로 지나치게 성실하고 완벽주의적이다. 치료자는 제니퍼가 진단 기준을 완전히 충족하지 않기 때문에, 강박성 성격장애를 배제했다. 제니퍼의 패턴은 사회적 관심을 줄이고 낙담을 증가시키는 역할을 한다. 제니퍼가 자신에게 강요하는 엄격한 규칙과 자기비판은 다른 사람들과 적절히 관계를 맺는 능력을 떨어뜨려 우울증을 악화시킨다. 제니퍼의 사적 논리는 다른 사람들에게 가치 있는 사람이 되기 위해 모든 것을 완벽하게 수행해야 한다는 것이다.

치료자: 가족은 어떤지 좀 더 말해 주세요. 가정에서 어떻게 성장했나요? **(가족 구도)**

제니퍼: 글쎄요. 저는 맏이예요. 여동생과 남동생이 있어요. 여동생은 저보다 네 살 어리고, 남동생은 두 살 어려요. 제 어린 시절은 괜찮았어요. 부모님은 항상 우리가 필요한 것을 갖도록 해 주셨어요. 특히 학교와 과외 활동에서 필요한 것들을 말이에요. 바이올린 레슨 같은. 그리고 가정교사도 있었고, 여러 가지 운동에 참여했던 기억이 나요. 하지만 저에게 많은 압박도 있었어요. 부모님은 저에게 많은 것을 기대하세요. 항상 성적을 올리고, 열심히 공부하기를 기대하

셨어요. **(출생 순위)**

치료자: 네, 부모님께서는 감사할 기회를 많이 주시기도 했지만 성공하라는 압박도 많이 주셨군요.

제니퍼: 맞아요.

치료자: 제니퍼의 가족 내에서 맏이가 된다는 건 어떤 걸까요?

제니퍼: 아, 부모님은 제가 성공하도록 많이 압박하셨어요. 그리고 제가 남동생과 여동생의 롤모델이 되어야 한다고 말씀하곤 하셨어요. 저는 형제자매 중 누구와도 가까운 친밀한 관계를 맺지 못했어요. 항상 우리 모두 각자 자기 일을 하는 것처럼 느껴졌어요. 우리는 서로 신경을 많이 건드렸어요. 그냥 화장실을 함께 사용해야 하거나 여동생이 묻지도 않고 제 옷이나 화장품을 가져가곤 했어요. 그건 정말 짜증 날 수 있어요. 고등학교 1학년 때, 정말 피곤한 하루를 보냈고 소프트볼 연습이 끝나고 집에 늦게 왔는데, 자기 전에 아직도 해야 할 숙제가 있었어요. 그러던 중 저는 남동생과 여동생이 장난으로 제 책상과 모든 물건 위에 포스트잇을 붙여 놓은 것을 보았어요. 그러면 제가 그것을 치워야 해요. 그냥 그런 짜증 나는 것들요. 동생들에게 화를 낼 수 없었고, 만약 그러면 부모님은 저에게 화를 낼 거예요. 여동생과의 관계는 이상해요.

치료자: 그것에 대해 좀 더 말해 줄 수 있나요?

제니퍼: 글쎄요, 가끔 저는 동생이 가진 것이 부러워요. 동생은 너무 느긋해요. 세상 걱정이 없는 것 같아요. 그냥 친구들이랑 놀면서 좋은 시간을 보내는 것처럼요. "우주는 언니에게 필요한 걸 줄 거야. 그러니 그냥 긴장 풀고 살아."라고 동생이 말해요. 정말 짜증 나는 일이에요. 왜냐하면 동생은 완전 둔해요. 하지만 가끔은 저도 그렇게 둔

하면 좋겠다는 생각이 들어요. 그러면 일이 더 쉬울 것 같아요.

치료자: 저에게 부모님과의 관계를 조금 더 설명해 줄 수 있나요?

제니퍼: 음, 부모님과의 관계는 좋아요. 저에게 조금 비난을 하시긴 하지만, 정말로 저를 아끼시고 항상 제게 가장 좋은 것을 바라시죠.

치료자: 어느 부모님을 가장 닮았어요?

제니퍼: 아마도 아빠랑 더 닮았어요. 아버지도 운동신경이 좋으시고, 일을 열심히 하세요.

치료자: 형제자매 중에서 어머니는 누구를 가장 좋아하셨나요?

제니퍼: 오, 여동생이 확실해요. 두 사람은 서로 닮았어요. 여동생은 뭐든지 책임지지 않아도 됐어요.

치료자: 아버지는 누구를 가장 좋아하셨나요?

제니퍼: 잘 모르겠어요. 아마도 저라고 말해야 할 것 같아요. 남동생은 독자이지만, 운동을 잘하지 못하기 때문이에요. 아버지와 저는 그런 공통점이 있어요.

치료자: 부모님 사이의 관계는 어떤가요?

제니퍼: 우리 부모님은 사이가 좋으세요. 제 생각에 두 분 관계는 꽤 좋으신 것 같아요.

치료자: 좋아요. 중요한 결정은 누가 내렸다고 생각하나요?

제니퍼: 우리 부모님은 그런 책임을 어느 정도 공유하고 계세요. 아빠가 주로 생계를 책임지고 계시고요. 엄마는 얼마 전부터 아르바이트하셨고, 그 전에 몇 년 동안은 집에만 계셨어요.

치료자: 두 분은 어떻게 문제를 풀고, 갈등을 해결했을까요?

제니퍼: 음, 두 분은 가끔 싸우기도 하셨어요. 두 분이 많은 것을 이해한 것처럼 보였지만, 절대 이해하지 못한 것처럼 보이는 것도 있었어요.

엄마는 아빠가 일을 너무 많이 한다고 불평하셨어요. 아빠는 엄마가 일을 늦게 하시거나 준비하는 데 시간이 오래 걸리면 짜증을 내세요. 아빠는 엄마가 시간 관리 기술이 부족하다고 말하세요.

치료자: 부모님께서 어떤 갈등을 해결하셨던 것을 기억하나요?

제니퍼: 실제로 해결은 잘 안 되었어요. 두 분은 대체로 이런저런 것들에 대해 이야기하는 것을 회피하셨어요. 어떤 것에 조금 화가 나신 것도 같았는데, 회피해서 아무 일도 없었던 것처럼 지내신 것 같아요.

치료자: 네, 두 분은 대부분 갈등에 관해 대화하면서 해결하는 것을 회피하셨네요. 부모님은 공개적으로 애정 표현을 하셨나요?

제니퍼: 사실 그렇지 않아요. 엄마는 매일 아침 출근하기 전에 아빠에게 키스를 하고, 아빠가 집에 돌아오면 매일 저녁 인사를 했지만 그게 다였어요. 저는 두 분이 서로 껴안거나 사랑한다는 말을 하는 것을 본 적이 없어요.

치료자: 그렇군요. 부모님 중 누가 주로 훈육을 하셨나요?

제니퍼: 음, 우리 아빠 같아요. 엄마도 아빠 말씀에 거의 동의하실 거예요. 만약 우리가 뭔가 불공평하다고 생각한다면, 엄마는 그냥 "아빠 말을 들어야 해."라고 말하거나, 뭐 그런 식이었어요.

치료자: 다쳤거나 놀랐을 때, 누구에게 갔나요?

제니퍼: 아마도 엄마일 거예요. 엄마는 항상 필요할 때마다 제 옆에 계셔 주시거든요. 특히 제가 어렸을 때, 엄마로부터 더 많은 것이 정말로 필요했을 때는요. 집에 계시면서 우리를 위해 정말 많은 헌신을 하셨어요. 엄마는 여전히 그러세요. 엄마는 우리를 어디든 태워다 주셨고, 우리의 모든 활동에 참여하셨어요. 항상 학교와 운동 팀에서 자원봉사를 하셨어요.

치료자: 좋아요. 그래서 엄마는 필요할 때만 제니퍼를 지지하면서 항상 곁에 계셨다는 느낌이 드나요?

제니퍼: 네, 엄마는 항상 그러셨어요. 제 말은 가끔 엄마가 그것을 이해하지 못하셨다는 거예요. 제가 무엇을 하고 있는지 엄마가 항상 이해할 수는 없고, 저는 엄마에게 모든 것을 항상 말하고 싶지는 않아요. 하지만 대부분 경우에 엄마가 제 옆에 계셔 주는 걸 알아요.

치료자: 성장하면서 가족의 가치관은 무엇이었나요?

제니퍼: 부모님은 제가 전에 말씀드렸던 것처럼 성취와 성공을 정말 중요하게 여기셨어요. 두 분은 노력과 성공을 정말 중요하게 생각하세요. 항상 우리에게 대학에 가서 좋은 직장을 얻는 것이 가장 중요하다고 말씀하셨어요.

치료자: 성장하면서, 부모님은 제니퍼가 무엇이 되거나 하기를 기대하셨나요?

제니퍼: 아, 제가 법률, 사업, 의학을 할 것으로 기대하셨어요. 부모님도 그렇게 말씀하셨어요. 부모님께서 항상 저에게 문과나 인문학을 전공한 사람들은 돈을 전혀 벌지 못하거나 직장을 구할 수 없다고 말하곤 하셨어요. 고등학교 때 매우 확실하게 법학을 하고 싶어 했기 때문에, 그건 괜찮아요. 토론 팀에 있었는데, 정말 제가 즐겼던 일이에요.

해설

치료자는 제니퍼의 가족 구도를 평가하는 데 폐쇄적인 질문을 더 사용했다. 치료자의 반영적 진술이 이 대화에서 그렇게 분명하지는 않았지만, 치료자는 따뜻하고 비판단적인 태도를 보였고, 제니퍼가 정보를 공개하고 제니퍼와 치료자 사이의 유대감을 형성하는 데 더 편안하게 느끼도록 이끌었다. 제니퍼의 가족 구도는 그녀의 생활양식과 완벽주의 패턴의 기원에 대한 핵심 정보를 보여 준다. 제니퍼의 가족 구도와 생활양식에 대한 해석은 제3장을 참조하라.

치료자: 제니퍼, 가장 오래된 기억 중 하나를 말해 줄 수 있나요? 여덟 살 이전 자신이 어렸을 때를 회상해 보고 가장 먼저 기억할 수 있는 것을 말해 보세요. 누군가 자신에게 있었던 일이라고 말했던 것이 아닌, 자신이 기억할 수 있는 한 사건이어야 해요. **(초기기억)**

제니퍼: 음, 제가 여섯 살 때 쌓기놀이에 푹 빠져 있었어요. 부모님께서 멋진 장난감 벽돌 세트를 사 주셨어요. 그걸로 시간을 많이 보냈어요. 한번은 일주일 정도 시간을 들여서 정교한 구조물을 만들었죠. 열심히 만들었어요. 저는 매일 몇 시간씩 집중해서 만들면서 시간을 보냈어요. 어느 날 학교에서 집으로 돌아왔는데 여동생이 무너뜨려 놓은 것을 봤어요! 말도 안 돼요! 보통 저는 침실 문을 닫아 두었는데, 엄마가 청소하시면서 열어 놓으셨나 봐요. 모르겠어요. 하지만 여동생이 거기에 들어가서 제가 쌓아 놓은 걸 망가뜨렸어요. **(초기기억 1)**

치료자: 그렇군요. 일주일 동안 매일 장난감 벽돌로 정교한 구조물을 만들었는데, 학교에 있는 동안 여동생이 그것을 쓰러뜨리고 부순 걸 발견했네요. 맞나요?

제니퍼: 네, 정확해요. 화가 나서 동생을 밀었어요. 물론 동생은 엉덩방아를 찧고 울기 시작했어요. 부모님께서는 제가 저녁 식사 후 TV 보는 시간을 빼앗는 벌을 주셨어요.

치료자: 그랬군요. 제니퍼가 여동생을 밀어 넘어뜨렸고, 벌을 받았군요.

제니퍼: 네.

치료자: 그렇다면, 그 기억에서 가장 생생한 부분은 무엇인가요? 만약 전체

장면이 비디오 테이프로 재생된다면, 어느 부분에서 일시 정지 버튼을 누르고 싶은가요?

제니퍼: 제가 쌓았던 탑이 온 바닥에 조각나 흩어진 것을 보고 있는 부분이요. 걸어 들어가는데 탑이 안 보였어요. 그리고 바닥에 흩어진 조각들을 보았고, 무슨 일이 일어났는지 천천히 알게 된 기억이 나요.

치료자: 그 순간 무슨 생각을 하고 있었나요?

제니퍼: '망쳤어! 나의 모든 힘든 작업이.'라고 생각했어요. 아시겠죠? '여동생이 문제를 일으키면, 벌을 받는 건 나야. 이건 불공정해.'

치료자: 그렇군요. 불공정하다고 생각했어요. 탑은 엉망이 되었고요. 기분이 어땠나요?

제니퍼: 화가 났지만 내색하지 않았어요. 제 말은 제가 여동생을 밀었지만, 제 감정을 참으려고 노력했어요. 소리 지르거나 화난 얼굴을 보이지는 않았다는 거예요.

치료자: 좋아요, 여덟 살 이전의 또 다른 초기기억을 떠올릴 수 있을까요?

제니퍼: 음, 네. 제가 여덟 살 때요. 저는 바이올린을 연주하곤 했어요. 부모님께서 저에게 레슨을 받게 해 주셨고, 학교에서 연주회를 개최하곤 했어요. 그래서 학교에서 바이올린 연주회에 참여했는데, 제 파트를 연주하는 중 작은 실수를 두 번 했어요. 그 후에 부모님과 차를 타고 집으로 돌아오는데, 실수를 했다며 제게 소리를 지르셨어요. 제가 충분히 연습하지 않았고, 부모님은 레슨에 헛돈 쓰고 있다고 말하셨어요. **(초기기억 2)**

치료자: 그랬군요. 학교에서 바이올린 연주회를 했는데, 연주 중에 작은 실수를 두 번 했고 부모님께서는 연습이 부족했다고 소리를 지르셨어요. 맞나요?

제니퍼: 네. 그게 제가 기억하는 일이에요.

치료자: 그것에 대해 가장 기억나는 게 뭐죠? 기억에서 가장 생생했던 부분은 무엇인가요?

제니퍼: 그냥 실수한 거예요. 저는 아직도 실수하는 제 모습이 보여요. 하나는 약간 잘못된 코드였고, 다른 하나는 제 손가락이 활에서 미끄러져 줄을 가로질러 끌었더니 이상한 소리가 났어요.

치료자: 그 순간 무슨 생각이 들었나요?

제니퍼: 아, 열심히 했는데 실패했다는 생각이요. 저는 '나는 실패했어. 참을 수가 없어.'라고 생각했어요.

치료자: 네, "나는 정말 열심히 했는데 실패했어. 참을 수가 없어." 기분은 어땠나요?

제니퍼: 창피하고 슬펐어요. 걱정도 했어요. 모든 게 어떻게 될지 말이에요.

치료자: 그래요. 창피하고, 슬프고, 걱정했군요.

제니퍼: 네.

치료자: 좋아요. 질문에 답해 주셔서 감사해요. 제니퍼가 겪고 있는 증상과 그것이 자신의 일상생활에 어떤 영향을 미치고 있는지, 그리고 자신의 성장 과정이 어떠했는지와 진로 목표에 대해 더 잘 이해할 수 있도록 도움을 주었어요. 마무리하기 전에, 사전 동의서를 공식적으로 작성하고 몇 주 동안 함께 작업하면서 이루고 싶은 것이 무엇인지 알고 싶어요.

[그런 후, 사전 동의서가 논의되었다. 동의는 하나의 사건(즉, 동의서에 서명하는 것) 그 이상이지만, 치료 초점에 변화가 생긴다면 남은 회기 내내 계속되는 과정이기도 하다. 여기에는 동의의 한 형태인 '허락 구하기'도 포함되었다.]

해설

제니퍼는 가족 구도를 이야기할 때처럼, 초기기억을 끄집어내는 데 꽤 협조적이었다. 치료자는 제니퍼의 경험과 정서에 대한 설명을 반영하고 재진술하며 타당화했다. 그런 다음 치료자는 제니퍼에게 공유해 준 것에 감사하며 제니퍼의 반응이 치료자와 치료과정에 어떻게 도움이 되는지 설명한 후, 치료 목표를 진행해도 괜찮은지에 대한 허락을 구했다. 이러한 대화는 발전하고 있는 치료적 동맹을 더욱 강화했고, 치료자에 대한 신임도를 형성했으며, 민감한 주제에 관해 이야기하는 동안 제니퍼의 부적응적 패턴을 촉발하지 않았다. 치료 목표를 설정하고, 약물을 치료와 병행할지에 관한 여부와 시기를 포함한 사전 동의서가 논의되었다. 그리고 문서에 서명했다.

제니퍼: 기분이 더 나아지면 좋겠어요. 피곤하고 바닥에 처져서 끌리는 느낌을 떨쳐 버리고 싶어요. 공부하는 데, 혹은 제가 다시 즐기는 취미와 일들을 하는 데 의욕이 더 생기면 좋겠어요.

치료자: 좋아요, 그러니까 저조한 기분을 해소하고, 슬픔을 줄일 뿐만 아니라 에너지 수준을 높이고 싶군요. 또한 사람들을 만나는 것 그리고 취미 생활과 같은 활동에 대한 동기를 높일 뿐만 아니라 즐거움도 증진시키고 싶군요. 맞나요? **(변경된 1차 목표)**

제니퍼: 네, 정말 그러고 싶어요. 가능한 일이었음 좋겠어요. 제가 계속 이런 식으로 느낄까 봐 걱정돼요. 필요하지 않다면 약물을 복용하고 싶지 않기 때문에 상담이 꼭 잘됐으면 좋겠어요.

치료자: 약물치료에 대한 걱정을 이야기하셨어요. 네, 그리고 우리가 함께 작업하면 치료에서 이러한 목표를 달성할 가능성이 매우 커져요.

제니퍼: 오, 다행이에요.

치료자: 이전에 우리는 제니퍼가 완벽주의적이고, 때때로 일의 효과성이 떨

어질 정도로 세부적인 것에 초점을 맞추는 패턴이 있다는 것에 대해 이야기했어요. 그것이 본인이 다루고 싶은 건가요? **(변경된 2차 목표)**

제니퍼: (잠시 멈춤) 네, 정말 그래요. 저는 체계적인 것을 좋아하고, 세세한 부분까지 신경을 쓰는 것이 좋다고 생각해요. 특히 법학에서는요. 선생님도 분명히 작은 것들에 신경을 쓰실 거예요. 하지만 가끔은 정말 답답하고 제 방식대로 되지 않아요.

치료자: 맞아요. 저는 이것이 좋은 목표이고 충분히 달성할 수 있다고 생각해요. 앞으로 우리는 몇 주 동안 제니퍼가 목표를 달성하고, 기분이 더 나아지기 시작하며, 원하는 것을 더 많이 얻을 수 있도록 돕는 작업을 할 거예요. 어떤가요?

제니퍼: 좋아요. 이제 계획이 있다는 것을 알고 나니 기분이 좀 나아졌어요. **(치료 목표 동의)**

해설

치료자는 제니퍼가 변경된 1차와 2차 목표를 모두 확인하도록 도왔으며 서로 합의했다. 제니퍼는 사정과정을 통해 안전하고 이해받으며 타당화된다고 느꼈기 때문에, 자신의 부적응적 패턴을 인정하고, 더 적응적 패턴을 지향하여 나아가려는 목표에 동의할 수 있었다. 치료 목표를 논의하면서 치료자는 제니퍼에 합류할 수 있었고, 치료에 대한 희망을 심어 주었으며, 이러한 변화를 일으킴으로써 치료자에 대한 신임도를 쌓을 수 있었다.

치료자: 좋아요. 그 말을 들으니 기쁘네요. 저는 제니퍼와 함께 작업하기를 고대하고 있어요. 마치기 전에, 우리가 개괄한 목표를 달성하는 것이 제니퍼에게 얼마나 중요한지 0부터 10까지의 척도 점수로 말해

줄 수 있나요? '0'은 '전혀 없음'이고 '10'이 '가장 최고'예요. **(동기 면접 질문 1)**

제니퍼: 저는 10이라고 말하고 싶어요. 이런 기분 정말 싫고, 예전의 저처럼 다시 느끼고 싶어요.

치료자: 그러니까 이것은 매우 중요하네요. 좋아요. 자, 이제 같은 척도로 이 목표를 달성하는 데 얼마나 자신이 있나요? **(중요도 척도 질문 2)**

제니퍼: 음, 아마 6 정도 될 거예요. 어떻게 될지 모르겠어요. 상상하기가 좀 힘드네요.

치료자: 그러니까, 6은 중간 이상이네요. 좋아요. 오늘 마치기 전, 다음 회기까지 몇 가지 과제를 드리려고 해요. 어떤가요?

제니퍼: 괜찮아요.

치료자: 제가 제니퍼에게 드릴 것은 하루 기분 평정표예요. 왼쪽 칸이 두 시간 간격으로 나누어져 있어요. 그 주의 날짜를 윗부분에 가로로 적으세요. 이번 주 기분에 더 면밀히 주목해서 두 시간 간격으로 자신이 느낀 감정을 표에 적어 주는 거예요. 한 단어 또는 여러 단어로 써도 괜찮아요. 어떤가요?

제니퍼: 할 수 있어요. 감사해요.

치료자: 다음으로, 회기 평정 척도라는 이 양식을 작성해 주세요. 오늘 상담이 어땠는지에 관한 네 문항에 대해 평정해 주세요. 특히 오늘 온 목적을 달성했는지를 평정해 주세요. 괜찮겠죠? **(회기 평정 척도 검토)**

제니퍼: 네, 물론이죠. 흥미롭군요. (제니퍼가 양식을 작성하는 동안 잠시 멈춤)

치료자: (회기 평정 척도 검토 결과, 40점 만점에 38점) 오늘 회기에 만족했던 것 같고, 제니퍼가 하고 싶은 이야기를 다뤘던 것 같아요.

제니퍼: 네, 맞아요. (잠시 멈춤) 오기 전에는 너무 긴장하지 않고 선생님과 대화하기 편했으면 좋겠다고 바랐어요. 긴장이 바로 없어졌고, 선생님은 제가 편안하고 희망을 품도록 해 주셨어요. 감사해요.

치료자: 그 말을 들으니 정말 기쁘네요. (잠시 멈춤) 우리가 함께 꽤 잘 작업했다고 생각해요. 우리가 함께할 다음 회기가 기대되네요. 마치기 전에 질문이 있나요?

제니퍼: 아니, 없어요.

치료자: 좋아요. 그러면 다음 주에 만나길 바랄게요.

제니퍼: 저도요.

해설

현재 호소 문제인 우울증을 고려할 때 자신감 평정에 대한 제니퍼의 반응은 첫 회기에서 기대된 것보다 더 높았다. 이러한 반응은 아마도 치료자 및 치료과정에 대한 그녀의 높아진 희망과 신뢰를 반영한다. 게다가 회기 평정 척도에서의 비교적 높은 점수는 그녀가 유대, 목표, 방법의 측면에서 치료적 동맹에 동의했음을 시사한다. 따라서 치료자는 그녀가 다음 회기에 참여할 가능성이 크기 때문에, 첫 회기에서 변화를 일으키기 위한 매우 간단한 개입을 할 필요는 없었다.

마지막으로, 치료자가 이 회기에서 부적응적 패턴을 부주의하게(또는 의도적으로) 촉발하지 않았다는 점을 주목할 만하다. 치료자의 진술이나 코멘트를 내담자가 비판적이거나 요구가 지나친 것으로 지각하여, 치료적 동맹에 긴장이나 단절을 초래하면 부적응적 패턴이 촉발될 수 있다. 만약 치료자가 치료적 동맹을 회복하려고 노력하지 않는다면, 내담자는 충분히 확신하고 안전하게 느끼지 않게 되어 다음 회기에 나타나지 않을 것이다(Sperry, 2010a).

끝맺는 말

첫 회기는 라포를 형성하고 치료적 동맹을 구축하는 데 중요하다. 이를 달성하기 위해, 치료자는 내담자에게 다가가기 위해서 개방적이고 비판단적인 자세를 보여야 하며 진단 면접과 초기기억 수집을 치료적 동맹을 구축하는 기회로 사용한다. 첫 회기의 또 다른 핵심 작업은 사정이다. 치료자는 진단적 사정을 완료하고, 내담자의 사회적 관심 수준을 평가한다. 선별 검사는 내담자의 호소 문제와 사회적 관심에 대한 정보를 제공하는 데 사용할 수 있다. 치료자는 가족 구도와 초기기억을 끄집어내고, 내담자의 패턴과 생활양식을 확인한다. 마지막으로, 1차 목표와 2차 목표를 구체화하고 상호 합의한다.

참고문헌

Bordin, E. S. (1994). Theory and research on the therapeutic working alliance: New directions. In A. O. Horvath & L. S. Greenberg (Eds.), *The working alliance: Theory, research, and practice* (pp. 13-37). New York, NY: John Wiley & Sons.

Clark, A. J. (2002). *Early recollections: Theory and practice in counseling and psychotherapy.* New York, NY: Brunner–Routledge.

Dreikurs, R. (1967). *Psychodynamics, psychotherapy, and counseling: The collected papers of Rudolf Dreikurs, M.D.* Chicago, IL: Alfred Adler Institute.

Horvath, A. O., & Luborsky, L. (1993). The role of the therapeutic alliance in psychotherapy. *Journal of Consulting and Clinical Psychology, 61*(4), 561-573.

Kern, R. M., Stoltz, K. B., Gottlieb–Low, H. B., & Frost, L. S. (2009). The therapeutic alliance and early recollections. *The Journal of Individual Psychology, 65*(2), 110-122.

Leak, G. K. (2006). Development and validation of a revised measure of Adlerian social interest. *Social Behavior & Personality: An International Journal, 34*, 443-449.

Manaster, G., & Corsini, R. (1982). *Individual psychology: Theory and practice.* Itasca, IL: F. E. Peacock.

Sperry, L. (2010a). *Highly effective therapy: Developing essential clinical competencies in counseling and psychotherapy.* New York, NY: Routledge.

Sperry, L. (2010b). *Core competencies in counseling and psychotherapy: Becoming a highly competent and effective therapist.* New York, NY: Routledge.

Sperry, L., Brill, P., Howard, K., & Grissom, G. (1996). *Treatment outcomes in psychotherapy and psychiatric interventions.* New York, NY: Brunner/Mazel.

Sperry, L., & Carlson, J. (2014). *How master therapists work: Effecting change from the first through the last session and beyond.* New York, NY: Routledge.

Sperry, L., & Sperry, J. (2012). *Case conceptualization. Mastering this competency with ease and confidence.* New York, NY: Routledge.

Sperry, J., & Sperry, L. (2018). *Cognitive behavior therapy in professional counseling practice.* New York, NY: Routledge.

제 5 장

2회기

학습 내용

1. 아들러 패턴중심치료 순차적 질문을 실행하는 방법
2. 패턴 변화를 촉진하기 위해 회기에 집중하는 방법
3. '마치 ~처럼' 행동하기 개입을 사용하는 방법
4. 지속적인 사정 방법
5. 아들러 패턴중심치료의 실제: 제니퍼의 2회기 사례

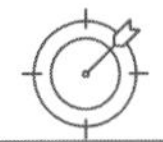

2회기는 하루 기분 일지를 꾸준하게 기록하는 내담자의 과제 점검으로 시작한다. 기분 척도 점수를 살펴보고 성과 평정 척도를 검토한다. 핵심 치료 전략인 아들러 패턴 중심 순차적 질문을 도입하고, 사정 도구들에 대한 내담자의 반응에 맞추어 조정한다. 행동 활성화라고 불리는 주요 아들러 기법인 '마치 ~처럼' 행동하기의 변형도 도입한다. 치료자는 회기에서 치료적 동맹을 형성하는 것에 계속해서 초점을 두며, 회기 평정 척도를 사용하여 동맹의 강도를 측정한다. 과제를 논의하고, 상호 합의한다. 이 장에서는 이러한 치료적 기법을 설명하고, 해설이 포함된 회기 축어록을 통해 실례를 보여 준다.

순차적 질문

아들러 패턴중심치료에서 순차적 질문(query sequence)은 치료적인 9개 질문으로 구성되어 있고, 이어서 일련의 동기 강화 상담 질문이 이어진다. 제3장에서 언급한 바와 같이 이 계열은 심리치료의 인지행동 분석체계의 8개 질문(McCullough, 2000)에서 파생되었으며, 총 9개의 질문(Sperry, 2005)으로 재구성되었다.

순차적 질문은 구체적인 상황에서 내담자의 생각과 행동을 확인하고, 이러한 생각과 행동이 그 상황에서 내담자가 원하는 결과를 달성하는 데 해가 되었는지 또는 도움이 되었는지를 분석하는 데 초점을 맞춘다. 해가 되는 것으로 확인된 생각과 행동은 원하는 결과를 얻는 데 좀 더 도움이 될 수 있는 것으로 대체된다. 순차적 질문과정에서 도출된 상황은 부적응적 패턴을 나타내야 하며, 패턴에 대한 개입이 도입된다. 적응적 패턴을 반영하는 대안적 사고와 행동은 해를 주는 사고와 행동을 대체하기 위해 창출된다.

내담자는 최근에 결과가 불만족스러웠던 상황을 생각해 보라는 요청을 받는다. 그리고 그 상황에서 내담자의 생각과 행동을 끄집어낸다. 내담자는 그 상황에서 원하는 결과가 무엇이었는지와 실제 결과가 어떠했는지를 질문받는다. 치료자는 내담자가 자신의 통제 내에서 원하는 결과를 확인하도록 돕는다. 내담자가 원하는 결과를 얻지 못했다면 치료자는 보다 적응적 패턴의 개념에서 그 상황을 재평가를 하고, 결과가 어떻게 달라졌을지 알아봐도 괜찮은지에 대해 내담자의 허락을 구한다. 그런 다음 각 생각과 행동은 원하는 결과를 달성하는 데 얼마나 도움이 되었는지 또는 해가 되었는지 알아본다. 치료자는 각각의 생각이나 행동이 어떻게 도움이 되었는지 또는 해가 되었는지 질문하고, 해가 되는 생각과 행동을 다루어 좀 더 도움이 되는 것으로 대체한다. 전체적인 순차적 질문 단계는 제3장을 참조하라.

대체

순차적 질문은 인지적 대체를 사용하여, 내담자의 부적응적 패턴이 반영된 생각과 행동을 좀 더 적응적인 것으로 대체한다(Sperry, 2018). 상담자가 도움이 되지 않는 생각과 행동을 대체하기 위해 내담자와 협력할 때, 내담자는 좀 더 결과를 고려하는(consequential) 방식으로 상황을 검토하는 방법을 배우게 된다. 내담자는 자신의 생각, 행동, 정서적 반응에 의해 목표 달성이 영향을 받을 수 있다는 것을 배운다. 이 전략은 사람들이 부적응적 생활양식으로 목표에 접근함으로써, 목표 달성에 계속 실패할 때 낙담할 수 있다는 아들러식 개념에 기초한다. 아들러 패턴중심치료에서 대체 전략은 내담자의 부적응적 패턴을 적응적 패턴으로 전환하는 데 중점을 둔다.

패턴 전환

앞서 언급한 대로, 순차적 질문은 2차 변화를 이루는 패턴 변화에 중점을 둔다. 핵심 치료 전략은 패턴이 작용하는 상황을 분석하고 적응적 패턴을 반영하는 대안적인 생각과 행동을 만드는 데 초점을 두기 때문에, 내담자는 부적응적 패턴에서 좀 더 적응적 패턴으로 전환하게 된다. 내담자 생활양식의 변화와 사회적 관심의 증가는 이러한 전환의 표시이다. 제니퍼 사례에서 효율성이 떨어질 정도로 완벽주의적인 제니퍼의 패턴은 구체적인 상황에서 그녀의 생각과 행동에 반영될 것이다. 대부분 그러한 상황은 그녀의 부적응적 패턴을 반영하며, 치료자는 그녀가 효과를 유지하면서도 합리적으로 성실한 적응적 패턴을 반영하는 새로운 생각과 행동을 만들어 내도록 돕는다.

'마치 ~처럼' 행동하기와 행동 활성화

'마치 ~처럼' 행동하기 기법(Carlson, Watts, & Maniacci, 2006)은 내담자가 원하는 변화가 이미 이루어진 것처럼 행동하도록 지시한다. 내담자는 도움이 되지 않는 행동을 좀 더 도움이 되고 건강한 행동으로 대체한다. '마치 ~처럼' 행동하기의 변형은 행동 활성화이다. 기본적으로 행동 활성화는 개인에게 비활동적, 회피적, 불쾌한 행동과 활동 대신에 즐겁고 유용한 행동과 활동에 참여하게 한다.

행동 활성화 개입을 실행하기 위해, 먼저 치료자는 이 개입의 근거를 설명한다. 그리고 치료자는 내담자가 즐거운 활동 목록과 필요한 활동 목록을 각각 만들도록 돕는다. 그런 다음 내담자에게 다음 주까지 완료해야 할 최소한 하나의 즐거운 활동과 하나의 필요한 활동을 정하도록 요청한다. 치료 초기에는 좀 더 적은 수의 활동을 정한다. 처음에는 활동이 15분 이내에 완료할 수 있을 만큼 쉬워야 한다. 예비 활동을 준비하면 활동을 완료할 가능성이 증가한다. 치료가 진행되면서 활동의 횟수와 기간이 늘어난다. 구체적인 날짜에 활동들을 예정하며 치료자는 내담자가 활동을 꾸준하게 기록하도록 하고, 각 활동에 대한 완료 및 즐거움 수준을 0~10점 척도로 평정하도록 지시한다.

지속적인 사정

첫 회기에서 초기 사정을 완료한 후, 초점은 증상 개선, 패턴 변화, 사회적 관심 증가, 치료적 관계 강도를 모니터링하기 위한 지속적인 사정으로 바뀐다. 보험 회사들이 치료자에게 치료 성공에 대한 책임을 지게 하므로, 진행과정 모니터링(process monitoring)은 심리치료 및 상담에서 점차 중요해져 왔다(Meier, 2015). 더불어, 최대 50%의 사례에서 치료가 실패하는 것으로 추정된다(Persons & Mikami, 2002). 불행하게도, 많은 치료자는 치료의 성공을 과대평가하는 경향이 있다(Hatfield, McCullough, Frantz, & Kreiger, 2010).

진행과정 모니터링, 지속적인 사정, 그에 따른 결과 정보를 치료 계획 결정에 통합하는 치료적 개입은 내담자의 성공 확률을 높이는 것으로 나타났다(Meier, 2015). 아울러 패턴중심치료는 성과 평정 척도, 기분 척도, 사회적 관심 척도-간편형, 회기 평정 척도를 진행과정 모니터링 척도로 사용한다. 제니퍼 사례에서 환자 건강 질문지-9를 사용하여 제니퍼의 우울 증상을 모니터링한다. 환자 건강 질문지-9 및 사회적 관심 척도-간편형(SII-SF)은 제3장에 설명되어 있다.

기분 척도

기분 척도는 전반적인 기분에 대한 자기 평정 척도이다(Sperry, 2010). 내담자는 0점부터 10점까지의 척도로 지난주 동안의 기분을 평정한다. 여기서 '0'은 '가장 나쁜' 기분이고, '10'은 '가장 좋은' 기분이다. 기분 척도 평정은 각 회기 초반에 실행한다.

성과 평정 척도

성과 평정 척도(Miller & Duncan, 2000)는 치료 성과를 사정하는 데 사용되는 네 문항의 질문지이다. 내담자에게 지난주의 상황이 어땠는지를 나타내는 수준을 10cm 선에 눈금으로 표시하도록 한다. 네 가지 영역은 내담자가 지난주 동안 어떻게 느꼈는지, 내담자 관계의 질, 내담자의 사회적 · 직업적 생활, 내담자의 전반적 안녕감이다. 성과 평정 척도는 각 회기가 시작되기 전에 시행된다.

회기 평정 척도

회기 평정 척도(Duncan et al., 2003)는 치료적 동맹의 강도를 측정하기 위해 사용되는 네 문항의 질문지이다. 내담자는 회기 동안 얼마나 잘 이해받고 존중받았는지, 회기 내용에 대해 얼마나 만족하는지, 치료 접근법이 얼마나 '적합'했는지, 회기에 대해 전반적으로 얼마나 만족했는지를 평가한다. 내담자는 각 진술에 대해 동의하는 수준을 10cm 선에 눈금으로 표시한다. 회기 평정 척도는 각 회기가 끝날 때

쯤 시행하며 내담자가 떠나기 전에 논의한다. 회기 평정 척도점수가 38점 미만이면 더 많은 관심을 기울여야 한다.

2회기 축어록

제니퍼는 회기 시작 직전에 환자 건강 질문지-9와 성과 평정 척도를 완료했다. 이번 회기는 제니퍼의 부적응적 패턴과 관련한 문제 상황을 분석하기 위한 아들러 패턴중심치료의 순차적 질문을 도입한다. 〈표 5-1〉은 이번 회기에서 제니퍼의 사정 점수와 핵심적인 치료적 결과의 요약이다.

〈표 5-1〉 2회기 사정 점수

환자 건강 질문지-9(PHQ-9)	12(중등도 우울증)
성과 평정 척도(ORS)	전체(20): 개인적(4), 대인관계적(5), 사회적(5), 전반적(6)
회기 평정 척도(SRS)	38
기분 척도(MS)	4
(기대했던) 치료 성과	-우울 감소(1차 목표) -부적응적 패턴에서 좀 더 적응적 패턴으로 전환(2차 목표) -사회적 관심 증가 -동기와 사회적 참여 증가
중요도 척도(MI)	중요성: 7 자신감: 5

치료자: 제니퍼, 안녕하세요. 다시 만나서 반가워요.

제니퍼: 감사해요. 저도 만나서 반가워요.

치료자: 지난주 제니퍼의 기분 평정 차트를 보면서 시작하도록 해요.

제니퍼: 좋아요. 매일 작성했어요. 깜빡 잊어버린 한두 시간이 있었지만, 돌이켜 생각해 보면서 기록할 수 있었어요. 대부분 경우 다시 생각해 낼 수 있었어요.

치료자: 살펴보니, '짜증 난다' '피곤하다'를 많이 적었네요. 그것에 대해 좀 더 말해 줄 수 있나요?

제니퍼: 네, 그게 제가 이곳에 처음 온 가장 큰 이유예요. 피곤하고 의욕이 매우 부족해요. 그런데 제 스스로도 '짜증 난다'를 너무 많이 써서 놀랐어요. 너무 자주 느껴서 미처 깨닫지 못했었나 봐요.

치료자: 어떤 상황에서 짜증이 나죠?

제니퍼: 음, 대체로 제가 해야 할 일이 많다는 압박이 많을 때예요. 만약 마감 기한이 다가오는데, 사람들이 중요하지도 않은 일로 계속 문자를 보낸다면요. 뭐, 이런 비슷한 일들이죠.

치료자: 그렇다면 보통 자신이 스트레스를 받거나, 압도당하거나, 다른 사람이 제니퍼에게 요구할 때인가요?

제니퍼: 네, 맞아요.

치료자: 다음 주에는 기분 차트에 다른 구성 요소를 추가하려고 하는데, 기분을 기록하기 전에 상황이 어떤지 적어 주면 좋겠어요.

제니퍼: 좋아요. 할 수 있어요.

해설

제니퍼의 과제 차트에 있는 기분 표기는 그녀의 완벽주의 패턴과 일치한다. 제니퍼는 이번 주에 과제를 완료했지만, 기분 차트에 표시하는 것을 잊은 날이 있음을 인정하며 빈칸을 채우기 위해 다시 그 시간을 떠올리며 기록하려고 노력했다. 이러한 기쁘게 하기 행동(pleasing behavior)은 그녀의 부적응적 패턴과 일치한다. 이런 이유로 치료자는 제니퍼의 노력을 칭찬하고, 과제에서처럼 그녀에게 뭔가가 요구되고 있다고 느낄 때 패턴이 어떻게 발현되는지를 강조했다. 과제를 통한 치료자의 요구로 인해 제니퍼의 동기 부족이 촉발되었을 가능성이 있다.

치료자: 오늘 자신을 1부터 10까지 기분 척도로 평가할 수 있을까요? **(기분 척도)**

제니퍼: 저는 4점인 것 같아요.

치료자: 좋아요. 4점. 방금 작성하신 성과 평정 척도를 살펴보니, 가장 개선이 필요한 영역이 개인적인 면과 사회적인 면이네요. 좀 더 자세히 말해 줄 수 있나요? **(성과 평정 척도 검토)**

제니퍼: 네. 개인적인 면으로, 저는 여전히 우울하고 슬퍼요. (잠시 멈춤) 매우 피곤해요.

치료자: 그 말을 들으니 안타깝네요. 사회적인 건 어떤가요?

제니퍼: 학교생활과 다른 사람을 사귀는 데 어려움을 겪고 있어요. 전반적인 일들이 그렇게 좋지 않아서, 그 점수가 여전히 저의 최고 점수예요.

치료자: 사회적인 면에 가장 높은 점수를 주었지만, 전반적으로 여전히 꽤 낮은 점수예요. 그것에 대해 좀 더 말해 줄 수 있나요?

제니퍼: 그럼요. 그냥 일주일 내내 피곤했어요. 할 일이 많았지만 한 주 내내 질질 끌었기 때문에 계속 죄책감이 들었어요. 한 일이 거의 없어요. 화요일마다 대개 공부 모임에 가요. 저에게 매우 도움이 되고, 그곳 사람들을 좋아해요. 몇몇 사람과는 공부 시간 외에 어울리기

도 하죠. 하지만 화요일에 기분이 너무 좋지 않아서, 참석조차 하지 않았어요.

치료자: 이해해요. 보통은 공부 모임을 즐기는데, 참석할 기분이 아니었다니 안타깝네요. 제니퍼가 말한 증상은 오늘 환자 건강 질문지-9 점수인 12점과 일치하네요. 문제가 되었던 최근 상황을 설명할 수 있나요?

해설

제니퍼의 성과 평정 척도와 환자 건강 질문지-9의 낮은 점수는 중등도 우울증을 나타내기 때문에, 이 회기의 순차적 질문은 성과 평정 척도의 세 가지 영역(개인적, 대인관계적, 사회적) 모두에 초점을 둔다. 제니퍼가 설명할 상황은 동기 부족, 자기비판, 사회적 관심의 감소와 관련이 있다. 순차적 질문은 이러한 증상에 맞게 조정된다. 순차적 질문의 단계를 괄호 안에 표시한다.

제니퍼: 네. 공부 모임 친구 한 명이 문자를 보내서 괜찮은지 물었어요. 그건 좋았는데, 제가 너무 비생산적이라는 것이 창피했어요.

치료자: 그러니까 가지 않은 것이 창피했나요?

제니퍼: 네, 이번 주는 공부하는 데 정말 도움을 받을 수 있었을 텐데. 우리는 정말 어려운 자료들을 다루고 있거든요. 갔어야만 했었어요. 하지만 정말 일어나서 갈 수가 없었어요. 준비하고 싶지 않았거든요. 그냥 집에서 TV를 봤어요.

치료자: 네, 그랬군요. 대개의 경우에는 공부 모임을 즐기며 혜택을 받고 있었지만 이번 주는 너무 지쳤고, 참석할 의욕이 없었어요. 대신 집에 머물면서 TV를 시청했어요. 하지만 바라던 만큼 생산적이지 못한 모습에 죄책감을 느꼈네요. 제가 이해한 것이 맞나요?

제니퍼: 네, 맞아요.

치료자: 그것이 전부인가요? (1)

제니퍼: 네, 그 정도예요.

치료자: 이것이 완벽주의적이고 지나치게 성실하다고 우리가 논의한 자신의 패턴과 관련된다고 생각하나요? 그 패턴이 자신이 하려고 한 과제를 효과적으로 수행하는 것을 방해할 때도?

제니퍼: 그런 것 같아요. 저는 원하는 수준까지 공부하지 못하거나 참여하지 못하는 것에 걱정이 많아요. 그래서 '요점이 뭐야?'라고 생각한 거예요. 이해하시겠죠?

치료자: 그래요. 그러니까 이 상황에서 자신이 생각한 것 중 하나는 '어쨌든 요점이 뭐지?'였어요. (2)

제니퍼: 맞아요.

치료자: 이해해요. 그 밖에 무슨 생각을 하고 있었나요?

제니퍼: 음, 공부 모임 사람들이 제가 준비가 안 되어 있다는 것을 알게 될 것이라고 생각했어요. 그들은 평소에 제가 정말 잘한다고 알고 있는데, '제니퍼에게 무슨 문제가 있지?'라는 식으로 저를 바라보길 원하지 않았어요.

치료자: 그들이 자신을 판단할까 봐 걱정했나요?

제니퍼: 네.

치료자: 좋아요, 제니퍼의 두 번째 생각은 '그들은 내가 준비되지 않았음을 알아차리게 되고, 나를 판단할 거야.'였군요.

제니퍼: 네, 맞아요. 저는 준비가 안 된 것이 정말 싫어요.

치료자: 좋아요. 또 다른 생각이 있나요?

제니퍼: 저는 정말 망쳤다고 생각했어요. 자신에게 화가 났어요.

치료자: 그래서 생각하기를, '어쨌든 요점이 뭐지?' '그들은 내가 준비가 안

되었다는 것을 알고, 나를 판단할 거야.' '내가 정말 망쳤어.'였어요.

제니퍼: 네, 그 정도예요.

치료자: 좋아요. 그 상황에서 자신의 생각을 확인했으니, 이제 행동을 확인할 수 있을까요? 공부 모임에 갈지 말지를 결정할 때, 이 상황에서 제니퍼는 무엇을 했나요? (3)

제니퍼: 음, 제가 하지 않은 것이 더 많아요. 저는 공부 모임에 나갈 준비를 충분히 하지 않았어요.

치료자: 공부 준비를 충분히 하지 못했다고요.

제니퍼: 네, 저는 샤워하고 옷을 입는 것도 귀찮았어요.

치료자: 네, 외출할 준비도 하지 않았네요. 또 다른 게 있나요?

제니퍼: 네, 저는 대신 헐렁한 옷차림으로 TV를 봤어요.

치료자: 그랬군요. 매우 지쳐 있었기 때문에 공부 준비를 미리 하거나 나갈 준비를 하지 않았다고 했어요. 그래서 집에 머무르면서 TV를 봤다고 했고요.

제니퍼: 네, 맞아요.

치료자: 좋아요. 이 상황에서 제니퍼가 뭘 얻고 싶었는지 말해 줄 수 있나요? (4)

제니퍼: 네. 저는 갔어야 했어요. 그게 가장 최선이었을 거예요. 아마도 그러면 제 기분이 더 나아졌을 거예요.

치료자: 그러니까 자신이 원했던 것은 공부 모임에 참여하는 것이었을까요?

제니퍼: 네.

치료자: 나름 합리적으로 원했던 결과라고 생각해요. 그리고 제니퍼의 기분이 더 나아지는 데 도움이 되었을 수 있다는 것에 동의해요.

제니퍼: 네, 아마도요. 적어도 무언가를 하는 데 도움이 되었을 거예요. 좀 더 동기부여가 되었으면 좋겠어요.

치료자: 좋아요. 그러면 실제로는 무슨 일이 일어났나요? (5)

제니퍼: 말씀드렸듯이 저는 안 갔어요. 그냥 앉아서 TV만 보다가, 결국 죄책감이 들었어요. 저는 그날 옷조차도 챙겨 입지 않았어요.

치료자: 알겠어요. 그러니까 공부 모임에 가고 싶었지만, 실제로 일어난 일은 제니퍼가 준비하지 않았고, 대신 집에서 TV를 시청했어요. 그래서 죄책감이 들었네요.

제니퍼: 네, 맞아요.

치료자: 그렇다면 자신이 원하는 것을 얻었다고 할 수 있나요? (6)

제니퍼: 아니요, 물론 아니죠.

치료자: 좋아요. 제니퍼에게 일어났던 일은 자신이 무언가를 잘하고 싶은데, 오히려 그것은 그 일을 완료하는 데 방해가 되는 패턴과 관련이 있다고 저는 생각해요. 이것에 동의하나요?

제니퍼: 네, 딱 맞는 표현이에요. 바로 그런 일이 일어나요. 그런 일이 자주 일어나는 것 같아요. 어떤 일을 제대로 하고, 실수 없이 하기 위해 저 자신을 엄청나게 압박해요. 그러고 나면 너무 압박이 커서 제가 원하는 것은 불가능하다고 생각하기 시작해요.

치료자: 그러니까 모든 것을 제대로, 그리고 전혀 실수가 없게 하려는 바람이 너무 과도해서 실제로는 자신이 원하는 일을 하는 것을 방해하는 건가요?

제니퍼: 네, 실제로는 그래요.

치료자: 좋아요, 이해해요. 그럼, 이 상황을 검토해 보고, 제니퍼가 어떻게 다른 결과를 얻을 수 있었는지 확인해 볼까요? 어떤가요? (7)

제니퍼: 좋아요. 일이 그렇게 된 게 정말 마음에 들지 않아요.

치료자: 괜찮아요. 그럼, 제니퍼의 첫 번째 생각은 '어쨌든 요점이 뭐야?'였어요. 그 생각은 자신이 원하는 것, 즉 공부 모임에 가는 데 도움이 되었나요, 해가 되었나요? (8)

제니퍼: 제게 해가 되었다고 생각해요.

치료자: 그 생각이 해가 되었군요. 어떻게요?

제니퍼: 글쎄요, 그 이후로 저는 낙담했어요. 제가 뭘 잘못하고 있는지에만 초점이 맞춰졌어요.

치료자: 좋아요, 그러니까 그것은 자신이 잘못하고 있는 것에 초점을 맞추고, 자신을 낙담하게 했나요?

제니퍼: 네.

치료자: 그 경우에 어떤 생각이 더 도움이 되었을 것 같나요?

제니퍼: 음. 제가 원했던 공부 모임에 가지 않을 수 있지만, 여전히 모임에서 많은 것을 얻을 수 있다고 생각할 수 있었을 것 같아요.

치료자: 알겠어요. 공부 모임에서 어떤 이익을 여전히 얻을 수 있나요?

제니퍼: 네. 그게 공부 모임의 핵심인 것 같아요. 준비할 수 있도록 도움을 주는 거요.

치료자: 그렇다면, 실제로 자신이 원하는 만큼 준비가 되었다면 공부 모임에 가지 않아도 되지 않을까요?

제니퍼: 아니요, 그렇지 않아요.

치료자: 그러면 그런 생각이 제니퍼에게 어떻게 더 도움이 되었을 것 같나요?

제니퍼: 음. 동기가 향상되고, 공부 모임에 가는 것의 좋은 측면을 알게 되었을 것 같아요.

치료자: 자, 그러면 공부 모임이 자신에게 어떤 도움이 될 것인지에 초점을 두었을까요?

제니퍼: 네, 그렇게 생각해요.

치료자: 좋아요. 이제 두 번째 생각은 공부 모임의 사람들이 자신이 준비가 안 되었다는 것을 알고, 자신을 판단할 거라는 것이었어요. 그 생각은 자신이 공부 모임에 가는 데 도움이 되었나요, 해가 되었나요?

제니퍼: 그것이 저에게 해가 되었다고 생각해요.

치료자: 네, 그것이 자신에게 해가 되었군요. 어떻게요?

제니퍼: 그것은 제가 바르게 행한 것 대신에 잘못했다고 생각하는 모든 일에 초점을 맞추게 했어요.

치료자: 첫 번째 생각과 비슷한가요?

제니퍼: 네.

치료자: 어떤 생각이 더 도움이 되었을까요?

제니퍼: 아마도 그들도 준비되지 않았다고 생각한다면 도움이 될 것 같아요. 저는 평소에 만반의 준비를 하고 있으니, 아마 그들보다 더 많이 준비되었을 거예요.

치료자: 스스로 자신을 충분히 신뢰하지 않았던 것 같아요.

제니퍼: 네, 저 자신을 더 믿으면 도움이 될 거예요. 또한 그들과 저를 비교할 필요가 없을 것 같아요.

치료자: 자신을 그들과 비교하지 않는 것. 대개의 경우 자신이 준비되어 있다는 것을 깨닫기. 이런 생각이 공부 모임에 참여하는 데 어떻게 도움이 되었을까요?

제니퍼: 저를 덜 압도당하게 했을 것 같아요. 아마도 제가 할 수 있고, 잘하고 있다는 것에 좀 더 안심했을 것 같아요.

치료자: 맞는 말이에요. 그랬다면 좀 더 안심되었을 것 같아요. 그리고 아마도 그게 더 정확할 거예요.

제니퍼: 네, 아마도 더 정확할 거예요. 저는 자주 제 자신을 충분히 신뢰하지 않아요.

치료자: 자, 제니퍼의 세 번째 생각은 '내가 정말 망쳤어.'였어요. 그 생각은 공부 모임에 가는 데 도움이 되었나요, 해가 되었나요?

제니퍼: 그것은 도움이 안 되었어요.

치료자: 그것이 도움이 안 되었군요. 어떻게요?

제니퍼: 자책하기 시작했어요. 제가 그럴 때는 동기부여와 집중하기가 어려워요.

치료자: 좋아요. 그러니까 자신의 기준에 맞지 않는다고 스스로 자책할 때, 동기부여와 집중하기가 어렵다는 거네요.

제니퍼: 네, 맞아요. 적절한 표현이에요. 저는 종종 그런 일이 일어나고 있다는 것을 깨닫지 못해요.

치료자: 맞아요. 타당한 말이에요. 이렇게 상황을 검토하는 것이 도움이 되는 이유는 우리가 패턴을 만들고 같은 방식으로 생활하는 것에 익숙해졌을 때 이런 것을 항상 깨닫기는 어렵기 때문이에요.

제니퍼: 일리 있는 말씀이에요.

치료자: 그렇다면 좀 더 도움이 되는 생각은 무엇일까요?

제니퍼: 음, 다시 말하자면, 제가 잘못하고 있다고 생각하는 것에 초점을 두지 않는다면요. 아마도 만약 제가 '나는 꽤 잘하고 있고, 공부 모임에 가게 되면 내가 훨씬 더 준비되어 있다는 것을 느낄 수 있을 거야.'라고 생각했다면요.

치료자: 자신이 잘하고 있는 것과, 공부 모임은 내가 더 나아지는 데 도움이

될 거라는 것에 초점을 맞추는 거요?

제니퍼: 네.

치료자: 그 생각은 어떻게 더 도움이 되었을까요?

제니퍼: 그것은 제가 머릿속 생각에서 벗어나 제가 원하는 것에 집중할 수 있도록 도울 수 있었어요.

치료자: 저도 그것에 동의해요. 자, 그럼 이제 행동을 살펴볼게요. 제니퍼의 첫 번째 행동은 공부를 준비하지 않은 것이었어요. 그 행동이 자신이 원하는 것, 즉 공부 모임에 가는 데 도움이 되었나요, 아니면 해가 되었나요? (9)

제니퍼: 해가 되었어요.

치료자: 어떻게요?

제니퍼: 음, 그런 후에 저는 뒤처지기 시작했고, 훨씬 더 나태하다고 느꼈어요.

치료자: 그게 자신을 더 나태하게 느끼게 만들었다는 거죠?

제니퍼: 네.

치료자: 더 도움이 될 만한 행동은 무엇이었을까요?

제니퍼: 그냥 그 자리에서 공부를 바로 시작할 수도 있었을 거예요. 또는 미리미리 준비를 했었을 수도 있었고요.

치료자: 어쨌든 무언가를 하고 있었겠네요?

제니퍼: 네.

치료자: 그것은 어떻게 더 도움이 되었을까요?

제니퍼: 그건 아마 제가 좀 더 준비된 느낌을 갖도록 하는 데 도움이 되었을 거예요. '모 아니면 도' 식의 양자택일하는 대신에요.

치료자: 좀 더 준비됐다고 느꼈으면 갈 수 있었을까요?

제니퍼: 네, 가고 싶은 마음이 더 컸을 거예요.

치료자: 네, 다시 그 패턴처럼 들리네요.

제니퍼: 맞아요, 제가 원하는 방식이 아니면 때로는 아무것도 하지 않으려고 해요. 그냥 저의 최선을 다하는 게 더 좋았을 것 같아요.

치료자: 때때로 높은 기준에 맞춰 무언가를 하고자 하는 바람이 자신에게 너무 많은 부담을 주어서, 오히려 그 일을 하는 데 방해가 된다는 것을 알게 된 것 같군요.

제니퍼: 네, 그런 것 같아요. 이제 잘 알겠어요.

치료자: 좋아요. 그리고 제니퍼의 두 번째 행동은 옷을 입지 않고, 갈 준비를 하지 않은 것이었어요. 그것이 공부 모임을 가는 데 도움이 되었나요, 해가 되었나요?

제니퍼: 그것은 해가 되었어요. 저는 그냥 좀 더 피곤했어요.

치료자: 그게 자신을 더 피곤하게 만들었죠. 그렇다면 어쩌면 이 패턴이 자신의 기분과 동기 부족에도 영향을 미치는 것일 수도 있겠네요?

제니퍼: (잠시 멈춤) 그럴 수도요. 제가 하는 행동이 피곤하다고 느끼는 데 영향을 준다는 말씀은 정말 일리가 있어요. 심지어 실패한 것도요.

치료자: 네, 저도 같은 생각이에요. 그 상황에서 자신에게 무엇이 더 도움이 되었을 것 같나요?

제니퍼: 그냥 준비하는 거죠. 멋진 옷을 고르는 거예요.

치료자: 네, 좋은 생각이에요. 그렇다면 준비하고 멋진 옷을 고르는 것이 공부 모임에 가는 데 어떻게 도움이 되었을까요?

제니퍼: 그것은 더 잘 준비하고 외출하는 것에 도움이 되었을 것 같아요.

치료자: 좋아요, 외출하는 데 도움이 되었을 것 같군요.

제니퍼: 맞아요.

치료자: 그럼, 제니퍼의 세 번째 행동은 집에서 TV를 보는 거였어요. 그 행동이 도움이 되었나요, 해가 되었나요?

제니퍼: 그것도 해가 되었어요.

치료자: 어떻게 해가 되었나요?

제니퍼: 글쎄요, 저는 그 시간에 공부 모임에 가지 않았으니, TV를 보면서 쉬어야겠다고 생각했어요. 하지만 그 후에 정말 더 피곤했어요.

치료자: 더 피곤하셨다고요?

제니퍼: 네.

치료자: 더 도움이 될 만한 행동은 무엇이라고 생각하나요?

제니퍼: 그냥 뭔가를 하는 거예요. 산책이나 뭐 그런 거겠죠.

치료자: 좋아요. 외출하는 대신에 뭔가 활동을 하는 거네요?

제니퍼: 네.

치료자: 저도 동의해요. 이건 매우 좋은 대안이네요. 자신이 실천할 수 있는 현실적인 대안이라고 생각하나요?

제니퍼: 네, 그렇게 생각해요. (잠시 멈춤) 그게 도움이 될 수도 있었을 거라는 생각이 지금 들어요.

치료자: 좋아요. 그리고 제니퍼가 설명한 것처럼, '모 아니면 도' 같은 행동보다 작은 행동이 어떻게 긍정적인 영향을 미칠 수 있는지 깨달은 것 같아요.

제니퍼: 네, 제가 좀 활동적이라면 말이에요. 완벽할 필요는 없어요. 그런 것들을 좀 해 보면 더 도움이 될 것 같아요.

치료자: 좋아요, 저는 우리가 이 상황을 다루고 좋은 대안을 생각해 낼 수 있어서 기쁘군요.

제니퍼: 저도요.

해설

제니퍼는 순차적 질문에 매우 반응적이었다. 호의적이며 흐름을 잘 따르는 태도는 그녀의 성실하기와 기쁘게 하기 패턴과 일치한다. 그녀는 자신의 완벽주의 패턴이 행동뿐만 아니라 기분에도 어떻게 영향을 미치는지에 대한 통찰을 얻을 수 있었다. 제니퍼는 자신의 완벽주의적인 기준과 관련하여 부정적인 자기 대화(self-talk)를 할 때, 동기와 집중력이 감소한다는 것을 이해하기 시작했다. 치료자는 순차적 질문이 제니퍼가 패턴을 더 잘 인식하고 통제하는 데 어떻게 돕는지를 강조한다. 이것은 개입에 대한 신뢰를 형성할 뿐만 아니라 제니퍼가 갈망하는 통제력을 제공하고, 그녀가 더 생산적이고 적응적인 방식으로 이 통제를 행사할 수 있다는 것을 가르쳐 주기 때문에 중요하다.

순차적 질문을 진행하는 동안 제니퍼가 말했던 행동은 모두 수동적이었고, 상황으로부터 물러서는 것과 관련 있었다. 이는 중등도 우울증, 특히 동기 부족과 사회적 고립의 증상과 일치한다. 또한 제니퍼의 행동은 소속감 결여와 낮은 사회적 관심 수준을 반영한다. 그녀가 만들어 낸 대체 행동을 사용할 수 있다면, 향후 성과 평정 척도와 사회적 관심 척도-간편형 점수에 이 변화가 반영될 것이다. 또한 제니퍼는 스스로 강요한 압박감이 어떻게 자신에게 영향을 미치고 강박적 패턴에 반영되는지에 대한 통찰을 얻었다. 그녀가 그 패턴에 반대되는 방향으로 옮겨 갈 뿐만 아니라 자신과 반대되는 방향으로 옮겨 가면서 9단계가 끝나 갈 무렵, 제니퍼는 자신이 왜 더 적극적이어야 하는지, 왜 완벽을 위해 애쓰지 않아도 되는지에 대한 이유를 제시하기 시작했다. 그녀의 반응은 이 회기 동안 증상의 감소를 나타내고, 동기는 증가하며, 보다 적응적 패턴으로 전환하기 시작한 것을 보여 준다.

치료자: 자, 이제까지 우리는 실수하지 않는 데 초점을 맞추었기 때문에 작업을 효과적으로 완료하지 못하는 패턴에 관해 이야기했어요. 0부터 10까지의 척도에서 '0'은 '전혀 아님'이고, '10'이 '가장 중요함'이라면, 제니퍼에게는 이 패턴을 변경하는 것이 어느 정도로 중요한

가요? (10)

제니퍼: 저는 7점이라고 말하고 싶어요.

치료자: 좋아요, 그럼 꽤 중요한 일인가요?

제니퍼: 네, 특히 제가 하고 싶은 일에 방해가 되는 걸 보니 더욱 그렇죠.

치료자: 좋아요. 동일한 0부터 10까지 척도에서, 제니퍼는 이 패턴을 변경할 수 있다는 것에 대해 얼마나 자신 있나요?

제니퍼: 음, 아마 5점 정도요. 매우 힘들 수 있고, 변화를 만들 자신이 없어요.

치료자: 그럴 만도 해요. 한동안 어떤 일을 하다가 변화하기란 어려울 수 있어요. 하지만 그것은 분명 가능해요. '5'점은 중간까지 이미 왔다는 것이고, 그 정도도 좋아요. 만약 '6'점이나 '7'점으로 옮기려면 뭐가 필요할 것 같아요?

제니퍼: 제가 잘하고 있다고 자신에게 다시 확신시키는 거요. 만약 다시 그런 일이 생긴다면, 우리가 얘기했던 긍정적인 것들에 집중하면서요.

치료자: 좋아요, 그럼 오늘 회기에서 살펴본 생각과 행동들을 실행하는 건가요?

제니퍼: 네, 그게 도움이 될 것 같아요.

해설

제니퍼는 동기를 부여받았지만 패턴을 변경하기는 주저한다고 말했다. 그녀는 자신이 그것을 할 수 있을 거라고 자신하지 않았다. 치료자는 판단하지 않고, 제니퍼가 자신감을 높일 수 있는 전략을 찾도록 도움을 주었다. 여기에서 치료자가 좀 더 강하게 접근했다면, 제니퍼의 부적응적 패턴이 촉발했을 수도 있다. 제니퍼의 중요도 평정은 1회기에 '10'이었는데, 2회기는 '7'이었다. 이것은 아마도 제니퍼의 다른 사람 '기쁘게 하기' 패턴을 반영하는 것이다. 그녀가 이번 회기에서 1회기보다 더 낮은 점수를 보고하는 것은 치료적 동맹의 증가를 나타낸다. 즉, 지나치게 높게 평정함으로써 치료자를 기쁘게 하지 않아도 된다는 위험을 그녀가 충분히 감수할 만큼 수용받는다고 느끼고 있다는 것이다.

치료자: 그 말을 들으니 기쁘네요. 그럼, 오늘 끝마치기 전에 이러한 대안들을 실천하기 위해 에너지와 동기를 얻을 방법에 관해 잠시 알아볼게요.

제니퍼: 네, 좋아요. 저는 더 많은 에너지를 갖고 싶어요.

치료자: 좋아요. 제니퍼가 말한 증상들(기분 저하, 활동의 즐거움 상실)을 사람들이 경험할 때, 대체로 사람들은 한때 즐겼던 것을 그만둬요. 이는 비활동성의 순환으로 이어질 수 있어요. 하는 일이 점점 적어질수록 일하기 위해 모을 수 있는 에너지와 동기 역시 점차 줄어들게 되죠.

제니퍼: 네, 일리 있는 말씀이에요. 알겠어요.

치료자: 좋아요, 어떤 활동이라도 하는 것에 대해 방금 제니퍼가 말했던 것처럼 말이에요. 그래서 제니퍼가 시도하길 바라는 기법은 행동 활성화, 또는 '마치 ~처럼' 행동하기예요. 그것이 의미하는 것은 의도적으로 더 적극적이거나 활동적으로 됨으로써, 더 많은 에너지를 느끼고 덜 우울해지기 시작할 것이라는 점입니다. 긍정적인 행동으로 활발해지면, 생리 현상이 활성화되고, 더 나아지기 시작할 거예요. 그것을 다르게 표현하면 '마치 ~처럼' 행동하기예요. 제니퍼가 활기차게 움직이기 시작하면 더욱 활기차고 기분이 좋아지게 될 거예요. 이해했나요?

제니퍼: 네. 그래요. 하지만 정말 그렇게 간단할까요?

치료자: 놀랍게도 그래요. 제대로 실천한다면요. (잠시 멈춤) 몇 가지 행동을

시작하기 위한 계획을 세우도록 도와 드릴게요. 처음부터 너무 강한 것을 하고 싶지는 않을 거예요. 예를 들어, 3마일을 달리려고 계획했는데, 아예 실행하지 않는 것보다 그냥 동네 주위를 걷는 것이 훨씬 낫죠. 작은 활동이더라도 큰 효과를 낼 수 있어요.

제니퍼: 네, 운동과 관련하여 그런 이야기를 들어본 적이 있어요. 한꺼번에 너무 많은 일을 제게 맡기면 안 돼요.

치료자: 맞아요. 그래서 이번 주에 끝낼 수 있는 두 가지 활동을 계획하는 것부터 시작하려고 해요. 자신이 15분에서 20분 안에 할 수 있는 것을 목표로 합시다. 자신이 주로 즐겨 하는 일은 무엇인가요?

제니퍼: 음, 저는 요가하는 것을 좋아해요. 그리고 플루트를 연주해요. 그러면 대개는 기분이 좋아져요. 하지만 그동안 완전히 소홀히 했네요. 저는 수영하러 가는 것도 좋아해요. 그리고 매달 친구들과 함께 저녁 식사를 해요.

치료자: 좋은 생각이에요. 플루트 연주는 마음을 진정시키는 것처럼 들리네요.

제니퍼: 네, 그래요.

치료자: 삶에 즐거운 활동이 있다니 기쁘네요. 사람들이 흔히 즐기는 이 활동 목록을 보세요. 이 목록은 사람들이 더 많은 아이디어를 얻는 데 도움이 되죠. 그 목록에서 눈에 띄는 것은 무엇인가요?

제니퍼: 이 목록을 보니 몇 가지 생각이 나네요. 목욕하기, 공원 산책하기, 수집하기가 좋네요. 저는 다양한 지역의 보석과 광물을 수집해요. 라벨을 붙이고 정리하고 싶었던 것이 많아요.

치료자: 와, 흥미롭네요. 보석과 광물 전시회에 가 본 적이 있나요?

제니퍼: 네, 작년에 한 번 갔었어요. 거기에서 새로운 것들을 샀었어요. 1년

동안이나 미루고 있었네요. 제가 좋아하는 건데 왜 그랬는지 모르겠어요.

치료자: 좋아요! 그 일이 자신이 시작하고 싶은 일이라고 생각하나요?

제니퍼: 네, 이번 주에 20분 정도 할 수 있어요.

치료자: 일주일 중에서 무슨 요일에 할 건가요?

제니퍼: 아마도 목요일이요. 그때 시간 여유가 있어요.

치료자: 네, 좋아요. 만약 어떤 이유로 그 활동을 하지 못한다면 대체 활동으로는 무엇이 있을까요?

제니퍼: 음, 제가 재미로 읽고 싶었던 책이 있어요. 15분 또는 20분 정도 읽을 수 있어요.

치료자: 아주 좋아요. 그럼 두 번째 활동은 어때요?

제니퍼: 음, 아마도 목욕하기요. 한 달 전에 누군가 제 생일 선물로 목욕 용품을 주었는데, 아직 사용하지 않았어요.

치료자: 네, 좋아요. 15분에서 20분 정도 걸릴 것 같네요.

제니퍼: 네.

치료자: 무슨 요일에 할 예정인가요?

제니퍼: 금요일이 좋을 것 같아요.

치료자: 잘됐어요. 그 활동을 대체할 활동도 있나요?

제니퍼: 이 활동도 역시 책 읽기가 좋은 대체 활동이라고 생각해요.

치료자: 좋아요. 그러니까 제니퍼는 목요일에 20분 정도 보석과 광물 수집을 분류하고, 금요일에는 새 제품으로 목욕을 할 거예요. 좋은 출발인 것 같아요. 즐거운 활동 목록을 갖고 있으니, 필요하면 그것을 참고할 수 있겠네요.

제니퍼: 좋아요.

치료자: 제가 이 기록지도 드릴게요. 진행과정을 따라가 보세요. 날짜와 예정된 활동들을 적어 주세요. 그런 다음에 0부터 10까지 척도로 활동마다 두 가지 평정을 하세요. 첫 번째는 '전혀' '어느 정도' '완전히'처럼 활동을 어느 정도 완료했는지 표시해 주세요. 두 번째는, 0은 '전혀', 10은 '가장 즐거운'처럼 0부터 10까지 척도로 얼마나 즐거움을 얻었는지 평정해 주세요. 어때요?

제니퍼: 좋아요. 간단하네요.

치료자: 네. 그 말을 들으니 기쁘네요. 제니퍼가 이 활동으로 안도감을 얻길 바랄게요.

제니퍼: 저도 그랬으면 좋겠어요.

치료자: 좋아요, 이제 회기 평정 척도 양식을 작성해 주면, 우리 만남에서 원하는 것을 얻었는지 알 수 있어요. **(회기 평정 척도 검토)**

제니퍼: 알겠어요.

치료자: 네, 오늘 상담에 만족하셨네요. 제니퍼가 이야기하고 싶은 것을 다루었어요.

제니퍼: 네, 잘 되어 가는 것 같아요. 오늘 들어왔을 때보다 더 좋아진 것 같아요.

치료자: 그 말을 들으니 기뻐요. 다음에 만날 때, 진전 상황에 대해 이야기 나눌 수 있기를 바랄게요.

해설

제니퍼는 행동 활성화 개입을 사용하는 데 적극적으로 동의했다. 개입을 이해하고 활동 계획을 세우는 데 있어 그녀의 적극적인 역할은 회기 동안 증상이 개선되었다는 것을 나타낸다. 이는 권위 있는 사람을 기쁘게 하기 원하는 그녀의 욕구와도 일치한다. 제니퍼의 회기 평정 척도 점수는 패턴을 반영하고, 회기 시작

때보다 기분이 더 나아졌다는 것을 보여 주기 때문에 회기 동안 개선되었다는 것을 확인시켜 준다.

끝맺는 말

이 회기에서는 내담자가 부적응적 패턴에서 더 적응적 패턴으로 전환하도록 하는 대체(replacement)를 이용하기 위하여 순차적 질문이 도입되었다. 행동 활성화, 즉 '마치 ~처럼' 행동하기 변형 기법도 소개되었다. 이 회기에서 시작하여 다음 회기에서도, 이는 우울, 흥미와 즐거움 상실이라는 제니퍼의 호소 문제를 다루는 핵심 개입이 된다. 치료자는 기분 척도와 성과 평정 척도를 사용하여 내담자를 계속 사정한다. 회기 평정 척도는 치료적 관계의 질을 모니터링하는 데 사용된다.

참고문헌

Carich, M. (1997). Variations of the "as if" technique. In J. Carlson. & S. Slavik (Eds.), *Techniques in Adlerian psychology* (pp. 153-160). Washington DC: Accelerated Development.

Carlson, J., Watts, R. E., & Maniacci, M. (2006). *Adlerian therapy: Theory and process*. Washington DC: American Psychological Association.

Duncan, B., Miller, S., Parks, L., Claud, D., Reynolds, L., Brown, J., & Johnson, L. (2003). The Session Rating Scale. Preliminary properties of a "working" alliance measure. *Journal of Affective Disorders, 49*, 59-72.

Hatfield, D. R., McCullough, L., Frantz, S. H., & Krieger, K. (2010). Do we know when our clients get worse? An investigation of therapists' ability to detect negative client change. *Clinical Psychology & Psychotherapy, 17*(1), 25-32.

McCullough, J. (2000). *Treatment for chronic depression: Cognitive behavioral analysis system of psychotherapy*. New York, NY: Guilford.

McCullough, J., Schramm, E., & Penberthy, K. (2014). *CBASP as a distinctive treatment for persistent depressive disorder: Distinctive features*. New York, NY: Routledge.

Meier, S. T. (2015). *Incorporating progress monitoring and outcome assessment into counseling and psychotherapy—A primer*. New York, NY: Oxford University Press.

Miller, S., & Duncan, B. (2002). *The Outcome Rating Scale*. Chicago, IL: Author.

Persons, J. B., & Mikami, A. Y. (2002). Strategies for handling treatment failure successfully. *Psychotherapy: Theory/Research/Practice/Training, 39*(2), 139-151.

Sperry, L. (2005). A therapeutic interviewing strategy for effective counseling practice: Applications to health issues in individual and couples therapy. *The Family Journal: Counseling and Therapy for Couples and Families, 13*(4), 477-481.

Sperry, L. (2010). Highly effective therapy: Developing essential clinical competencies in counseling and psychotherapy. New York, NY:

Routledge.

Sperry, L. (2018). Achieving evidence—based status for Adlerian therapy: Why it is needed and how to accomplish it. *Journal of Individual Psychology, 74*(3), 247-264.

제 6 장

3회기

학습 내용

1. 아들러식 ABC 모델을 치료과정에 통합하는 방법
2. 패턴 대체를 촉진하기 위해 회기에 계속 집중하는 방법
3. 내담자 변화와 과제 완료를 계속 모니터링하는 방법
4. 아들러 패턴중심치료의 실제: 제니퍼의 3회기 사례

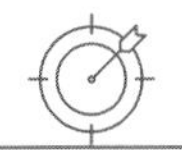

아들러 패턴중심치료에서 3회기는 증상 감소, 치료적 동맹 강화, 패턴 대체를 계속하여 강조한다. 내담자와 함께 사정 척도 점수와 과제를 살펴본 후, 치료자는 내담자의 부적응적 패턴에 초점을 맞추면서 치료적인 순차적 질문을 적용한다. 사례에서 제니퍼에게 아들러식 ABC 모델을 소개하고, 그녀의 생각이 기분과 어떻게 관련되는지 깊이 이해할 수 있게 한다. 마지막으로, 치료자와 내담자는 '마치 ~처럼' 행동하기의 변형인 행동 활성화를 계속하고, 기분 일지 과제를 하는 것에 합의했다. 이 장은 ABC 모델에 대한 설명으로 시작하며 회기 축어록이 이어진다.

아들러식 ABC 모델

ABC 모델은 ABC 용어로 개인에게 자기 행동을 분석하도록 가르치는 모델이다. 다시 말하면, A는 선행 사건 또는 활성화한 사건이며, B는 활성화한 사건에 대한 결과적인 신념이고, C는 행동의 결과 또는 신념의 정서적 결과이다. 앨버트 엘리스(Albert Ellis)(Ellis & Harper, 1975)가 처음 제안했는데, 엘리스는 이 모델의 바탕이 되는 아이디어에 대한 공로를 공식적으로 알프레드 아들러에게 돌렸다.

> 합리적 정서 심리학(Rational emotive psychology)은 A–B–C 성격 이론을 고수한다. ……〈중략〉…… 아들러(1931)는 인간의 장해(human disturbance)에 대한 A–B–C 또는 S–O–R 이론을 매우 깔끔하게 표현했다. "어떤 경험도 성공과 실패의 원인이 되지 않는다. ……〈중략〉…… 우리는 경험에 부여하는 의미에 따라 스스로 결정한다. 그리고 아마도 우리가 특정한 경험을 우리의 미래 삶의 기초로 삼을 때 항상 수반되는 실수가 있게 된다. 의미는 상황에 의해 결정되는 것이 아니라, 우리가 상황에 부여하는 의미에 따라 우리 자신을 결정한다." 개인심리학에 관한 그의 저서에서 아들러의 좌우명은 "모든 것은 견해(opinion)에 달려 있다(omni ex opionione suspense sunt.)."였다. 나는 합리적 정서 치료(RET)(현재 REBT)의 본질적인 원리를 이보다 더 간결하고 정확하게 말하기는 어려울 것이다(Ellis, 1973, pp. 167–168).

많은 아들러 치료자는 이 모델이 "아들러식 개념과 잘 조화되며"(McKay & Christianson, 1997, p. 414), 그들의 작업에 유용하다는 것을 안다. 이 책에서 우리는 이것을 아들러식 ABC 모델이라고 부르며, 여기서 'B'는 신념과 행동을 나타낸다.

3회기 축어록

제니퍼는 회기 시작 직전에 환자 건강 질문지-9와 성과 평정 척도를 완료했다. 이번 회기에서 과제를 검토하고, 제니퍼가 좀 더 적응적 패턴으로 옮기도록 순차적 질문을 사용한다. 그런 후에 추가적인 과제를 내준다. 〈표 6-1〉은 이번 3회기에서 제니퍼의 사정 점수와 핵심적인 치료적 성과를 개관한 것이다.

〈표 6-1〉 3회기 사정 점수

환자 건강 질문지-9(PHQ-9)	10(경도 우울증)
성과 평정 척도(ORS)	전체(21): 개인적(5), 대인관계적(6), 사회적(5), 전반적(5)
회기 평정 척도(SRS)	38
기분 척도(MS)	6
(기대된) 치료 성과	– 우울 감소(1차 목표) – 부적응적 패턴에서 좀 더 적응적 패턴으로 전환(2차 목표) – 사회적 관심 증가 – 동기부여와 사회적 참여 증가
중요도 척도(MI)	중요성: 8 자신감: 6

치료자: 제니퍼, 안녕하세요. 다시 만나서 반가워요.

제니퍼: 감사해요. 저도 만나서 반가워요.

치료자: 기분 평정 차트를 보면서 시작하도록 해요. **(기분 차트 검토)**

제니퍼: 지난주와 비슷한데, 이번 주는 말씀하신 대로 하루 중 여러 시간대에서 어떤 상황이었는지를 기록했어요. 저는 여전히 짜증 나고, 귀찮았고, 많이 피곤했어요. 대체로 과제 생각을 하거나, 누가 저를 괴롭히거나 스트레스를 줄 때 그랬어요.

치료자: 기분 차트는 무엇이 자신의 정서 중 일부를 촉발하는지 확인하는 데 도움이 되는군요. 이런 부정적인 감정을 촉발하는 것은 종종 학교 또는 다른 사람의 압력 때문이네요. 맞나요?

제니퍼: 네, 그런 것 같아요.

치료자: 지난주에 짜증이 난다고 느꼈거나 귀찮았던 순간을 예로 들어 줄 수 있나요?

제니퍼: 그럼요. 월요일 아침에 일어났을 때 기분은 괜찮았어요. 하지만 핸드폰과 이메일을 확인하는데, 과제에 대해 서로 질문하는 수많은 문자와 이메일을 친구들로부터 받았어요. 일일이 다 대응할 수 없었어요. 미칠 것 같았어요. 과제를 해결할 준비가 되어 있지 않았어요. 저에게는 아직 끝내야 할 다른 일들이 있었고, 한 번에 이 모든 질문과 정보에 압도당하고 싶지 않았기 때문이에요. 그때 제가 기분 차트에 느낌표를 넣어서 '짜증 나!'라고 적었어요.

치료자: 과제에 대한 엄청난 문자와 이메일에 압도당했고, 짜증이 났네요.

제니퍼: 네.

치료자: 제니퍼에게 ABC 모델에 대해 설명하고 싶어요. 이 모델에서 A는 활성화 사건을 나타내요. 그것은 우리 주변에서 일어나는 일이에

요. B는 그 사건에 대한 우리의 신념이나 생각을 말해요. 그리고 C는 결과인데, 정서적 · 행동적 결과를 나타내요. 이 모델은 사건 자체보다는 사건에 대해 우리가 가지고 있는 신념이 우리의 정서를 어떻게 일으키는지를 이해하는 데 도움이 돼요. 이해할 수 있나요? (ABC 모델)

제니퍼: 네. (잠시 멈춤) 제 감정이 어디에서 나오는지 이해하기 위해 빠르게 기록하기와 같네요.

치료자: 많은 사람이 도움이 된다고 해요. 바라건대 제니퍼에게도 그럴 거예요. (저도 그랬으면 좋을 것 같아요.) 친구들로부터 엄청난 문자와 이메일을 받았을 때, 무슨 생각을 했나요?

제니퍼: '왜 나를 괴롭히지?'와 '이것은 지금 내게 필요한 것이 아니야.'라고 생각했어요.

치료자: 그렇다면 이 상황에서 A, 즉 활성화 사건은 과제에 대한 문자와 이메일이 될 거예요. B, 즉 신념과 생각은 '왜 나를 괴롭히지?'와 '이것은 지금 내게 필요한 것이 아니야.'일 거예요. C, 즉 정서적 결과는 제니퍼가 짜증을 느끼는 거예요.

제니퍼: 알겠어요. 일리 있는 말씀이에요. 만약 친구들이 저를 괴롭히고 있고, 제가 지금 이것이 필요하지 않다고 스스로 말한다면, 마치 불난 집에 부채질하는 것과 같아요. 상황이 저를 짜증나게끔 제가 놔두고 있네요.

치료자: 맞아요. 무엇이 더 도움이 되는 대안이라고 생각하나요?

제니퍼: 아마도 제가 받은 정보가 실제로 과제를 할 때 유용할 것이라고 생각한다면요. 제가 할 준비가 되어 있을 때예요.

치료자: 좋아요. 이제 생각과 기분이 어떻게 연결되어 있는지 충분하게 배

웠으니, 우리가 상황을 살펴볼 때 다른 대안들을 생각해 내는 것을 더 잘할 수 있을 거예요.

제니퍼: 맞아요. 지난번에는 그런 생각을 하지 못했어요.

해설

제니퍼의 지난 주 기분 차트를 검토한 후, ABC 모델을 도입하는 것이 도움이 되었다. 제니퍼는 자신의 부적응적 패턴을 반영하는 몇 가지 생각과 감정을 밝혔고, ABC 모델을 통해 생각과 기분이 어떻게 관련되어 있는지에 대한 통찰을 얻을 수 있었다. 이러한 상호작용에는 생각과 그 생각의 타당성에 대한 분석이 포함되지만, 핵심 대체 전략도 이용되었다. 또한 이 기법은 제니퍼가 스스로 대안적인 생각을 실행할 수 있는 도구가 되었다.

치료자: 오늘 성과 평정 척도를 보니 개인적인 면은 좋아졌어요. 하지만 사회적인 면은 여전히 그대로네요. **(성과 평정 척도 검토)**

제니퍼: 네. 기분이 좀 나아지긴 했지만 여전히 공부하는 데, 그리고 할 필요가 있는 모든 일에 참여하는 데 어려움을 겪고 있어요.

치료자: 이해해요. 우리는 오늘 회기에서 그것을 계속 이야기할 거예요. 기분 척도로 지난 주 기분은 몇 점인가요? **(기분 척도)**

제니퍼: 지난주 동안 6점이었던 것 같아요.

치료자: 좋아요. 지난주 활동 기록을 볼게요.

제니퍼: 네.

치료자: 좋아요. 그럼 계획된 활동은 목욕하기와 보석 및 광물 수집품을 분류하는 거였어요. 첫 번째 활동부터 살펴볼게요. 활동의 완성도는 10점이네요. 대단해요!

제니퍼: 네, 해냈어요.

치료자: 그 활동의 즐거움을 몇 점으로 평정했나요?

제니퍼: 7점이었어요. 좋았고 매우 편했어요.

치료자: 7점은 아주 좋아요. 이 활동에서 어떤 점이 좋았는지 말해 줄 수 있나요?

제니퍼: 음, 저는 친구에게 받은 새 화장품이 정말 마음에 들었어요. 친구는 미용 제품에 푹 빠져서, 어떤 제품을 골라야 할지 알고 있거든요. 향이 정말 좋았어요. 그리고 뜨거운 물로 근육을 풀어 주었어요. 허리가 아팠었거든요.

치료자: 모든 일이 멋지네요. 그 활동에서 좋지 않았던 점은 무었이었나요?

제니퍼: 음. 아마도 욕조 안에 있을 때, 청소가 되지 않아 더러운 욕실 얼룩들을 볼 수 있었어요. 그게 제게는 스트레스였어요.

치료자: 욕조 안에서 보니 새로운 관점이 생겼다는 의미인가요?

제니퍼: 네. 그동안 청소하지 않았던 타일 위의 모든 얼룩을 볼 수 있었어요.

치료자: 그랬군요. 그밖에 다른 건 없나요?

제니퍼: 없어요.

치료자: 좋아요. 그렇다면 두 번째 활동은 보석과 광물을 분류하는 거였어요. 그 활동을 어느 정도 완료했나요?

제니퍼: 6점 정도밖에 못 했어요.

치료자: 아직 꽤 괜찮아요. 즐거움은 몇 점일까요?

제니퍼: 5점이에요. 맘에 드는 점도 있었지만, 좀 스트레스였어요.

치료자: 좋아요, 그 활동에서 어떤 점이 좋았는지 말해 줄래요?

제니퍼: 네. 저는 사실 지난 광물 박람회에서 수집한 표본을 보는 것이 정말 좋았어요. 그중에 몇 가지는 매우 독특해요. 다른 광물이 박혀 있는 몇 가지 광물을 가지고 있어요. 정말 신기해요.

치료자: 멋지네요. 아주 좋아요. 그 활동에서 또 어떤 점이 즐거웠나요?

제니퍼: 음, 무척 평화로웠어요. 그것을 분류하고 탐색하는 것은 마치 명상 같았어요.

치료자: 좋아요. 그 활동이 얼마나 편안하게 했는지 알겠어요. 자, 그 활동에서 좋지 않은 점은 무엇이었나요?

제니퍼: 글쎄요, 제가 하고 싶은 일을 끝내지 못해서 화가 났을 뿐이에요. 제가 알지 못하는 표본을 하나 발견했고, 모든 책을 찾아보고 인터넷으로 검색하기 시작했어요. 실제로 1시간이나 걸렸어요. 여전히 그것이 확실하지 않은데, 시간을 모두 써 버렸지만 단지 세 조각에만 라벨을 붙였을 뿐이었어요.

치료자: 그랬군요. 그것에 대해 어떤 감정을 느꼈나요?

제니퍼: 제가 이 활동을 정말 기대하며 시작했는데, 일을 끝마쳤을 때 제 앞에 여전히 큰 더미가 남아 있어서 정말 실망했어요. 거의 아무 일도 안 했는데 많은 시간이 지나가 버렸어요. 정말 좌절감을 느꼈어요.

치료자: 네, 제니퍼가 얼마나 좌절하고 화가 났는지 알 것 같아요.

제니퍼: 네, 화가 났어요.

치료자: 전에도 이런 일이 있었나요?

제니퍼: 네, 그래요. 제 말은 그게 항상 문제는 아니지만, 가끔 제가 큰 그림을 놓치고 아주 사소한 부분을 수정하느라 정신이 팔려 있는 것 같아요. 그게 제가 할 수 있는 전부예요. 저는 잘되지 않은 일이 있으면 실제로 다른 일을 미룰 수도 있어요. 과제를 할 때처럼. 그와 비슷한 일들.

치료자: 그렇다면 가끔 할 일이 있을 때, 사소한 일에 너무 몰두해서 남은 일을 끝낼 수 없는 자신을 발견하기도 하나요?

제니퍼: 네. 아니면 일을 마무리하더라도 제가 미처 하지 못한 한 가지 일을 계속 생각할 거예요.

치료자: 이해해요. 제니퍼 생각에 생산적이지 않다는 것을 알면서도 그렇게 세부 사항에 초점을 맞추도록 하는 것이 무엇일까요?

제니퍼: 음, 제 생각에는 일을 정확하게 하기를 바라는 것 같아요. 저는 일을 엉성하게 하는 것을 싫어해요.

치료자: 무척 존경스럽네요.

제니퍼: 감사해요.

치료자: 비록 방금 설명한 것과 같은 상황에서는 아마 도움이 되지 않을 수도 있겠지만요?

제니퍼: 맞아요, 전혀요.

치료자: 그것이 어떤 일을 하는 데 방해가 되는 자신의 완벽주의적 패턴과 관련이 있다고 생각하나요?

해설

이번 주에 두 활동 모두 제니퍼의 부적응적 패턴을 촉발했기 때문에, 그녀가 행동 활성화 과제를 충분히 완성했다고 보기는 어렵다. 그녀는 좀 더 효과적으로 첫 번째 활동을 관리할 수 있었고, 타일을 청소하기 위해 목욕을 중단하지는 않았지만 두 번째 활동에는 더 어려움이 있었다. 이 사례에서 제니퍼가 과제를 완결하지 못한 것은 도움이 되었다. 왜냐하면 부적응적 패턴의 진행과정을 드러냈기 때문이다. 제니퍼가 과제에 관해 말할 때, 그녀는 좌절한 것처럼 보였고, 그녀의 패턴이 기분을 촉발하는 방식을 보여 주었다. 그녀의 부적응적 패턴은 이러한 교차점에서 촉발되었던 것 같다. 그러나 치료자는 지지함으로써 그 패턴을 다룰 수 있었다. 비록 어떤 상황에서는 그 패턴이 도움이 될 수 있더라도, 검토하지 않은 채로 남겨 두면 결국 어떻게 도움이 되지 않을지에 대해 설명할 수 있었다. 이어지는 순차적 질문은 제니퍼의 성과 평정 척도 점수, 기분 척도 점수, 과제에 대한 반응에 맞춰졌으며, 제니퍼의 완벽주의 패턴, 좌절감, 저조한 기분을 다룬다. 다음의 괄호 안에 순차적 질문 단계가 표시되어 있다.

제니퍼: 네, 맞아요. 저도 완전히 그런 것 같아요. 지난주에도 같은 맥락에서 다른 일이 있었어요.

치료자: 좋아요. 그 일에 대해 말해 줄 수 있나요? (1)

제니퍼: 네, 사실은요. 엄청 스트레스가 많았어요. 제출 기한을 미루어 놓은 보고서가 있었어요. 기한이 되기 전 며칠 동안 보고서를 쓰고 있었어요. 할 수 있을까 확신하진 않았지만, 제시간에 겨우 끝냈어요. 그런데 제출하려는 순간, 보고서를 다시 읽어 보았는데 잘못 적은 부분이 제 눈에 띈 거예요. 정치학 수업을 위한 보고서였는데, 한 부분에 잘못된 정보를 적었다는 것을 알았죠.

치료자: 그것이 무엇이었나요?

제니퍼: 한 곳에 용어를 틀리게 사용했어요. 제가 사용하려던 다른 용어가 있었거든요.

치료자: 그랬군요.

제니퍼: 음, 비록 큰 오류는 아니지만, 저는 차마 보고서를 제출할 수 없었어요. 사실은 집에 가서 그것을 고치느라 보고서를 늦게 제출했고, 결국 상황은 훨씬 더 안 좋아졌어요.

치료자: 그랬군요. 그러니까 기한이 정해진 과제가 있었고, 이를 제출하려다가 비교적 작은 실수를 알아차렸는데, 그냥 넘어가지 못하고 집에 가서 그것을 고치다가 보고서를 늦게 제출하게 되었네요. 이것이 맞나요?

제니퍼: 네, 맞아요.

치료자: 그것이 일어난 일 전부인가요?

제니퍼: 네. 교수님께 무슨 일이 있었는지 말씀드렸어요. 잘 처리되어서 점수를 많이 잃지 않았으면 좋겠어요.

치료자: 좋아요. 그래서 이 상황에서 어떤 생각을 하고 있었는지 말해 줄 수 있나요? 어떤 생각을 했었나요? (2)

제니퍼: 네. '이런 식으로 제출한다면 나는 실패할 거야.'라고 생각했어요.

치료자: 좋아요, '이런 식으로 제출한다면 나는 실패할 거야.'라고 생각했군요.

제니퍼: 네.

치료자: 그 밖에 뭐가 있죠?

제니퍼: '이 보고서는 재앙이야. 보고서를 고쳐야 돼.'라고 생각했어요.

치료자: 네, 그러니까 제니퍼의 다른 두 생각은 '이 보고서는 재앙이야.'와 '나는 보고서를 고쳐야겠어.'네요. 또 다른 것이 있나요?

제니퍼: 없어요.

치료자: 좋아요. 그게 얼마나 스트레스였을지 이해해요.

제니퍼: 네, 아주 그래요. 엉망이었어요.

치료자: 그렇다면, 제니퍼가 한 행동은 무엇이었나요? 이런 상황에서 어떻게 했나요? (3)

제니퍼: 음, 우선, 저는 제 보고서를 계속 다시 읽었기 때문에 오류를 찾아냈어요.

치료자: 아, 알겠어요. 그러니까 계속 확인하려고 몇 번을 다시 읽은 거네요?

제니퍼: 네.

치료자: 또 무슨 행동을 했나요?

제니퍼: 저는 보고서를 제출하지 않았어요. 집으로 편집하러 갔어요.

치료자: 보고서를 기한 내에 제출하지 않았고, 보고서를 편집하기 위해 집에 갔군요. 맞나요?

제니퍼: 네, 맞아요.

치료자: 그래서 제니퍼, 이 상황에서 무엇을 얻고 싶어 했나요? 무엇이 자신에게는 좋은 결과였을까요? (4)

제니퍼: 제 생각엔 교수님께서 보고서를 편집하게 허락해 주시고, 점수를 깎지 않고 늦게 제출하게 해 주셨으면 하는 거예요.

치료자: 이상적으로 들리네요. 하지만 그것은 자신이 통제할 수 있는 건가요?

제니퍼: 아니요. 저는 교수님이 그렇게 하시도록 할 수 없어요.

치료자: 저도 동의해요. 상황을 고려할 때, 자신의 통제 내에서 원하는 좋은 결과는 무엇이었다고 생각하나요?

제니퍼: 오류가 있더라도 그냥 시간에 맞추어 보고서를 제출하는 것이에요. 돌이켜 생각해 보면 그 실수는 작은 거였어요. 그러면 일을 끝낼 수 있었고 더 이상 스트레스를 받지 않았을 거예요.

치료자: 네, 실수를 개의치 않고, 제시간에 보고서를 제출하고 싶었던 거군요. 그러면 마음이 놓였을까요?

제니퍼: 네. 더 좋았을 거예요.

해설

제니퍼는 처음에 그녀의 통제 범위 내에 있지 않은 결과를 원했다. 그녀의 반응은 비판하고 통제하는 부적응적 패턴의 일부를 나타냈다. 합리적이고 다른 사람을 통제하지 않는 결과를 생각하게 함으로써, 그녀는 자신의 비판이 얼마나 자기 패배적일 뿐만 아니라 부당한지를 이해할 수 있었다. 또한 그녀는 불합리하게 바랐던 결과를 더 수용할 수 있고 현실적인 결과로 대체했다.

치료자: 그리고 실제로 무슨 일이 일어났나요? (5)

제니퍼: 저는 결국 그것에 대해 스트레스를 받고 늦게 제출했어요.

치료자: 제시간에 보고서를 제출하고 싶었지만, 결국 그것을 고치려고 집에 갔고 늦게 제출했네요.

제니퍼: 네.

치료자: 그렇다면 자신이 원하는 걸 얻었다고 말할 수 있나요? (6)

제니퍼: 아니요. 전혀요. 사실 더 스트레스를 받았어요.

치료자: 그 모든 작업을 한 후에 늦게 보고서를 제출하게 되어 스트레스를 받았을 거라고 이해해요.

제니퍼: 네, 그래요. 완전히 실망했어요.

치료자: 그렇다면 이 상황을 다시 한번 살펴보고, 결과가 어떻게 달라질 수 있었는지 알아볼까요? (7)

제니퍼: 물론이죠.

치료자: 네, 좋아요. 제니퍼의 생각과 행동을 살펴보고, 그것이 자신의 생각에 대한 부적응적 패턴을 반영하는지 확인해 봐요. 첫 번째는 '이런 식으로 제출한다면 나는 실패할 거야.'였어요. 그 생각은 원하는 것을 얻는 데, 즉 시간에 맞추어 과제를 제출하는 데 도움이 되었나요, 해가 되었나요? (8)

제니퍼: 음, 해가 되었어요.

치료자: 어떻게요?

제니퍼: 그것은 제가 일을 망친 것처럼 느끼게 했고, 그 당시에 그것을 제출할 방법이 없었던 것처럼 느끼게 했어요.

치료자: 그것에 대해 자신감이 떨어졌던 것처럼 들리는군요.

제니퍼: 네, 맞아요.

치료자: 그것이 지나치게 성실한 자신의 패턴과 관련이 있다고 생각하나요?

제니퍼: 네, 확실해요. 얼마나 잘 되었는지 확신이 없을 때, 그냥 놔두기가 힘들어요.

치료자: 맞아요. 그리고 종종 그것이 자신이 원하는 만큼 효과적이 되는 것을 방해하나요?

제니퍼: 네, 확실한 사실이에요. 바로 수집품을 분류하고 있을 때처럼 이런 경우에 그래요.

해설

이러한 해설을 통해 제니퍼는 자신의 부적응적 패턴이나 생활양식 전략을, 과제를 완료하기든 즐거운 활동에 참여하기든 다양한 삶의 상황과 연결할 수 있었다.

치료자: 그렇다면, 이러한 도움이 되지 않는 생각들이 패턴과 관련이 있다는 것이 말이 되는군요. 그 상황에서 어떤 것이 더 도움이 될 수 있었다고 생각하나요?

제니퍼: 아마도 제가 최선을 다했다고 생각하고, 그것은 큰 실수가 아니라고 생각한다면요.

치료자: 이해해요. 제니퍼는 최선을 다했고, 이는 큰 실수가 아니에요. 그 생각은 '효과는 유지하면서 합리적으로 성실한' 자신의 적응적인 또는 건강한 패턴을 반영하네요. 맞나요?

제니퍼: (잠시 멈춤) 네. 그런 것 같아요.

치료자: 그렇다면, 그 생각과 더 적응적인 패턴이 어떻게 제시간에 보고서를 제출하는 데 도움을 주었을까요?

제니퍼: 제가 긴장을 풀고, 당황하지 않는 데 도움이 되었을 거예요.

치료자: 그렇다면, 그것은 자신이 당황하지 않고 상황을 파국으로 몰고 가지 않게 도움을 줄 수 있었을까요?

제니퍼: 네, 좋은 표현이에요. 그땐 재앙이 닥친 느낌이었는데 지금은 그럴 필요가 없다는 걸 알겠어요.

해설

효과를 유지하면서 합리적으로 성실한 적응적 패턴을 소개하고 대안적 사고가 이를 어떻게 반영하는지 설명함으로써, 치료자는 적응적 패턴이 어떻게 제니퍼에게 더 효과적이고 기분을 나아지게 하는지 이해하도록 도왔다. 제니퍼는 여기서 '재앙'이라는 단어를 사용했는데, 이는 근본적으로 인지 왜곡과 관련이 있다. 이런 경우, 치료자는 그녀가 논리를 사용하여 생각을 분석하거나 논박하는 것을 도울 필요가 없었다. 그러나 그녀의 패턴과 생각의 대체에 초점을 둔 것은 제니퍼 스스로 이러한 통찰에 도달하는 데 도움이 되었다. 그녀는 순차적 질문이 계속됨에 따라 두 번째 생각을 처리하는 데 이러한 정보를 통합할 수 있었다.

치료자: 제니퍼의 두 번째 생각은 '이 보고서는 재앙이야.'였어요. 그 생각이 자신이 원하는 것, 즉 제시간에 보고서를 제출하는 것에 도움이 되었나요, 아니면 해가 되었나요?

제니퍼: 그것 또한 해가 되었어요. '나는 완전히 이것을 망쳤어.'라고 생각하는 것과 같았어요.

치료자: 그래서 그것이 자책하도록 만들었나요?

제니퍼: 네, 정확해요. 제가 그렇게 생각하기 시작하면서 그렇게 되었어요.

치료자: 그게 자신의 기분에 어떤 영향을 미칠까요?

제니퍼: (잠시 멈춤) 확실히 저를 더 우울하게 만들어요. 저는 죄책감을 느끼고, 실패한 것 같아요.

치료자: 그렇게 생각할 때 죄책감을 느끼고 실패한 것 같나요?

제니퍼: 네.

치료자: 자신에 대해 그렇게 생각하는 것이 제니퍼를 우울하게 만든다는 것이 이해되네요. 이런 것이 자신의 지나치게 성실한 패턴과 어떻게 관련이 되어 있을까요? 자신이 원하는 것을 얻는 데 방해가 되는 때에도.

제니퍼: 제가 그런 식으로 생각할 때 스스로 스트레스를 받는다는 것은 확실해요. 일이 잘 풀리지 않을 때에는 제가 죄책감을 느끼고 실패한 것처럼 느껴지고, 그럴 때 우울해진다는 게 말이 되는 것 같아요.

치료자: 그래서 자신의 성실한 수준과 우울함 사이에 어떤 관련이 있다고 보나요?

제니퍼: 네, 만약 제가 무언가를 특정한 방법으로 만들려고 노력 중인데 그렇게 할 수 없거나, 사소한 것에 너무 집중하게 된다면, 기분이 나쁘고 실패할 것 같아요. (잠시 멈춤) 그것은 확실히 제 기분에 영향을 미치고, 요점이 뭔지 알 것 같아요.

치료자: 그렇다면, 그것이 동기를 감소시킬 수도 있나요?

제니퍼: (잠시 멈춤) 네, 많은 부분에서 영향을 미치는 것 같아요. 제 동기, 기분, 실제로 제가 하고 싶은 일을 하는 것 등과 같은 부분 말이에요.

해설

지금까지 제니퍼의 부적응적 패턴에 대한 초점은 주로 그녀의 과도한 성실성에 초점을 맞추었다. 하지만 이 상호작용에서는 패턴의 자기비판적 부분이 우울증과 어떻게 연결되어 있는지를 보여 주었다.

치료자: 일리 있는 말이에요. '이 보고서는 재앙이야.'가 아닌 어떤 생각이

더 도움이 되었을 것 같나요?

제니퍼: 만약 제가 단지 한 가지만 실수했다고 생각했다면요. 보고서의 나머지는 괜찮았거든요.

치료자: '보고서의 나머지는 괜찮아.'라고 생각하는 것이 제시간에 보고서를 제출하는 데 어떻게 도움이 되었을까요?

제니퍼: 그런 사소한 부분들은 그냥 넘어가도록 했겠죠.

치료자: 네, 그리고 아마 자신의 보고서에서 좋은 점을 더 보았겠죠.

제니퍼: 네, 열심히 준비했고, 자랑스러운 부분도 있었어요.

치료자: 스스로 자신에 대한 그런 생각을 하고 있나요?

제니퍼: 네, 아마 지금 우리가 그것에 대해 이야기하고 있어서일까요. 만약 제가 그와 같은 상황에서 속상한 때를 기억할 수 있다면 그런 생각이 들 수 있을 것 같아요.

치료자: 좋아요. '보고서를 고치러 가야겠어.'라는 세 번째 생각이 떠오르네요. 그 생각이 자신이 바라는 보고서를 제시간에 제출하는 데 도움이 됐나요, 아니면 해가 되었나요?

제니퍼: 해가 되었어요.

치료자: 어떻게 해가 되었다고 생각하나요?

제니퍼: 음, 저는 선생님이 말씀하신 것처럼 좋은 것을 보는 대신에 그것을 고치는 데 초점을 두었어요.

치료자: 맞아요, 마음에 들지 않은 점에 초점을 두었어요.

제니퍼: 네.

치료자: 그렇다면, 더 도움이 될 만한 생각은 무엇이었을까요?

제니퍼: 만약 제가 '이제 너무 늦었어, 별일 아니야. 사소한 것 하나를 바꾸기 위해 돌아가는 것보다 제때 제출하는 것이 더 나아.'라고 생각한

다면요.

치료자: 그럼 집에 돌아가서 별로 중요하지 않을 수도 있는 세부 사항을 고치기보다는 제때 제출하는 게 더 낫겠네요?

제니퍼: 네. 그렇게 생각하면 그냥 제출하고 넘어갔었을 것 같아요. 다른 할 일이 많았거든요.

치료자: 그런 생각이 보고서를 제시간에 제출하게 하고 다른 해야 할 일들을 하도록 했겠네요?

제니퍼: 네.

치료자: 좋은 대안이에요. 스트레스도 많이 줄이고, 자책도 그렇게 많이 안 하게 할 것 같네요.

제니퍼: 네, 맞아요.

치료자: 그리고 자신이 하고 싶다고 말했던 것처럼 큰 그림에 더 집중하는 건가요?

제니퍼: 네, 맞아요. 사소한 일에 얽매이는 것은 도움이 되지 않아요.

치료자: 네, 저도 동의해요. 이제 제니퍼의 행동을 살펴봅시다. 첫 번째 행동은 보고서를 계속 다시 읽는 거였어요. 그 행동이 보고서를 제시간에 제출하는 데 도움이 되었나요, 해가 되었나요? (9)

제니퍼: 해가 되었어요.

치료자: 해가 되었군요. 어떻게요?

제니퍼: 그것은 제가 보고서를 분석하기 시작하게 했고, 지나치게 생각을 많이 하게 만들었어요.

치료자: 생각을 너무 많이 한 걸 깨달았나요?

제니퍼: 네.

치료자: 만약 보고서를 다시 읽는 것이 도움이 되지 않았다면, 이 상황에서

더 도움이 될 수 있었던 행동은 무엇이라고 생각하세요?

제니퍼: 아마도 보고서를 제출하고 다시 보지 않는 거예요.

치료자: 그냥 보고서를 제출하는 건가요?

제니퍼: 네, 그래요.

치료자: 그게 어떻게 더 도움이 됐겠어요?

제니퍼: 저 스스로 다시 생각할 기회를 주지 않을 거예요. 그냥 제출하면 끝이에요.

치료자: 좋은 생각이네요. 그게 자신이 예상할 수 있는 행동인가요?

제니퍼: 네, 그런 것 같아요. 그것에 대해 스트레스를 받지 않을 것이라는 걸 저에게 바로 상기할 수 있어요.

치료자: 좋아요. 두 번째 행동은 보고서를 제출하지 않는 거였어요. 그게 제시간에 제출하는 데 해가 되었나요, 아니면 도움이 되었나요?

제니퍼: 분명하게 해가 되었어요.

치료자: 그렇다면 자신에게 도움이 되었을 대안적인 행동은 무엇이었을까요? "효과는 유지하면서 합리적으로 성실한"이라는 자신의 더 적응적 패턴을 반영하는 행동은요?

제니퍼: (잠시 멈춤) 그냥 제출하고, 스스로 제가 최선을 다했다는 걸 떠올리는 거예요.

치료자: 최선을 다해서 보고서를 제출했다고 자신에게 상기시키는 것?

제니퍼: 네. 아마도 제가 보고서를 그냥 제출하고 그것에 대해 지나치게 생각하거나 오류를 찾을 시간을 자신에게 주지 않는다면요. 마치 이미 끝났고 다시 돌아볼 이유가 없다고 말하는 것과 같아요.

치료자: 자신을 더 신뢰할 수 있고, 보고서 제출을 함으로써 지나친 분석을 시작하는 시간을 허용하지 않을 거라는 말처럼 들리네요.

제니퍼: 네, 지나치게 분석하기 시작할 때 문제에 빠지는 것 같아요.

치료자: 무엇인가 지나치게 많은 생각을 하기 시작하게 되면요?

제니퍼: 네.

치료자: 뭔가에 대해 너무 많이 생각하기 시작하면 무슨 일이 일어나나요?

제니퍼: 음, 반드시 그렇게 되어야 한다고 생각하는 방식으로 무언가를 하기 위해 노력하는 것에만 사로잡힐 수 있어요. 그리고 보통 저에 대해 안 좋은 감정을 느끼게 돼요. 제가 뭔가를 망쳤다고 느껴요.

치료자: 그래서 기분이 안 좋게 되나요?

제니퍼: (잠시 멈춤) 네, 그런 것 같아요. 뭔가 잘못했다고 느낄 때 기분이 안 좋아요. 특히 열심히 일했다면요.

치료자: 그게 얼마나 실망스러운지 이해해요.

제니퍼: 네, 그래요.

치료자: 자, 이제 보고서를 편집하러 돌아가는 마지막 행동을 살펴볼게요. 그 행동이 자신에게 도움이 되었나요, 아니면 해가 되었나요?

제니퍼: 해가 되었어요. 확실히 제가 원하던 것과는 반대예요.

치료자: 그래요, 제니퍼는 이 상황에서 벗어나고 싶다고 말한 것이 아니라, 제시간에 보고서를 제출하는 것이었어요. 어떤 행동이 더 도움이 되었을 것 같나요?

제니퍼: 그냥 그대로 제출하는 거예요.

치료자: 그냥 그대로 제출하는 거네요.

제니퍼: 네.

치료자: 그게 더 도움이 됐을 거라는 데 동의해요. 그렇다면 우리는 다른 과제들을 방해하는 제니퍼의 이러한 성실한 패턴에 대해 논의하고 있는데, 이 패턴을 바꾸는 것이 자신에게 얼마나 중요한지 0부터 10

까지의 척도로 말해 보세요. 0은 '전혀 중요하지 않음', 10은 '가장 중요함'이에요. (10)

제니퍼: 저는 8이라고 말하고 싶어요.

치료자: 8점은 매우 중요한 거네요.

제니퍼: 네. 제 말은 자신을 완전히 바꾸고 싶지는 않다는 거예요. 그 패턴이 제가 일을 제대로 하는 데 도움이 된다고 생각하기 때문에요, 하지만 어떻게 방해가 되는지 깨닫기 시작했어요.

치료자: 그럼, 그 패턴의 좋은 점들을 활용해서 자신이 하는 일을 방해하는 대신 자신에게 도움이 되도록 사용하고 싶다는 말인가요?

제니퍼: 네. 저는 제 일을 잘할 수 있었으면 좋겠어요. 전 그냥 그것에 대해 자신을 무분별하게 몰아가고 싶지 않아요.

치료자: 좋아요. 자, 동일한 0부터 10까지의 척도로 '효과는 유지하면서 더 합리적으로 성실한' 패턴으로 바꿀 수 있다고 얼마나 자신하나요?

제니퍼: (잠시 멈춤) 음, 6인 것 같아요.

치료자: 네, 아주 좋아요. 6점은 중간 이상이에요. 7이나 8로 옮기려면 어떻게 해야 할까요?

제니퍼: 아마도 한 번이라도 해낼 수 있다면요. 뭐, 보고서를 내버려 두거나 그냥 제출하는 거예요.

치료자: 좋아요, 조금만 연습하면 그렇게 될 거예요.

제니퍼: 네, 그게 도움이 될 거예요.

치료자: 좋아요. 제니퍼는 오늘 이 상황을 분석하는 훌륭한 대안을 생각해 냈어요. 그것에 대해 어떻게 생각하나요?

제니퍼: 네, 괜찮았어요. 제가 가끔 지나치게 분석한다는 것을 알 수 있어서 좋았어요. 저는 이미 제가 그렇게 한다는 것을 알고 있지만, 그것이

어떻게 일을 방해하거나 저를 슬프게 하고 우울하게 하는지 생각해 본 적은 없었어요.

치료자: 다른 관점을 얻을 수 있었던 것 같네요.

제니퍼: 네, 그것에 대해 말만 해도 스트레스가 얼마나 큰지 깨달았어요.

해설

제니퍼는 순차적 질문을 통해 중요한 통찰을 얻은 것으로 보인다. 치료자는 그녀의 패턴이 특정한 촉발 요인에 의해 어떻게 유발되는지 이해하도록 도왔다. 이는 향후 재발 방지 계획을 수립하는 데 유용할 것이다. 또한 제니퍼는 패턴이 기분에 어떻게 영향을 미치는지와 더 적응적인 패턴을 더 잘 반영하는 생각과 행동이 그녀의 좌절, 우울한 기분 및 동기 부족을 관리하는 데 어떻게 도움이 될 수 있는지를 배웠다. 그녀는 순차적 질문이 끝날 무렵 좌절한 것 같았다. 아마도 행동 중 도움이 되지 않는 특성을 다루면서 자기비판적 측면의 패턴이 촉발되었기 때문일 것이다. 중요도 척도 질문(10단계)에 대한 응답에서는 제니퍼의 동기가 증가했지만 자신감이 증진될 필요가 있음을 보여 준다. 제니퍼의 패턴이 더 이상 촉발하지 않도록, 치료자는 제니퍼가 상황을 지나치게 분석함으로써 좌절감을 보였을 때 부드럽게 격려했다. 그렇지만 그녀는 순차적 질문을 통해 이러한 행동이 자신의 기분에 어떤 영향을 미치는지 이해하게 되었다고 말했다. 이러한 반응은 제니퍼의 사람을 기쁘게 하기 패턴을 반영할 수 있다.

치료자: 스트레스가 많은 것 같네요. 제니퍼가 그 관계를 알게 되었다니 기쁘네요. (잠시 멈춤) 다음 주에 할 수 있는 몇 가지 활동을 계획해도 좋을까요?

제니퍼: 물론이죠.

치료자: 좋아요. 이번 주에 특별히 마음에 두었던 활동이 있나요?

제니퍼: 음, 잘 모르겠어요. 몇 가지 생각을 해 봤는데 정말 뭘 하고 싶은지

모르겠어요.

치료자: 제니퍼의 아이디어 중 몇 가지부터 시작해 보는 게 어떨까요? 이번 주에 하고자 했던 아이디어 한 가지는 무엇이었나요?

제니퍼: 음, 사실 저는 친구 몇 명이랑 함께 갈 코미디쇼 표를 가지고 있어요. 15분에서 20분은 넘는 쇼라서 그것이 활동 중 하나가 될 수 있는지 확신은 없었어요.

치료자: 네, 좋은 생각이에요. 분명 아주 재미있을 거예요. 갈 계획을 세워 왔나요?

제니퍼: 네, 우리는 얼마 전에 표를 샀어요. 사실 한동안 잊고 있었어요.

치료자: 그날은 언제인가요?

제니퍼: 토요일이에요.

치료자: 좋은 생각이네요. 그 밖에 하려고 생각하던 게 있나요?

제니퍼: 날씨가 좋아져서 밖에 나갈까 생각 중이에요.

치료자: 동의해요. 밖에서 할 수 있는 일에는 무엇이 있을까요?

제니퍼: 산책이라도 할까 봐요.

치료자: 그게 마음에 드나요?

제니퍼: 네, 이전에는 산책을 좋아했어요. 강아지 공원까지 걸어가고는 했어요. 우리 집에서 걸어서 5분 정도 거리인데 저는 개들을 보는 것을 좋아해요.

치료자: 아, 귀여운 강아지들이었을 거라고 확신해요.

제니퍼: 네. 저는 학교를 졸업하면 강아지를 키우고 싶어요.

치료자: 강아지 공원까지 걸어갈 수 있고, 15분 정도 걸릴 것 같네요.

제니퍼: 네.

치료자: 그럼 언제로 계획할 건가요?

제니퍼: 수요일이 좋아요. 수요일 수업 끝나고요.

치료자: 잘됐네요. 재미있겠는데요. 수요일에 날씨가 좋지 않아 산책을 못 할 경우를 대비한 대체 활동은 무엇일까요? 그날 운동할 수 있는 다른 방법이 있나요?

제니퍼: 네, 저는 건물 계단을 오르내릴 수 있어요. 가끔 운동으로 그렇게 해요.

치료자: 좋은 계획인 것 같아요. 그래서 수요일에는 수업이 끝나고 강아지 공원을 산책하고, 토요일에는 친구들과 코미디쇼에 갈 계획이네요. 멋진 한 주일 것 같아요. 이 활동들을 기록해서 각 활동을 얼마나 완료했는지, 그리고 각 활동을 통해 얼마나 많은 즐거움을 얻었는지에 대해 0부터 10까지의 척도로 평가했으면 좋겠어요.

제니퍼: 좋아요. 그렇게 할게요. 다른 것도 해 볼까 생각 중이에요.

치료자: 아주 멋져요. 어떻게 할 생각인가요?

제니퍼: 아마도 스스로 자신에게 긍정적인 말을 하는 거예요. 미망인이 되고 나서 자조(self-help) 작가가 된 여성의 기사를 읽은 적이 있어요. 그분은 매일 큰 소리로 "오늘은 좋은 날이 될 거야!"라고 말하며 시작한다고 했어요.

치료자: 좋아요, 그럼 매일 아침 큰 소리로 그와 같은 긍정하는 말을 하는 건 어때요?

제니퍼: 네, 그와 같은 말로요.

치료자: 하루를 긍정적인 말로 시작하는 것이 나머지 하루를 어떻게 보내는지에 영향을 미칠 거예요.

제니퍼: 네, 그럴 수 있을 것 같아요.

치료자: 기분을 좋아지게 하는 다른 아이디어는 무엇인가요?

제니퍼: 음, 지난 경제학 시험을 제 게시판에 올릴까 방금 생각했어요. 만점을 맞았기 때문이죠.

치료자: 오, 정말 인상적이네요.

제니퍼: 그래야 제가 그걸 볼 수 있고 기분이 나아질지도 몰라요.

치료자: 좋아요, 자신의 성과를 떠올리는 방법인가요?

제니퍼: 음, 시험지를 돌려받고 점수를 봤을 때 매우 흥분했어요. 왜냐하면 우리는 매우 어려운 자료들을 다루고 있었고, 이 수업이 엄청 중요한 필수 과목이기 때문에 긴장했거든요.

치료자: 시험 점수를 게시판에 올리면, 그것을 볼 때 그 좋은 느낌을 다시 경험할 수 있을까요?

제니퍼: 네, 그럴 수 있을 것 같아요.

치료자: 도움이 될 만한 또 다른 생각이 있나요?

제니퍼: 어쩌면 친구들에게 더 자주 전화하는 것이요. 우리는 지금 모두 다른 학교에 있고, 심지어 어떤 친구는 다른 시간대에 살고 있어서 연락하기가 정말 어려워요. 그래도 친구들과 대화하는 건 좋아해요.

치료자: 고향 친구들과 연락하는 것은 기분이 나아지는 데 도움이 될 것 같군요.

제니퍼: 이건 스트레스를 받는 일이 아니에요. 우린 고등학교 때 있었던 일에 대해 그냥 웃거나, 그냥 아무 생각 없이 수다 나누는 거예요.

치료자: 재미있는 생각인 것 같아요. 이 세 가지 아이디어 중 어떤 것이 기분을 좋게 하는 데 도움이 될 수 있다고 생각하나요?

제니퍼: 음, 저는 할 일이 많고 우리가 계획한 다른 활동들도 많아서 언제 친구들에게 전화할 시간이 있을지 모르겠어요. 자주 전화가 엇갈려서 곧바로 연락하기가 쉽지 않아요.

치료자: 그렇다면 그게 지금 당장은 최선책이 아닐 수 있겠네요?

제니퍼: 아마도 아닐 것 같아요.

치료자: 나머지 두 가지는요? 잠자리에서 일어났을 때 긍정적인 말하기 또는 시험 점수를 게시하기?

제니퍼: 저는 아마도 긍정적인 말하기가 쉬워서 최선이라고 생각해요. 만약 제가 시험 점수를 너무 많이 바라보면, 제가 하고 있지 않은 모든 일이나 제가 해야 할 모든 일에 대해 생각하기 시작하여 기분이 더 나빠질 수도 있다고 생각해요.

치료자: 긍정적인 말하기가 지금 당장 하기에 가장 편리하고 가장 적당할 것 같나요?

제니퍼: 네, 그런 것 같아요.

치료자: 좋은 생각인 것 같아요. 매일 아침 똑같은 긍정적인 말을 하는 것이 더 편할 거예요.

제니퍼: 네, 좋아요. 일어날 때 할 수 있어요.

치료자: 긍정적인 말은 어떤 게 좋겠어요?

제니퍼: "좋은 하루를 보낼 거야."라고 말할 생각이에요.

치료자: 아주 좋아요. 그렇다면 제니퍼는 아침에 일어나서 이렇게 말할 거예요. "나는 좋은 하루를 보낼 거야." 뭔가 진부한 느낌이 들거나 안 될 것 같은 느낌이 들 때도 있겠지만, 마치 잘 될 것처럼(as if) 해 줬으면 좋겠어요.

제니퍼: 네, 그렇게 해 볼게요. 충분히 쉬운 것 같아요.

해설

제니퍼는 긍정적인 말하기를 포함하여 그녀의 삶에서 변화를 촉진할 수 있는 몇 가지 방법을 제시했는데, 이는 동기가 증가하고 자신이 스스로 치료자가 되고(3차 변화) 있음을 나타낸다. 치료자는 제니퍼의 노력을 지지하고, 패턴을 촉발하지 않을 가능성이 있는 활동을 선택하도록 격려했다. 또한 이러한 사회적 활동은 제니퍼의 사회적 관심과 소속감을 높이는 데 맞추어졌다.

치료자: 좋아요. 이번 회기에 많은 것을 해냈군요. 앞으로 어떻게 진행될지 기대가 되네요. 우리는 다음번에 진행 상황을 검토할 것입니다.

제니퍼: 네, 감사해요.

치료자: 좋아요, 끝내기 전에 한 가지만요. 오늘 회기에서 원하는 것을 얻고 있는지 확인할 수 있도록 이 양식을 작성해 주세요. **(회기 평정 척도 검토)**

제니퍼: 네, 좋아요.

치료자: (점수를 살펴보고, 계산하기 위해 잠시 멈춤) 네, 오늘 회기에 만족했고, 제니퍼가 하고 싶은 이야기를 다루었군요.

제니퍼: 저는 정말로 학교생활을 이야기하고 싶었는데, 오늘 이야기를 했다고 생각해요. 이전에 그랬던 것처럼 그것에 대해 죄책감을 느끼지 않아요.

치료자: 그 말을 들으니 기쁘군요. 다음번에 다시 만나기를 기대해요.

해설

제니퍼의 부적응적 패턴이 여러 지점에서 촉발되었지만 회기 시작부터 끝날 때까지 기분이 개선되었다. 그녀는 죄책감이 줄었다고 보고했으며, 회기 평정 척도 점수는 회기에 만족했음을 나타냈다. 제니퍼에게 힘든 회기였지만 그녀는 격려받았고 상당한 진전을 이룰 수 있었다. 이는 기분과 동기가 향상됨으로써 증명되었다.

끝맺는 말

여러 지표에 나타나는 것처럼, 이 회기를 통해 치료적 동맹이 확고하게 확립되었다. 이러한 지표에는 제니퍼가 1~2회기 후 회기에 계속 참여한 것, 회기 중에 적극적으로 참여하고, 회기 사이에 상호 동의한 과제를 함으로써 치료과정에의 참여가 점점 높아졌다는 사실이 포함된다. 또한 치료적 동맹의 공식적인 척도인 회기 평정 척도에서 점수가 높다는 점도 이를 반영한다. 이러한 지표는 치료자가 제니퍼가 논의하고 처리하기를 원하는 것에 반응했고, 격려하는 태도를 보였으며, 제니퍼가 치료 목표에서 진전을 이루고 있다고 믿고 있었음을 시사한다.

치료자는 패턴 변경을 촉진하기 위해 순차적 질문을 계속 사용했으며, 치료과정에 대해 지속적으로 사정했다. 이 사례에서 제니퍼가 생각과 신념이 행동 및 정서적인 결과와 어떻게 관련되어 있는지 완전히 이해하는 데 도움이 되도록 아들러식 ABC 모델을 도입했다. 특히 제니퍼에게 3차 변화의 초기 징후가 나타난 점이 고무적이다.

참고문헌

Ellis, A. (1973). Rational-emotive therapy. In R. J. Corsini (Ed.), *Current psychotherapies* (pp. 167-206). Itasca, IL: F. E. Peacock.

Ellis, A., & Harper, R. (1975). *A new guide to rational living.* North Hollywood, CA: Wilshire.

McKay, G., & Christianson, O. (1997). Helping adults change disjunctive emotional responses to children's misbehavior. In J. Carlson & S. Slavik, (Eds.), *Techniques in Adlerian psychology* (pp. 413-428). Washington DC: Accelerated Development.

제 7 장

4회기

학습 내용

1. 아들러 패턴중심치료에 역할 놀이를 통합하는 방법
2. '마치 ~처럼' 생각하기 기법을 통합하는 방법
3. 패턴 변화를 증가시키기 위해 회기에 계속 집중하는 방법
4. 자신이 통제할 수 없는 결과를 바라는 내담자를 재정향하는 방법
5. 아들러 패턴중심치료의 실제: 제니퍼의 4회기 사례

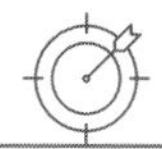

4회기는 치료과정에서 추가적인 변화가 나타난다. 이 시점에 치료적 동맹이 잘 확립되어야 하며, 치료자는 회기 평정 척도 점수를 의사결정 과정에 통합해야 한다. 4회기는 내담자의 기분 일지 및 행동 활성화 과제에 대한 검토와 기분 척도 및 성과 평정 척도 점수를 논의하면서 시작한다. 그런 다음, 순차적 질문은 성과 평정 척도 점수에서 확인된 호소 문제에 맞춰 조정되며, 부적응적 패턴을 개선하고 사회적 관심을 높이는 데 중점을 둔다. 마지막으로, 치료자는 상호 동의한 과제를 계속 내준다. 사례에서 치료자는 제니퍼가 가상 시나리오로 역할 놀이를 하도록 도움으로써, 대안적인 행동을 연습하고 부적응적 패턴을 바꾸는 능력에 대한 자신감을 높인다. 이 장에서는 새로운 치

료적 개입 그리고 해설과 함께 회기 전체 축어록을 통해 실례를 보여 준다.

역할 놀이

역할 놀이는 아들러 치료에서 오랜 전통을 가지고 있다. 레이몬드 코시니(Raymond Corsini)는 심리극을 포함한 다양한 형태의 역할 놀이 경험을 바탕으로 아들러식 관점에서 개인 및 집단 치료에서의 역할 놀이에 관한 첫 번째 책을 저술했다(Corsini, 1966). 제3장에서 언급했듯이, 역할 놀이는 개인이 새롭고 적응력 있는 행동을 연습하는 데 사용되는 '마치 ~처럼' 기법의 변형이다. "역할 놀이의 목표는 개인이 '마치 ~처럼(as if)/~라면 어떻게 될까(what if)' 문제해결 각본을 실연하면서 새로운 행동을 만들어 내는 것이다."(Carich, 1997, p. 154). 모델링, 연습, 피드백을 통해 치료자는 내담자가 적절한 사회적 기술을 익히도록 돕는다. 언어적 · 비언어적 행동은 내담자와 치료자 사이의 역할 놀이 대본을 통해 연습한다. 치료자는 내담자의 노력을 격려하고, 새로운 기술을 향상하는 데 도움이 되는 건설적인 피드백을 제공한다. 제니퍼 사례에서 치료자는 부적응적 패턴을 바꾸는 것에 대한 제니퍼의 자신감 수준을 논의할 때 역할 놀이를 사용한다. 이것은 제니퍼에게 대안적인 행동을 연습할 기회를 제공하고, 새로운 기술을 사용하여 대응할 수 있다는 것을 알았을 때 그녀의 자신감은 높아진다.

'마치 ~처럼' 생각하기

제3장에서 언급했듯이, '마치 ~처럼' 생각하기 기법(Watts, 2003)은 '마치 ~처럼' 행동하기 기법의 또 다른 변형이다. 내담자가 이미 원하는 방식으로 행동하고 있었다면 상황이 어떻게 달라졌을지 숙고하도록 돕기 위해 사용된다. '마치 ~처럼' 행동하기와 마찬가지로 '마치 ~처럼' 생각하기는 대체 전략을 포함한다. 개인은 자신과 환경을 바라보는 현재 방식을 자신과 삶에 대한 새로운 사고방식으로 대체한다. 치료자는 내담자가 삶이 어떻게 달라질 수 있는지에 대한 목표와 이러한 목표를 달성하는 데 도움이 되는 행동을 브레인스토밍하면서 내담자를 안내한다. 이 개입은 아동, 집단 구성원, 자해 내담자를 포함한 다양한 상황에서 적용되었다(La Guardia, Watts, & Garza, 2013; Watts & Garza, 2008; Watts & Trusty, 2003).

4회기 축어록

이 회기는 아들러 패턴중심치료를 활용하여 제니퍼가 최근에 겪은 부적응적 패턴 상황을 분석한다. 제니퍼는 회기 시작 직전에 환자 건강 질문지-9와 성과 평정 척도를 완료했다. 역할 놀이는 제니퍼가 적응적 패턴을 구현하는 연습을 하고 자신감을 높이는 데 사용된다. '마치 ~처럼' 생각하기는 제니퍼가 자신에 대한 현재 생각을 보다 적응적이고 바람직한 사고방식으로 바꾸는 데 사용된다. 〈표 7-1〉은 4회기에서 제니퍼의 사정 점수와 핵심적인 치료적 성과의 요약이다.

〈표 7-1〉 4회기 사정 점수

환자 건강 질문지-9(PHQ-9)	9(경도 우울증)
성과 평정 척도(ORS)	전체(26): 개인적(7), 대인관계적(6), 사회적(6), 전반적(7)
회기 평정 척도(SRS)	40
기분 척도(MS)	6
(기대된) 치료 성과	-우울 감소(1차 목표) -부적응적 패턴에서 좀 더 적응적 패턴으로 전환(2차 목표) -사회적 관심 증가 -동기와 사회적 참여 증가
중요도 척도(MI)	중요성: 9 자신감: 7

치료자: 안녕하세요, 제니퍼. 다시 만나서 반가워요.

제니퍼: 저도 만나서 반가워요.

치료자: 지난주 기분 평정 차트에 대해 이야기해요. **(기분 차트 검토)**

제니퍼: 전반적으로 조금 더 나아진 것 같아요. 어떤 날에는 거의 종일 '짜증'과 '좌절'이라고 썼지만, 다음 날은 조금 더 나았어요.

치료자: 짜증이 나고 좌절한 날은 어떤 날이었나요?

제니퍼: 해야 할 과제가 많았어요. 미뤄 두었던 보고서에 좌절했고, 막상 시작했을 때는 내가 무엇을 하고 있었는지 전혀 몰랐어요. 해야 할 일이 얼마나 많은지 알게 되자 더 일찍 시작하지 않았고, 도서관에도 더 일찍 가지 않았다는 사실에 화가 났어요.

치료자: 그래요. 일이 벅찬 날에는 좌절하고 짜증이 났을 거예요.

제니퍼: 네, 대개 그런 것 같아요.

치료자: 제니퍼가 이전에 말했던 것이 기억나고 이해해요. 지난주 활동이 어땠는지 살펴보는 건 어떨까요?

제니퍼: 좋아요. 지난주 활동은 코미디쇼에 가고, 산책하는 거였어요. 둘 다 했어요. 제 일지는 여기 있어요.

치료자: 아주 좋아요. 코미디쇼에 가는 첫 번째 활동부터 살펴보도록 해요. 어떻게 평정했나요?

제니퍼: 완성도는 10점, 즐거움은 8점이에요.

치료자: 매우 좋아요. 이 활동의 어떤 점이 좋았나요?

제니퍼: 정말 재미있었어요. 쇼는 정말 웃겼고 기분이 좋았어요. 정말 좋았어요.

치료자: 좋아요. 이 활동의 어떤 점이 좋지 않았나요?

제니퍼: 음, 친구 중 한 명이 진짜 짜증나게 했어요. 그 친구는 우리가 이후에 어떻게 외출해야 하는지에 대해 계속 말했지만, 저는 이미 지쳤었어요. 그랬더니 "아, 난 널 더 이상 보지 않을 거야."라고 계속 말했어요. 친구는 제 사정을 잘 몰랐고 어차피 친구가 알 필요도 없는 일이라서 마음이 상했어요.

치료자: 그러니까 제니퍼가 최근에 친구들과 어울리지 않는다고 친구가 비판했는데, 제니퍼는 이 말을 듣기가 어려웠군요. 왜냐하면 외출은 틀에서 벗어나기 위해 노력하는 제니퍼 자신만의 과정이어서, 다른 사람들은 제니퍼가 겪고 있는 것을 실제로 알지 못하거나 이해하지 못하기 때문인 것 같군요.

제니퍼: 네, 정말 동떨어진 것 같았어요. 겨우 잠시 밖에 나왔는데 그런 말을 듣고 싶지 않았어요.

치료자: 이해해요. 그 외에는 즐거웠나요?

제니퍼: 네, 그랬어요.

치료자: 두 번째 활동은 공원에 산책하러 가는 거였어요. 어땠어요?

제니퍼: 완성도는 10점, 즐거움은 6점이에요.

치료자: 좋아요. 그 활동의 어떤 점이 좋았나요?

제니퍼: 음, 날씨가 좋았어요. 잠깐 밖에 나가 있어서 좋았어요.

치료자: 외출을 즐겼고 날씨가 좋았군요. 이 활동의 어떤 점이 좋지 않았나요?

제니퍼: 모르겠어요. 기분이 별로였어요. 여전히 우울했어요. 그리고 걷기가 도움이 되지 않아서 화가 났어요. 매우 지쳤어요. 억지로 걸어야 했고, 그날은 정말 질질 끌려 다니는 것 같았어요.

치료자: 비록 이 활동을 어느 정도 즐기긴 했지만, 피곤하고 우울했네요. 또한 걷기가 원했던 만큼 기분 좋게 하는 데 도움이 되지 않아서 실망했군요.

제니퍼: 네, 맞아요. 제 말은, 괜찮았어요. 하지만 그렇게 좋진 않았어요. 산책을 해서 기쁘기는 한데 그냥 너무 지쳤어요.

치료자: 그럼 오늘의 성과 평정 척도 양식을 살펴보도록 해요. **(성과 평정 척도 검토)**

제니퍼: 네, 좋아요.

치료자: 개인적으로 어떻게 지냈는지에 대한 자신의 평점에 대해 좀 더 말해 줄 수 있나요?

제니퍼: 물론이죠. 지난번보다는 조금 나아졌지만, 여전히 좋지는 않아요. 요즘 많이 피곤하고 신경 쓰이는 일들이 많아요.

치료자: 이해해요. 이런 걱정들을 계속 이야기했으면 좋겠어요. 대인관계 점수는 꽤 높았어요. 그것에 대해 자세히 말해 줄 수 있나요?

제니퍼: 그 영역에서 별로 불만이 없어요. 좋다고 생각해요. 현재 제 삶에서 그 부분은 괜찮은 것 같아요.

해설

제니퍼는 몇 가지 잠재적 장애물에도 불구하고 행동 활성화 과제를 성공적으로 완료할 수 있었다. 그녀는 친구가 패턴을 촉발했지만, 첫 번째 활동을 8점을 줄 만큼 즐겼고, 지쳤지만 산책을 하면서 두 번째 활동을 완료했다. 제니퍼의 노력은 동기의 수준이 향상되었다는 것을 보여 준다. 그녀의 패턴이 직접적으로 기분에 영향을 미친다는 것이 점점 더 분명해진다. 또한 지난주 활동으로 인해 제니퍼의 사회적 관심과 소속감이 높아졌으며, 결과적으로 이번 주 환자 건강 질문지-9와 성과 평정 척도 점수에서 알 수 있듯이 기분 증상이 감소했다.

치료자: 반가운 소식이네요. 기분 척도는 어떻게 평정하나요? **(기분 척도)**

제니퍼: 전반적으로 기분이 조금 나아졌어요. 기분 척도는 6점 정도예요. 최근 가장 큰 문제는 사회적인 거예요. 그냥 학교와 친구들에게 스트레스를 많이 받고 있어요.

치료자: 그 말을 들으니 안타깝네요. 최근에 스트레스를 받게 한 일이 있었나요?

제니퍼: 네, 그런 것 같아요. 며칠 전 정말 짜증 나고 답답한 일이 있었어요.

치료자: 그랬군요. 무슨 일이 있었는지 좀 더 말해 줄 수 있나요? **(1)**

제니퍼: 물론이죠. 친구가 학생회관에서 추첨을 통해 영화 상품권을 받았어요. 한 명을 동반할 수 있는데, 저한테 가고 싶은지 물어봤어요. 친구가 착하죠. 하지만 친구는 제게 물어보기 위해 2주를 기다렸고, 정작 나에게 물어보았을 때는 상품권 유효 기간이 2주밖에 안 남은 거예요. 친구가 그런 식으로 공을 제게 던져 놓고 그렇게 짧은 기간을 통보해서 정말 짜증 났어요. 친구는 제가 얼마나 바쁜지, 그리고

제가 미리 계획을 세울 필요가 있다는 것을 알고 있어요.

치료자: 그러니까 친구가 영화 상품권을 받았고 제니퍼에게 함께 가자고 했지만, 제니퍼가 계획을 세우기 시작했을 때는 상품권을 사용할 시간이 얼마 남지 않아서 시간에 쫓기는 느낌이었네요. 맞나요?

제니퍼: 네, 맞아요. 친구가 왜 그렇게 그 점을 간과했어야 했는지 모르겠어요.

치료자: 그렇군요. 그게 일어난 전부인가요?

제니퍼: 네, 그 정도예요. 제가 이번 주에 가는 것에는 동의하지 않았어요. 그래서 다음 주에나 갈 수 있을 것 같아요.

해설

제니퍼는 성과 평정 척도에서 주된 문제는 사회적 기능이라고 말했고, 과제를 하고 있을 때 한 친구에 의해 그녀의 패턴이 촉발되었기 때문에 순차적 질문은 이러한 문제에 맞게 조정되었다. 그 상황은 다른 사람에 대한 비판을 포함하여 제니퍼의 완벽주의적 패턴을 다룰 기회가 되었다. 제니퍼가 꾸준하게 나아지고 있는 이 시점에서 이러한 구체적인 상황을 분석하는 것은 중요하다. 순차적 질문에 제시된 상황에서 제니퍼가 자신의 패턴을 개선하고 다른 사람들과 관계를 맺는 데 성공한다면, 그녀의 사회적 관심은 더욱 높아질 것이다.

치료자: 이 상황에서 어떤 생각을 했는지 말해 줄 수 있나요? (2)

제니퍼: 네. 저는 친구가 기다리는 대신에 저에게 언제 시간이 되는지 곧바로 물어봤어야 했다고 생각했어요.

치료자: 지금 생각해 보니 친구가 제니퍼에게 물어봤어야 했다는 거죠?

제니퍼: 네.

치료자: 다른 생각은 없었나요?

제니퍼: '친구는 내가 얼마나 바쁜지 모르는 걸까? 나는 지금 해야 할 일이 많은데, 내게 더 많은 시간을 주었어야 한다는 것을 친구가 모른다는 것이 믿어지지 않아.'라고 생각했어요.

치료자: 그렇다면 두 번째 생각은 '친구는 내가 얼마나 바쁜지 모르는 걸까?'였네요.

제니퍼: 네, 저는 친구가 이런 식으로 일하기 때문에 짜증났어요. 친구는 일하기 전에 생각을 안 해요.

치료자: 세 번째 생각은 '친구는 일하기 전에 생각을 안 해.'였네요. 맞나요?

제니퍼: 네.

치료자: 다른 건 없었나요?

제니퍼: 네, 그게 전부예요.

치료자: 좋아요. 자, 그럼 이제 자신의 행동을 살펴보도록 해요. 이런 상황에서 어떻게 했나요? (3)

제니퍼: 그래요. 저는 친구에게 좀 더 일찍 내게 확인했어야 한다고 말했어요.

치료자: 친구와 대화를 했고, 제니퍼에게 좀 더 일찍 확인받았어야 한다고 말했다는 거죠?

제니퍼: 네. 친구는 아무런 대답도 안 했어요. 조금 어색해졌어요. 언제 갈 수 있는지 알아보기로 했어요. 저는 일정을 살펴보기 시작했는데, 다른 것들에 정신이 팔려 버렸어요.

치료자: 어떤 거죠?

제니퍼: 음, 저는 제가 해야 할 모든 일에 대해 생각하기 시작했고, 다시 돌아가서 다가오는 과제에 대한 몇 가지 정보를 살펴보다가, 결국 제 일정에 맞춰 이것저것 옮기면서 해야 할 일들의 목록을 만드는 데

많은 시간을 보내 버렸어요.

치료자: 그러니까 할 일과 일정에 대한 세부 사항 때문에 곁길로 빠진 거네요?

제니퍼: 네.

치료자: 특정 세부 사항에 과도하게 초점을 맞출 때, 자신의 부적응적 패턴이 다시 나타나고 있다는 것을 알아차리나요?

제니퍼: 네, 인정해요. 필요한 시간보다 훨씬 더 많은 시간을 보냈고, 단지 제 일정을 맞추려고만 했어요. 스트레스였어요.

치료자: 네, 우리가 논의했던 것처럼 그 패턴 때문에 과제를 완수하고 하고 싶은 일을 하는 데 방해가 되네요.

제니퍼: 네, 그래서 더 좌절하고 의욕이 떨어져요.

치료자: 우울할 때 느끼는 것처럼요?

제니퍼: (잠시 멈춤) 네, 맞아요. 서로 얽혀 있는 것 같아요.

치료자: 친구에게 더 일찍 물어보았어야 했다고 말했고, 세부 일정에서 곁길로 빠졌어요. 이 상황에서 그 밖에 어떤 행동을 했나요?

제니퍼: 네, 그냥 친구에게 기다리라고 했어요. 이를테면 무시했죠. 저는 이번 주에 가기엔 너무 바쁘다고 말했어요. 그냥 너무 벅찼어요. 아마도 다음 주에나 가능할지 모르겠어요.

치료자: 세 번째 행동은 영화 보러 가는 것을 일주일 더 미루는 거였네요. 맞나요?

제니퍼: 네, 맞아요.

치료자: 좋아요, 제니퍼. 이 상황에서 벗어나고 싶은 게 무엇인가요? (4)

제니퍼: 단지 친구가 제게 좀 더 시간 여유를 두고 통지를 해서 제가 일정을 더 잘 계획할 수 있었으면 좋았을 거예요.

치료자: 동의해요. 조금 더 일찍 알려 주면 좋았을지도 모르지만, 그것이 제니퍼가 통제할 수 있는 것인지 궁금하네요.

제니퍼: 아니요, 할 수 없어요. 친구가 그렇게 해야 한다고 생각하지만, 저는 친구가 하는 일을 통제할 수 없어요.

치료자: 제니퍼가 통제하고 싶었던 결과는 무엇이었죠?

제니퍼: (잠시 멈춤) 모르겠어요. 친구와 외출하고 싶었을 것 같아요. 저는 영화 보러 가고 즐겁게 시간을 보내고 싶었을 거예요.

치료자: 그러니까 영화를 보러 가서 친구와 즐겁게 시간을 보내고 싶었던 거네요?

해설

제니퍼가 처음에 원한 결과는 그녀가 통제할 수 없는 것이었으며, 부적응적 패턴을 반영한다. 이것은 그녀가 이전 회기에서 처음 선택했던 것과 같다. 둘 다 타인에게 비판적이고 통제하는 것을 수반한다. 제니퍼가 통제할 수 있는 원하는 결과로 다시 방향을 잡도록 함으로써, 치료자는 적응적 패턴으로의 전환을 격려했다.

제니퍼: 네.

치료자: 그래서 어떤 일이 일어났나요? (5)

제니퍼: 음, 짜증이 났어요. 전화로 땍땍거리다가 결국 안 갔어요.

치료자: 짜증이 나서 친구에게 짜증을 냈고, 이번 주에 가지 않기로 했네요. 맞나요?

제니퍼: 네, 그 정도예요.

치료자: 그러면 원하는 결과를 얻었다고 할 수 있나요? (6)

제니퍼: 아니요, 절대 아니에요.

치료자: 그래요. 이 상황을 다시 살펴보면서 특히 좀 더 적응적 패턴을 사용

하면 어떻게 달라지는지 확인해 볼까요? (7)

제니퍼: 네, 도움이 될 것 같아요.

치료자: 좋아요. 제니퍼의 생각부터 시작해 볼게요. 첫 번째 생각은 친구가 자신에게 일정을 좀 더 일찍 확인했어야 한다는 거였어요. 친구와 영화를 보러 가는 것, 즉 원하는 것을 얻는 데 도움이 되었나요, 해가 되었나요? (8)

제니퍼: 해가 된 것 같아요.

치료자: 어떻게 해가 되었나요?

제니퍼: 그 생각 때문에 정말 짜증이 났고, 온통 그 생각만 했어요.

치료자: 그러니까 그 생각이 한쪽 상황에만 초점을 맞추도록 한 건가요?

제니퍼: 네, 부정적인 부분만요.

치료자: 그 상황에서 어떻게 하는 것이 더 도움이 될 수 있었을까요?

제니퍼: 날 초대해 줘서 고맙다고 생각했다면요. 다른 사람을 초대할 수 있었는데 저에게 물어봐서 좋았어요.

치료자: 좋아요, 초대해 준 친구가 친절하다는 생각이 드네요. 그게 어떻게 더 도움이 됐겠어요?

제니퍼: 비판하지 않고, 더욱 감사하게 만드는 데 도움이 된다고 생각해요.

치료자: 종종 자신이 비판적이라고 생각하나요?

제니퍼: (잠시 멈춤) 그런 것 같아요. 누군가 잘못했거나 생각을 충분히 하지 않았다는 것을 알았을 때, 매우 좌절감을 느껴요.

치료자: 그게 얼마나 실망스러울지 이해해요. 이전에 말한 것처럼 패턴 측면에서 어떻게 생각하나요?

제니퍼: 가끔 큰 그림을 보는 것이 어려운 것 같아요. 저는 남들이 그렇게 집중하지 않는 작은 일까지도 집중하는 것 같아요. 그리고 제가 그

런 것들에 집중하게 되면, 하던 일을 계속하는 것이 힘들어요.

치료자: 그래서 그게 자신이 원하는 것과 해야 할 일을 방해하는 건가요?

제니퍼: 네, 그런 것 같아요. 전에는 그렇게 생각해 본 적이 없었는데, 지금은 이해가 되네요.

치료자: 자, 두 번째 생각을 살펴볼게요. '친구는 내가 얼마나 바쁜지 모를까?'라고 생각했어요. 그 생각이 영화를 보러 가려는 원하는 결과를 얻는 데 도움이 되었나요, 해가 되었나요?

제니퍼: 도움이 안 됐어요. 아까 말한 것처럼 너무 비판적이어서 해가 되었어요.

치료자: 그렇다면, 그 순간에 자신에게 더 도움이 되는 생각은 무엇일까요?

제니퍼: 아마 친구도 바쁘다는 것을 인정하는 거예요. 함께 강의를 듣기 때문에 적어도 그 수업에서는 우리 둘의 공부량이 같아요.

치료자: 좋아요. 친구도 바쁘다고 생각하는 것이 영화를 보는 데 어떻게 도움이 되었나요?

제니퍼: 음, 친구가 잠시 기다렸다가 저에게 물어본 것이 좀 더 이해됐어요. 친구가 무슨 일을 하고 있는지 제가 다 알 수는 없잖아요. 모두 매우 바빠요.

치료자: 좋아요, 그럼 좀 더 이해하는 데 도움이 되었겠네요?

제니퍼: 네, 그랬을 것 같아요.

치료자: 좋아요. 세 번째 생각은 친구가 무엇인가 하기 전에 생각을 안 한다는 거였어요. 그 생각이 자신이 원하는 것을 얻는 데 도움이 됐나요, 아니면 해가 됐나요?

제니퍼: 네, 그것도 해가 되었어요. 앞의 두 가지 생각과 거의 비슷해요.

치료자: 어떻게요?

제니퍼: 음, 그 생각은 저에 대해 비판적이었어요. 그때 제가 집중할 수 있었던 모든 것은 제가 얼마나 불안했는지, 친구가 무엇을 잘못했는지, 무엇을 했어야만 했는지에 관한 생각뿐이었어요. 그런 마음가짐이면 밖에 나가 나 자신을 즐길 방법이 없어요.

치료자: 그래요. 그렇다면, 부적응적 패턴이 자신의 기분과 행동에 영향을 미친다는 것을 알아차렸네요.

제니퍼: 네, 정말 이해가 돼요.

치료자: 그 상황에서 자신의 마음가짐에 더 도움이 될 수 있었던 생각은 무엇일까요?

제니퍼: 음, 친구가 저를 초대해서 좋았어요. 친구가 상품권 유효 기한을 선택할 수는 없죠. 친구는 단지 함께 영화를 보러 가고 싶었을 뿐이에요.

치료자: 맞아요. 그럼 그 생각이 어떻게 도움이 되었을까요?

제니퍼: 좋은 면에 집중해서 친구의 잘못이 아니라는 걸 깨닫는 데 도움이 됐을 거예요. 친구가 계획을 잘못 세운 게 아니에요.

치료자: 실제로 그런가요?

제니퍼: 네. 친구의 잘못이 아니에요.

치료자: 좋아요. 이제 제니퍼의 행동으로 넘어갈게요. 첫 번째 행동은 친구에게 먼저 확인했어야 한다고 말한 거예요. 그 행동이 영화를 보러 가는 데 도움이 됐나요, 해가 됐나요? (9)

제니퍼: 음, 해가 되었어요.

치료자: 얼마나 해가 되었나요?

제니퍼: 친구가 그 말을 좋아하지 않았다는 생각이 들어요. 목소리 톤이 좋지 않았거든요. 그게 저를 더 화나게 했어요. 그냥 넘어갔으면 좋았

을 텐데요.

치료자: 그냥 넘어가는 게 어려웠군요. 그럼 어떤 행동이 더 도움이 되었을 것 같나요?

제니퍼: 제가 그냥 침착하게 친구에게 감사하다고 인사하는 거예요.

치료자: 침착하게. 친구에게 감사하는 것이 어떻게 도움이 되었을까요?

제니퍼: 음, 고맙게 생각한다고 하는 것이 좀 더 정확했을 것 같아요.

치료자: 그렇게 하는 것이 자신이 어떻게 느끼는지를 더 잘 표현했을까요?

제니퍼: 네, 그랬다면 그렇게 냉정하지는 않았을 거예요. 아마 더 좋은 분위기를 만드는 데 도움이 되었을 것이고, 영화 보러 가는 날짜를 정해야겠다는 마음이 들었을 거예요.

치료자: 그렇게 하는 것이 영화를 보러 가려는 마음을 더 생기게 하고 친구와의 관계에도 더 도움이 되었을 거예요. 맞나요?

제니퍼: 네, 정말 맞는 말씀이에요. 그게 도움이 됐을 것 같아요.

치료자: 좋아요. 두 번째 행동은 자신의 일정과 자신이 해야 할 모든 일을 살펴보면서 곁길로 빠졌어요. 그게 자신이 원하는 걸 얻는 데 도움이 됐나요, 아니면 해가 됐나요?

제니퍼: 해가 됐어요. 왜냐하면 제가 좌절하고 속상해하며 보낸 시간이 많았기 때문이에요. 저의 일정을 살펴본 후 낭패감이 들었어요. 저에게는 다른 어떤 것을 할 시간이 없는 것 같아서요.

치료자: 그렇게 행동하는 것이 자신을 곁길로 빠지게 하고, 잘되고 있는 것보다는 잘못되고 있는 것에 초점을 두도록 하는 건가요?

제니퍼: 네, 맞아요.

치료자: 이해해요. 만약 자신이 곁길로 새는 것이 좌절과 패배를 느끼게 한다면, 그 상황에서 더 도움이 되는 행동은 무엇일까요?

제니퍼: 저는 여전히 일정을 살펴볼 필요가 있었겠지만, 그냥 영화 보러 갈 수 있는 날짜만 고르는 거예요. 그냥 날짜를 정해서 제 일정에 추가하면 됐어요. 그것에 집착하지 않아요.

치료자: 그래요. 그럼 날짜를 정해서 일정에 넣는 게 어떻게 도움이 될까요?

제니퍼: 사소한 세부 사항에 신경 쓰는 대신, 그냥 계획을 짜고 다른 일로 넘어가는 데 도움이 됐을 거예요.

치료자: 특히 자신의 부적응적 패턴을 고려한다면 일리가 있네요.

제니퍼: 네, 맞아요. 저는 체계적이길 원하는데, 무의미한 세부 사항에 너무 집중하면 오히려 효율성이 떨어져서 우스꽝스러워져요. 게다가 일정을 잡는 것만으로도 기대되는 일이 생기기 때문에 도움이 돼요.

치료자: 그것은 자신의 부적응적 패턴 대신에 적응적 패턴을 반영할 거예요. 이해하셨나요?

제니퍼: (잠시 멈춤) 네. 이해했어요.

치료자: 자신의 기분과 동기부여에는 어떻게 도움이 될까요?

제니퍼: 기대하는 재미있는 일이 있다는 것이 도움이 돼요.

치료자: 사소한 세부 사항들로 인해 곁길로 새지 않고 결정을 내리는 것은 자신이 더 효율적으로 행동하도록 도울 수 있을 뿐만 아니라 스트레스와 기분에도 도움이 될 수 있겠네요.

제니퍼: 네, 전에는 그런 식으로 생각해 본 적이 없었는데 이제는 이해가 돼요.

치료자: 제니퍼가 그것을 이해했다니 기쁘네요. 세 번째 행동은 친구와 약속을 미루고, 영화를 보러 가지 않았네요. 자신이 원하는 것은 친구와 영화관에서 즐겁게 시간을 보내는 것인데 그 행동이 도움이 되었나요, 아니면 해가 되었나요?

제니퍼: 해가 되었어요. 그것은 다른 모든 것의 결과일 뿐이에요. 세부 사항에 집착하는 것. 단지 저의 좌절과 짜증이에요.

치료자: 그러니까 그 시점에 제니퍼는 이미 짜증이 났고 좌절했는데, 주로 친구의 행동에 대한 세부 사항과 비판에 집중했기 때문이네요.

제니퍼: 네, 그래서 그때 저는 너무 좌절해서 나갈 수가 없었어요.

치료자: 무슨 행동이 자신에게 더 도움이 될 수 있었을까요?

제니퍼: 제가 말한 대로 그냥 계획을 세웠더라면요. 그냥 우리 둘 다 편한 날짜를 정해서 일정을 잡는 거죠.

해설

순차적 질문 동안 제니퍼는 자신의 적응적 패턴과 더 일치하는 대안적인 생각과 행동을 만들어 내면서 다른 사람들에 대해 덜 비판적으로 되었다. 순차적 질문을 통해 행동 활성화 과제를 검토하기 시작하면서, 그녀의 패턴 전환은 분명해졌다.

치료자: 좋아요. 0부터 10까지의 척도에서 0은 '전혀'고, 10은 '최고'인데, 제니퍼는 부적응적 패턴을 바꾸는 것이 얼마나 중요한가요? (10)

제니퍼: 음, 9점인 것 같아요. 저는 제가 하는 일들 가운데 일부가 기분에 어떻게 영향을 미치고, 하고 싶은 일을 하는 데 방해가 될 수 있다는 것을 알 수 있었어요. 아니면 제가 원하는 방식으로 일하는 것. 좀 더 효율적인 것. 좀 더 재미있는 것.

치료자: 좋아요. 자신에게 매우 중요하다니 다행이에요. 동일한 척도로 이 패턴을 바꿀 수 있다고 얼마나 자신하나요?

제니퍼: 음, 오늘은 7점인 것 같아요.

치료자: 7은 중간 이상이네요. 그것을 8이나 9로 옮기려면 무엇이 필요할 것 같나요?

제니퍼: 음, 제가 사소한 세부 사항에 지나치게 집중하지 않고 이번 주 일정을 할 수 있다고 생각하는 거요.

치료자: 그렇다면 오늘 영화를 보러 갈 계획에 대해 말했던 것을 실행할 수 있을까요?

제니퍼: 네. 제가 그 영화 볼 계획을 세울 수 있다면, 그건 좋을 것 같아요. 그러면 더 자신감이 생길 거예요. 우리는 다음 주에 영화를 볼 수 있어요. 그게 좋겠어요.

치료자: 좋아요. 그러면 제니퍼는 이 상황을 다시 살펴볼 기회를 얻게 되고, 오늘 회기에서 만들어 낸 대안적인 생각과 행동을 활용할 수 있을 거예요.

제니퍼: 네, 맞아요. 영화도 꼭 보러 가고 싶어요. 게다가 친구가 영화 상품권을 가지고 있어서 무료예요. 그럼 정말 좋겠어요.

치료자: 종종 이러한 상황에서 역할 놀이를 하는 것이 도움이 돼요. 실제 상황에서 말하고 싶은 것을 말하는 연습을 할 수 있어요. 여기에서 시도해 보는 것은 어떤가요? **(역할 놀이)**

제니퍼: 좋아요.

치료자: 저는 제니퍼의 친구 역할을 할게요. 친구 이름이 뭐였죠?

제니퍼: 스테파니예요.

치료자: 스테파니. 그러면 제니퍼는 그냥 자기 자신 역할을 해요. 괜찮죠?

제니퍼: 물론이죠.

치료자: "제니퍼, 내가 영화표를 가지고 있는데, 만료되기 전에 꼭 사용하고 싶어. 갑작스러운 통보인 건 아는데, 가능한 시간은 목요일 8시나 금요일 10시뿐이야. 갈 수 있겠어?"

제니퍼: "정말 가고 싶어. 내 일정만 확인하고 언제 갈 수 있는지 알려 줄

게." (잠시 멈춤) 왜 시간이 다 될 때까지 기다렸는지 묻고 싶은데, 좋은 생각이 아닌 것 같아요. 그냥 일정만 확인하고 시간을 정해야겠어요. 그래서 저는 "금요일 10시에 갈 수 있어."라고 말하고 싶어요.

치료자: "아주 좋아. 금요일 괜찮아. 그 시간에 맞춰서 거기로 바로 갈게. 그 전에 오케스트라 연습 때문에 바빠서 10시에 딱 맞춰서 갈게. 늦지는 않겠지만 일찍 도착하기는 힘들 것 같아. 그렇게 해도 괜찮으면 좋겠어."

제니퍼: "알려 줘서 고마워. 금요일 10시에 정문에서 만나자."

치료자: 잘했어요. 역할 놀이는 어땠나요?

제니퍼: 좋았어요. 친구가 좋은 좌석에 앉을 수 있도록 적어도 몇 분 일찍 오지 못하는 것 때문에 아마 짜증이 날 것 같아 웃겼어요. 하지만 그 시간이 저에게 더 좋은 시간이고, 친구가 미리 사정을 말해 줘서 괜찮아요. 저는 기꺼이 타협할 거예요.

치료자: 역할 놀이에서 기꺼이 타협했네요.

제니퍼: 맞아요. 지금 생각해 보니 실생활에서도 그렇게 할 수 있을 것 같아요.

해설

제니퍼의 동기는 크게 향상되었지만, 두 번째 중요도 척도(MI) 질문에 대한 그녀의 대답은 자신감을 높이기 위한 맞춤형 개입으로부터 나름의 이득을 보았음을 나타냈다. 친구와 약속 시간을 정하고, 순차적 질문 동안 분석된 상황을 해결함으로써, 제니퍼는 실제 상황에서 적응적 패턴을 연습할 기회가 생겼다. 이렇게 노력하면서 성공한 경험을 통해 부적응적 패턴에서 적응적 패턴으로 전환하는 능력에 대한 자신감이 증가될 것이다. 역할 놀이 연습은 제니퍼에게 사회적 관심을 높이고 우울을 줄이는 데 도움이 되는 보다 적응적이고 효과적인 행동을 연습할 기회를 제공했다. 역할 놀이 동안 치료자와의 대화는 그녀의 부적응적 패턴을 촉발하기 위한 것이었지만, 제니퍼는 예측할 수 없는 측면을 효과적으로 다룰 수 있었다. 그런 다음, 그녀는 평소에 반응하는 방식과 패턴의 변화에 따라 반응할 수 있는 방식 사이의 차이점을 말했다. 이러한 행동을 실생활에서 실행할 수 있을 것이라고 언급하면서, 제니퍼는 자신감이 더 커졌음을 보여 주었다.

치료자: 아주 좋아요. 우리가 이 연습을 해서 기쁘고, 제니퍼에게 도움이 되었으면 좋겠어요.

제니퍼: 네, 저도요. 이제 더 자신감이 있어요.

치료자: 제가 제니퍼에게 소개하고 싶은 또 다른 기법이 있어요. 그것은 '마치 ~처럼' 생각하기라고 부르는데, 달라지고 싶은 방식을 계속해서 시각화하는 데 도움이 될 수 있어요. 시도해 보고 싶은가요? **('마치 ~처럼' 생각하기)**

제니퍼: 물론이죠. 어떻게 하는지는 모르겠지만 한번 해 볼게요.

치료자: 잘됐어요. 그렇게 어렵지 않고, 즐거울 거라는 생각이 들어요. 자신이 삶에서 하고 싶은 모든 변화는 이미 이루어졌고, 모든 것이 자신이 원하는 대로 되고 있다고 상상하면 좋겠어요.

제니퍼: 좋아요. 상상할 수 있어요.

치료자: 그것이 어떤지 묘사할 수 있나요?

제니퍼: 네. 스트레스가 훨씬 덜할 거예요. 저는 차분하고 자신에 대해 기분이 좋아질 거예요. 어쩌면 제 일과 사회생활의 균형을 맞출 수 있고, 모든 것에 죄책감을 덜 느낄지도 몰라요.

치료자: 아주 좋아요. 자신이 원하는 대로 일이 진행된다면, 평범한 하루는 어떨지 묘사할 수 있나요?

제니퍼: 네. 저는 제시간에 일어나고 새로운 날이 기대되며, 피곤하지 않고 상쾌할 거예요. 저는 달리기를 하거나 체육관에 가고, 샤워한 후에 건강한 아침 식사를 할 거예요. 그러면 수업 전에 친구들을 만나서 커피를 마실 수도 있겠어요. 수업 시간에 저는 해야 할 모든 일에 대해 생각하고 스트레스를 받는 대신 제가 배우는 것에 대해 흥분할 거예요. 수업이 끝난 후에는 계획대로 일정을 소화해서 일을 마무리할 거예요. 만약 제가 무언가를 끝내지 못했거나 원하는 대로 일이 풀리지 않았더라도 그것에 대해 괜찮다고 느낄 거예요. 저는 자신에게 "괜찮아. 너는 최선을 다했고 앞으로 잘할 거야."라고 말할 거예요. 그런 후, 저는 무슨 요일인지에 따라 요가 수업에 가서 친구들을 만나거나 술을 마시러 갈 거예요. 주말에 친구들과 자동차 여행을 가거나 가족을 방문하기 등의 계획을 세울 거예요. 저는 부모님과 통화하고 화나거나 죄책감을 느끼지 않을 수 있을 것 같아요. 자신을 너무 비난하지 않고 즐겁게 지낼 수 있을 거예요. 아마도 이 정도예요.

치료자: 아주 좋은 생각이에요! 그것은 더욱 동기부여를 받고, 기분을 개선하고, 일과 사회생활의 균형을 맞추고 싶은 제니퍼의 목적에 맞아요.

제니퍼: 정말 좋아요!

치료자: 제니퍼 말에 동의해요. '마치 ~처럼' 생각하기 연습에 대해 어떻게 생각하나요?

제니퍼: 좋았어요. 아마도 제가 벅찰 때 혼자 해 볼 것 같아요.

치료자: 좋은 생각이네요. 회기가 거의 끝나가는데, 이번 주에 마무리할 수 있도록 몇 가지 활동 일정을 정하는 건 어떨까요?

제니퍼: 네, 좋아요.

치료자: 이번 주에 자신을 위한 세 가지 활동을 정해 보도록 해요. 그중 두 가지는 즐거운 활동이고, 한 가지는 꼭 해야만 하는 활동으로 해요.

제니퍼: 음, 저는 걷는 걸 더 즐기고 있어요. 스포츠 훈련 같은 것이 아니라서 좋아요. 딱히 목표를 정해 놓은 것은 아니에요. 스스로 제 자신을 밀어붙일 필요가 없어요.

치료자: 걷기는 자신에게 특별하군요.

제니퍼: 네, 그래요. 무언가를 위해 노력할 필요 없이 그냥 즐길 수 있어요. 그게 좋아요.

치료자: 그렇다면 제니퍼는 속도를 늦추는 것을 즐기고, 아마도 현재 이 순간을 즐기기 위한 시간을 갖는 것을 즐겨 왔을 거예요.

제니퍼: 네.

치료자: 언제 그 활동을 완료하고 싶은가요?

제니퍼: 목요일에 수업 끝나고 하고 싶어요.

치료자: 목요일에는 20분 정도 산책을 할 수 있군요. 어디에서 산책할 예정인가요?

제니퍼: 저는 그냥 아파트 주변과 동네를 돌아다닐 거예요.

치료자: 잘됐어요. 그 활동의 대체 활동이 있나요?

제니퍼: 네, 아마 헬스장에 갈 수 있을 거예요. 저는 일립티컬 머신(elliptical machine)을 좋아해요.

치료자: 좋은 운동 같아요. 제니퍼가 계획할 수 있는 두 번째 활동은 무엇인가요?

제니퍼: 토요일 저녁에 캠퍼스에서 즉흥 쇼가 있어요. 홍보물이 꽤 재미있어 보였어요. 가고 싶어요, 거기 함께 갈 사람을 몇 명 알고 있어요.

치료자: 즉흥 쇼는 즐겁고 재미있을 것 같고, 친구들을 만날 기회가 되겠네요.

제니퍼: 네. 한 시간짜리 공연이에요. 그래서 토요일에 갈 수 있어요.

치료자: 잘됐네요. 마지막으로 해야 할 활동은 무엇인가요?

제니퍼: 곧 작성해야 할 중요한 연구 보고서가 있어요. 도서관에 가서 서적과 논문을 찾아야 해요. 저는 사서와 만날 약속을 잡아야 해요. 사서와의 약속은 30분인데, 자료 찾는 것을 도와줘요.

치료자: 그 활동은 매우 도움이 되고, 적절한 자료를 찾도록 도울 수 있는 좋은 방법인 것 같아요. 이미 일정을 잡았나요?

제니퍼: 아니요, 금요일에 가고 싶어요. 온라인으로 예약할 수 있어요. 오늘 집에 가면 예약할 거예요.

치료자: 그렇다면 제니퍼의 세 번째 활동은 연구 보고서에 필요한 자료를 찾기 위해 사서와 만나는 거예요. 금요일에 가고 싶고, 오늘 온라인으로 약속을 잡는 거군요.

제니퍼: 네, 그게 제가 할 일이에요.

치료자: 만약 금요일에 시간이 안 된다면, 도서관에 갈 수 있는 다른 날이 있나요?

제니퍼: 네, 목요일이나 토요일에 갈 수 있어요. 어느 날이라도 좋아요.

치료자: 잘됐어요. 그리고 일지를 사용하여 이러한 활동을 계속 따라가고, 각 활동의 완성도와 즐거움을 0부터 10까지의 척도로 평정해 보세요.

제니퍼: 네, 그렇게 할게요.

치료자: 또한 자신이 지금까지 해 왔던 것처럼 계속해서 기분 차트를 작성하면 좋겠어요.

제니퍼: 네, 계속할게요.

치료자: 한 가지만 더요. 회기 평정 척도 양식을 작성하여 회기에서 원하는

내용을 얻고 있는지 확인해 주세요. **(회기 평정 척도 검토)**

제니퍼: 좋아요.

치료자: 오늘 회기에 만족했던 것 같아요. 그리고 제니퍼가 이야기하고 싶은 것을 다루었고요.

제니퍼: 정말로 친구들과 있었던 일이나 얼마나 좌절감을 느꼈는지와 같은 사회적인 것들을 말하고 싶었어요. 지금은 사회적인 부분에 대한 기분이 나아졌어요.

치료자: 아주 좋아요. 다음번에 또 만나기를 기대합니다.

해설

행동 활성화 개입에 대해 제니퍼가 기꺼이 동의하고, 다양한 난이도가 있는 더 많은 활동을 기꺼이 계획하는 것은 동기, 에너지 및 활동의 즐거움이 증가하고 있음을 나타낸다. 또한 이것은 그녀의 기분 척도, 환자 건강 질문지-9 점수, 성과 평정 척도 점수에도 반영되었다. 회기 평정 척도 점수가 높다는 것은 그녀의 패턴이 몇 가지 어려움에도 불구하고 이 회기에서 촉발되지 않았음을 시사한다. 게다가 제니퍼는 매우 우호적인 내담자이지만, 열의를 품게 되는 데 여전히 속도가 느렸다. 회기 평정 척도 점수는 2회기와 3회기에서 38점이었다. 이 회기의 40점은 신뢰에 의한 치료적 동맹을 나타낸다. 마지막으로, 제니퍼는 부적응적 패턴에서 더 적응적 패턴으로 전환하고 있다. 그녀의 개선된 기분과 높아진 사회적 관심에서 증명된다. 다음 5회기의 사회적 관심 척도–간편형 점수가 이러한 변화를 나타낼 것으로 예상된다.

끝맺는 말

4회기에서 내담자가 원하는 변화가 이미 일어났다면 삶이 어떻게 달라졌을지 스스로 시각화할 수 있도록 돕기 위하여 '마치 ~처럼' 생각하기 개입이 사용되었다. 이것은 내담자가 현재의 사고방식을 좀 더 적응적 사고방식으로 대체하도록 도와준다. 순차적 질문은 패턴 변화를 계속 촉진하기 위해 사용된다. 예를 들어, 제니퍼는 자신의 통제 범위에 있는 원하는 결과로 다시 방향을 맞춤으로써, 자신이 원하는 결과를 달성하는 데 도움이 되는 적응적이고 대체적인 생각과 행동을 만들 수 있었다. 마지막으로, 역할 놀이는 내담자가 적응적 패턴을 반영하는 새로운 기술을 연습하는 데 도움을 주기 위해 사용된다. 또한 이 과정은 내담자의 자신감 형성을 도와 더 적응적 패턴으로 전환할 수 있게 한다.

참고문헌

Carich, M. (1997). Variations of the "as if" technique. In J. Carlson & S. Slavik (Eds.), *Techniques in Adlerian psychology* (pp. 153-160). Washington DC: Accelerated Development.

Corsini, R. (1966). *Role playing in psychotherapy: A manual.* Chicago, IL: Aldine.

La Guardia, A. C., Watts, R. E., & Garza, Y. (2013). A framework for applying reflecting "as if" with nonsuicidal self-injurious clients. *Journal of Individual Psychology, 69*(3), 20-222.

Watts, R. E. (2003). Reflecting "as if": An integrative process in couples counseling. *The Family Journal, 11*(1), 73-75.

Watts, R. E., & Garza, Y. (2008). Using children's drawings to facilitate the acting "as if" technique. *Journal of Individual Psychology, 64*(1), 113-118.

Watts, R. E., & Trusty, J. (2003). Using imaginary team members in reflecting "as if". *Journal of Constructivist Psychology, 16*(4), 335-340.

제 8 장

치료의 중간 단계

학습 내용

1. 버튼 누르기 기법
2. 회기 동안 패턴 변화에 계속 집중하는 방법
3. 증상, 패턴, 사회적 관심의 변화를 계속 사정하는 방법
4. 중요한 치료적 결정을 하는 방법
5. 아들러 패턴중심치료의 실제: 제니퍼의 5~8회기 사례

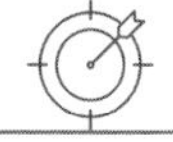

이 장에서는 제니퍼 치료의 중간 단계인 5~8회기를 분석한다. 이 회기는 지속적인 증상 감소, 패턴 전환, 사회적 관심 향상에 전념한다. 경과 모니터링(progress monitoring)을 위해 사회적 관심 척도-간편형을 5회기에 다시 실시한다. 5회기에 제니퍼는 자신의 오래된 패턴에 따라 행동하는 자신을 알아차리고, 치료자의 도움 없이 생각과 행동을 대체할 수 있는 능력을 보고한다. 치료자는 효과적인 치료적 의사결정과 개입의 실행을 보여 준다. 제니퍼가 패턴 촉발을 인식하고 관리하는 능력을 증진시키면서 6~7회기에 변화가 계속된다. 치료자는 8회기에 버튼 누르기 기법을 소개하며, 제니퍼가 정서적 상태를 통제할 수 있는 또 다른 방법을 알려 준다. 이 회기에서 제니퍼의 우

울 증상은 1차 목표 달성을 나타내는 준임상 수준(sub-clinical level)으로 낮아진다. 이 장에서는 해설과 함께 제니퍼의 5~8회기 상담에서 축어록 일부를 발췌하여 제시한다.

버튼 누르기 기법

버튼 누르기 기법(Mosak, 1985; Mosak & Maniacci, 1998)은 우울증을 위한 아들러식 개입으로 개발되었다. 이 기법은 부정적인 감정 상태를 좀 더 긍정적인 감정 상태로 대체하기 위해 '버튼 누르기'를 함으로써 개인이 자신의 정서적인 경험을 통제하도록 한다. 개인은 인지 재구조화, 해석, 노출이 아닌 단지 감정 상태를 대체할 뿐이다. 먼저, 치료자는 기법을 실행하기 위해 내담자에게 개입을 소개하고, 목적을 설명한다. 치료자는 기법을 시연하기 위해 내담자에게 눈을 감고, 불쾌한 기억에 집중하면서 그것과 관련된 감정을 말하게 한다. 이번에는 내담자에게 즐거운 기억에 집중하면서 그것과 관련된 감정을 말하게 한다. 그런 다음, 치료자는 내담자에게 두 감정 상태를 왔다 갔다 하면서 버튼을 누르는 것을 시각화하도록 지시한다. 회기 밖에서 내담자가 기법을 연습하고, 버튼을 누를 때 더 많은 긍정적인 기억을 만들어 내도록 지시한다. 이 기법은 이 장의 뒷부분에 있는 8회기를 발췌한 내용에서 사용된다.

5회기 축어록

제니퍼는 다른 표준화 검사와 함께 이 회기 직전에 사회적 관심 척도-간편형을 완료했다. 그녀의 사회적 관심 척도-간편형 점수는 사회적 관심이 현저하게 높아졌음을 나타낸다. 접수 회기 때의 점수보다 12점이 높아진 것이다. 이는 환자 건강 질문지-9 점수가 경도 우울증 수준으로 낮아졌을 뿐만 아니라 성과 평정 척도 점수가 향상된 것과도 일치한다. 제니퍼는 회기 밖에서 대안적인 생각과 행동을 실천하기 시작한다. 5회기에서 그녀는 자신의 패턴에 대한 몇 가지 촉발 요인을 확인하고, 치료자의 도움 없이 여러 가지 촉발 요인을 극복할 수 있는 능력을 보인다. 다음은 선택된 축어록의 일부이다.

〈표 8-1〉 5회기 사정 점수

환자 건강 질문지-9(PHQ-9)	8(경도 우울증)
성과 평정 척도(ORS)	전체(27): 개인적(6), 대인관계적(7), 사회적(7), 전반적(7)
회기 평정 척도(SRS)	40
기분 척도(MS)	7
사회적 관심 척도-간편형(SII-SF)	33
중요도 척도(MI)	중요성: 9 자신감: 6

치료자: 그럼 오늘의 성과 평정 척도 양식을 살펴보도록 해요. **(성과 평정 척도 검토)**

제니퍼: 좋아요.

치료자: 개인적인 기능에 대한 자신의 평점에 대해 좀 더 말해 줄 수 있나요?

제니퍼: 물론이죠. 이번 주에 정말 좌절감을 많이 느꼈어요. 하지만 평소보다 더 잘 해낼 수 있을 것 같았어요. 그래서 꽤 괜찮았어요.

치료자: 그래요, 약간의 좌절을 느꼈군요. 그러나 이 감정들을 다룰 수 있었다니 기쁘네요. 무엇이 그 상황을 더 잘 다루는 데 도움이 되었나요?

제니퍼: 음, 우리가 여기서 이야기했던 것들을 생각했어요. 그리고 '좋아, 내가 이 순간에 무슨 생각을 하고 있지?'라고 생각할 수 있었어요. 제 일에 압도당한 것이 세상의 끝이 아니라는 생각을 할 수 있었어요. 아시겠죠? 저는 일을 세분화해서 그것을 다룰 수 있게 되었어요.

치료자: 좋아요, 완벽하고 때로는 비판적인 자신의 패턴을 확인하게 되고, 자신의 생각과 대안을 평가하는 것이 도움이 되었나요?

제니퍼: 네, 그것을 적용할 수 있었다는 것이 정말 멋져요.

해설

제니퍼는 자신의 부적응적 패턴을 반영하는 방식으로 생각하고 행동하는 자신을 알아차릴 수 있었다고 말했다. 그런 후에 회기 밖에서 스스로 대안적인 생각과 행동을 적용했다. 이 행동은 제니퍼가 3차 변화 목표로 나아가고 있음을 나타낸다. 이것은 그녀가 치료가 종결된 후에도 계속 '혼자서' 적응적인 방식으로 반응할 수 있다는 것을 시사한다. 치료자는 제니퍼의 행동을 그녀의 패턴과 연결했다. 이러한 패턴의 맞바꿈은 제니퍼에게 타당화되었고, 그녀가 부적응적 패턴을 변화시킬 수 있다는 자신감을 높여 주었다.

제니퍼: 네, 사회적으로는 친구들과 함께 공연에 잘 다녀왔어요. 하지만 제 평점이 조금 낮은 것은 부모님과의 대화 때문이에요. 제가 전화한다고 했었는데, 그날이 공연과 같은 날이어서 깜빡 잊었어요. 다음

날에 부모님께 전화를 드렸는데, 두 분 모두 전화를 기다리다 화가 나셨어요.

치료자: 어떻게 해결됐나요?

제니퍼: 그게 정말 해결된 건지 잘 모르겠어요. 우리는 다른 이야기를 시작했고, 다시는 그것에 대해 이야기하지 않았어요.

치료자: 제니퍼는 친구들과 좋은 시간을 보냈고, 부모님과는 약간 긴장 관계가 있었지만, 실제로 다루지는 않고 그냥 넘어갔다는 건가요?

제니퍼: 네. 두 분은 그 일을 다시 꺼내지 않으실 거예요. 아마 다시 그런 일이 일어나더라도 두 분은 그러실 거예요.

치료자: 기분 척도로는 자신을 어떻게 평가하나요?

제니퍼: 기분이 조금 나아진 것 같아요. 기분 척도로 7점 정도예요. 이번 주 그룹 프로젝트 때문에 스트레스를 많이 받았어요.

해설

제니퍼가 부모와 관련된 사건을 말했지만, 치료자는 이번에 제니퍼의 부모와의 역동을 더 다루지 않기로 했다. 그녀의 부적응적 패턴에 미치는 가족의 영향력이 있었지만 부모와의 상호작용이 제니퍼의 패턴을 촉발하지 않았고, 이것은 그녀의 기능이 향상되었다는 것을 시사했다. 그녀는 부모의 행동에 대해 너무 괴로워하지 않고, 여전히 한 주 동안 비교적 높은 기분 척도 점수와 높아진 사회적 관심 척도 점수를 보고했다. 스트레스가 많은 부모와의 상호작용을 다룰 수 있는 제니퍼의 능력은 좀 더 적응적 패턴으로 나아가고 있음을 반영한다. 만약 제니퍼가 부모와의 상호작용에 대해 더 괴로워하거나 다음 회기에서 그 이야기를 다시 꺼내면, 그것은 치료자의 관심을 더 많이 받게 될 것이다. 그렇지 않다면, 그것에 대해 논의하는 데 더 많은 시간을 쓰는 것은 치료과정을 불필요하게 산만하도록 할 수 있다. 이와 같은 상황은 치료자들에게 까다로운 치료적 결정이 될 수 있다.

치료자: 좋아요. 이제 자신의 행동을 살펴보도록 해요. 첫 번째 행동은 다른 학생들의 과제 일부분을 완성하는 거였어요. 그 행동이 자신의 일에 집중하는 데 도움이 되었나요, 해가 되었나요? (9)

제니퍼: 음, 해가 되었어요. 시간을 많이 쏟아 부었고, 그것에 과도하게 집중했어요.

치료자: 그래요. 세부 사항에 지나치게 집중하는 자신의 패턴을 다시 알아차렸나요?

제니퍼: 네, 다른 사람의 유능함에 따라 달라지는 상황에서 가장 많이 나타나요.

치료자: 가끔 이 패턴 때문에 비판적이게 되는 자신의 모습을 발견했나요?

제니퍼: 네, 맞아요. 저는 비판적이게 돼요.

치료자: 다른 사람들을 비판하게 되면 어떤 일이 일어나죠?

제니퍼: 화가 나요. 사소한 일에 신경을 쓰다 보니 짜증이 나요. 순환되는 것 같아요.

치료자: 자, 제니퍼는 패턴이 어떤 식으로든 지속된다는 것을 알아차렸을 거예요.

제니퍼: 네, 그래요.

치료자: 좋아요, 그렇다면 이 상황에서 어떤 행동이 더 도움이 되었을까요?

제니퍼: 만약 제가 제 일을, 그냥 제가 맡은 부분만 했었다면요. 저는 그 시간이 정말 필요했는데, 실제로 다른 사람 일을 하다가 시간을 다 보냈어요. 만약 그냥 제 일만 했었다면 정말 제 시간을 더 소중히 여기고 저를 위한 시간을 가졌을 거예요.

치료자: 그냥 자신 일에 집중했더라면 자신에게 필요한 여유 시간이 생기고, 자신의 시간과 일정을 더 챙겼겠군요.

제니퍼: 네. 저의 시간이 가치 있다는 사실을 자주 생각하지 않아요. 이것은 제가 우선순위를 정해야 한다는 것을 깨닫게 해 주었어요.

치료자: 네, 좋아요. 자신이 필요로 하는 것을 존중하는 방식으로 시간의 우선순위를 정하는 것이 자신에게 도움이 될 거라는 것을 깨달았네요.

제니퍼: 네.

해설

순차적 질문 동안 제니퍼의 행동을 분석하면서, 그녀는 자신의 완벽주의 패턴과 타인을 비판하는 경향을 연결했고, 자신이 지닌 패턴의 자기 영속적인 특성을 인식했다. 이는 제니퍼의 변화에 대한 주요 지표이다. 더 적응적인 패턴으로의 전환은 그녀가 관계에 대한 부적응적 패턴의 영향력을 더 잘 인식하도록 도왔고, 사회적 관심의 증가는 더 나은 관계를 형성할 수 있도록 패턴을 바꾸려는 동기를 강화했다. 마침내 5회기에서 제니퍼는 자신의 패턴에 대한 구체적인 촉발 요인들을 알아차렸다. 이는 향후 재발을 예방하기 위한 계획을 수립하는 데 유용할 것이다.

6회기 축어록

5회기에 일어난 변화는 6회기에서도 계속된다. 제니퍼는 행동 활성화 활동을 검토하는 동안 사소한 세부 사항과 차질로 인해 곁길로 빠지지 않고 작업을 계속할 수 있었던 상황을 제시한다. 이러한 변화는 환자 건강 질문지-9, 성과 평정 척도, 기분 척도에서의 점수에 반영된다. 게다가 자신의 부적응적 패턴을 바꿀 수 있는 능력에 대한 제니퍼의 자신감이 높아진다. 다음은 선택된 축어록의 일부이다.

〈표 8-2〉 6회기 사정 점수

환자 건강 질문지-9(PHQ-9)	7(경도 우울증)
성과 평정 척도(ORS)	전체(30): 개인적(8), 대인관계적(7), 사회적(7), 전반적(8)
회기 평정 척도(SRS)	40
기분 척도(MS)	7
중요도 척도(MI)	중요성: 9 자신감: 7

치료자: (잠시 멈춤) 제니퍼의 첫 번째 행동은 캠퍼스의 요가 수업에 참여하는 거였어요. 그 활동을 어떻게 평정했나요?

제니퍼: 그 활동의 완성도는 9점이고, 즐거움은 7점이에요. 괜찮은 수업이었지만, 어떤 자세는 똑바로 할 수가 없었어요. 그래서 완성도에 9점을 주었어요. 제가 그 자세를 완벽하게 하지 못했기 때문에 실제로 전체 수업을 완료했다고 생각하지 않아요.

치료자: 알겠어요. 그러니까 그 수업을 완료하긴 했지만, 그 자세를 완벽하게 하지 못했기 때문에 자기 자신에게 10점 만점을 줄 수는 없네요. 맞나요?

제니퍼: 네, 선생님께서 그렇게 말씀하시니 조금 어리석은 것처럼 들리네요. 저는 실제로 그 자세들을 완벽하게 할 수 없어요.

치료자: 그러니까 우리가 확인한 자신의 완벽주의 패턴 중 일부라고 보나요?

제니퍼: (잠시 멈춤) 네. 지금 생각해 보니 자신을 조금도 느슨하게 하지 않는 것이 절망스럽기도 하고 조금 어리석은 것 같아요.

치료자: 그래요. 또한 자신이 성취한 것에 대해 할 수 있는 만큼 자기 자신

에게 보상하고 있지 않아요.

제니퍼: 그것도 사실이에요. 재미도 있었고, 거기서 몇몇 친구들도 만났어요. 요가 수업을 마쳤을 때 기분이 좋았고, 남은 하루 동안 건강한 식사를 할 수 있었어요. 정말 동기가 생기네요.

치료자: 네, 그럴 수 있어요. 이 활동에서 또 다른 좋은 점이 있었나요?

제니퍼: 음, 우리가 자기비판에 대해 이야기하니 조금 다르게 볼 수 있었어요. 자세가 완벽하지는 않았지만 저는 많은 자세를 배웠고, 제 생각에 제가 할 수 있는 것보다 그 이상을 얻었어요. 그래서 좋았어요.

해설

제니퍼가 요가 자세를 완벽하게 수행하지 못했을 때, 행동 활성화 활동은 그녀의 패턴을 촉발했다. 그녀의 패턴에 대한 통찰이 증가했음에도 불구하고, 이 상황에서 부적응적 패턴이 작동하여 제니퍼는 좌절했다. 치료자는 이 상황에서 제니퍼가 이리저리 흩어져 있는 점들을 유의미한 형태로 연결하도록 도왔고, 제니퍼는 자신의 자기비판이 부당할 뿐만 아니라 그녀의 패턴을 강화하고 기분에 영향을 미친다는 것을 깨달았다. 활동에 대한 제니퍼의 평가에서 드러난 것처럼 이 상호작용에서 약간의 패턴 전환이 일어났다.

치료자: 잘됐어요. **(잠시 멈춤)** 이 활동에서 어떤 점이 좋지 않았나요?

제니퍼: 지금 우리가 그 점을 이야기하지만, 저는 활동에서 좋지 않은 것이 없었다고 생각해요. 참여하길 정말 잘했고, 기회가 생기면 다시 할 거예요. 무료여서 좋았어요.

치료자: 무료인 것은 확실하게 도움이 되죠. (잠시 멈춤) 두 번째 활동은 공부 모임에 가는 거였어요. 그 활동은 어떻게 평정했나요?

제니퍼: 그 활동의 완성도는 10점이고, 즐거움은 6점이에요. 별로 재미없는

활동이었어요.

치료자: 알겠어요. 우리가 활동을 계획할 때, 그건 뭐랄까, 재미있는 활동이기보다는 제니퍼가 해야만 할 일이었어요. 즐거운 활동과 필요한 활동 사이의 균형을 맞추는 것이겠죠. 이 활동이 재미없었다는 것은 알겠지만, 어떤 점이 좋았나요?

제니퍼: 그 활동에서 많은 것을 얻었어요. 제가 정말 끙끙대고 있던 과제들과 질문들이 있었는데, 많은 도움을 받았어요. 제게 필요한 게 뭔지 알아낼 수 있었어요. 또한 다른 사람들의 일을 대신 맡는 것을 거절할 수 있었고요.

치료자: 잘됐어요. 그건 우리가 제니퍼의 패턴을 통해 다루고 있었던 것 이상이군요. 어떻게 그것을 거절하고, 자기 자신의 일에 집중할 수 있었나요?

제니퍼: 음, 그저 제 일에 집중하고 우선순위를 정한다면, 다른 사람의 일이 제게 정말로 영향을 미치지 않고, 나를 위한 시간이 더 많아지고 쉴 수 있는 시간이 더 많아질 거라고 내 자신에게 말했을 뿐이에요.

치료자: 좋아요. 그것이 우리가 지난 시간에 이야기했던 거예요. 그때 확인한 대안적인 생각과 행동을 통합할 수 있었나요?

제니퍼: 네, 그랬어요. 어떤 일은 그냥 내버려 두고 그 일에 너무 집중하지 않을 수 있다는 것을 깨달았을 때 기분이 좋았어요. 마음이 놓였어요.

치료자: 잘됐네요! 함께한 회기에서 많은 것을 얻고, 배운 전략이 유용하다는 것을 알게 되어 기쁘네요.

제니퍼: 네, 그래요. 우선순위를 정하고 시간을 잘 관리할 수 있을 때, 시간과 에너지가 얼마나 많아지는지 놀라워요.

치료자: 잘됐어요. 자, 공부 모임 활동의 어떤 점이 좋지 않았나요?

제니퍼: 그냥 좀 지루했어요. 지겨웠죠. 작업이 너무 진지했고, 그 후에 저는 피곤했어요. 나쁘진 않았지만 그냥 별로 재미가 없었어요.

치료자: 그 활동에서 필요한 것을 얻었고, 스스로 과도하게 참여하지는 않았지만 별로 재미가 없었네요.

제니퍼: 네, 맞아요.

치료자: 자, 이제 세 번째 활동은 음식, 특히 과일과 채소 스무디를 준비하는 거였어요. 그것은 어떻게 됐나요?

제니퍼: 그 활동의 완성도는 8점이고, 즐거움도 8점이에요. 필요한 한 가지 재료가 없었다는 것을 알았는데, 밖에 나가기 싫어서 그냥 만들었어요.

치료자: 그렇군요, 한 가지 재료가 없는데도 계속 만들 수 있었다는 거죠?

제니퍼: 대개의 경우 저는 그렇게 하지는 않는데, 그때는 그렇게 했어요.

치료자: 이 활동의 어떤 점이 좋았나요?

제니퍼: 글쎄요. 한 가지 재료가 없어도 계속할 수 있어서 기뻤어요. 평소 같았으면, 저는 그것에 집착해서 하던 일을 멈췄어요. 그냥 얼린 블루베리를 추가하고 싶었을 뿐인데, 블루베리가 없으니까 그냥 '이것은 꼭 필요한 게 아니야.'라고 생각했어요. 그래서 어쨌든 저만의 요리법을 만들었어요. 그것에 만족했어요.

치료자: 그래서 자신에게서 발견한 변화에 만족하나요?

제니퍼: 네, 그래요. 그동안 해 보고 싶었던 요리를 만들 수 있고, 더 잘 준비한 것 같아서 재미있었어요. 스무디를 얼려 놓았다가 제가 바쁠 때 한 번에 하나씩 섞으면 돼요.

치료자: 멋져요. 정말 좋은 생각이네요.

제니퍼: 그런 것 같아요.

치료자: 이 활동의 어떤 점이 좋지 않았나요?

제니퍼: 음, 아마도 한 가지 재료가 부족했던 것이에요. 또한 제가 요거트를 조리대에 쏟았는데, 조리대와 레인지 사이로 들어가 버렸어요.

치료자: 좌절했겠네요.

제니퍼: 네, 하지만 제가 잘 처리했어요. 깨끗이 치울 수 있었죠. 그래서 괜찮았어요. 그 밖에 활동에서 나쁜 점은 없었어요. 다음에 또 할 것 같아요.

치료자: 좋아요. 제니퍼가 점점 더 일상적으로 이러한 대안들을 사용하고 있어서, 일들이 더 쉽고 덜 짜증나게 한다는 것을 알게 되었다니 기쁘네요.

제니퍼: 네, 정말 그래요.

해설

제니퍼는 몇 가지 사례에서 패턴이 촉발되었지만 주어진 활동을 완료했다. 이는 이러한 장애물을 성공적으로 완화할 수 있을 만큼 충분한 1차 및 2차 목표가 달성되었다는 것을 나타낸다. 그녀는 부적응적 패턴으로 다시 빠져드는 자신을 발견할 수 있음에 따라, 일관되게 대안적인 생각과 행동을 사용했다. 이는 3차 변화를 나타낸다. 치료자는 제니퍼가 재발 예방 계획을 세우는 것을 돕기 전에 추후 회기에서 이러한 성공을 바탕으로 계속 노력할 것이다.

7회기 축어록

7회기에서 제니퍼의 증상은 계속해서 개선되고, 사회적 관심이 증가하며, 그녀의 패턴은 더 적응적인 것으로 계속 전환된다. 제니퍼가 장애물을 다루는 능력이 향상되며, 패턴이 덜 촉발된다는 것을 알게 된다. 이와 같은 개선이 이루어지면서 6회기부터는 중요도와 자신감 점수 둘 다 높아진다. 다음은 선택된 축어록의 일부이다.

〈표 8-3〉 7회기 사정 점수

환자 건강 질문지-9(PHQ-9)	6(경도 우울증)
성과 평정 척도(ORS)	전체(31): 개인적(7), 대인관계적(8), 사회적(8), 전반적(8)
회기 평정 척도(SRS)	40
기분 척도(MS)	7
중요도 척도(MI)	중요성: 10 자신감: 8

치료자: 지난주 기분 차트를 살펴보도록 해요. (기분 차트 검토)

제니퍼: 이번 주에는 짜증이나 좌절한 것보다 흥분되며 즐겁다고 더 많이 기록했어요. 전반적으로 덜 피곤했어요.

치료자: 알겠어요. 전반적인 기분이 나아지는 것이 좋네요.

제니퍼: 네, 이런 식으로 다시 살펴볼 수 있어서 좋아요.

치료자: 도움이 되었다니 기뻐요. 이제 지난주 활동을 살펴보면 어떨까요?

제니퍼: 네, 좋아요. 즐거운 한 주를 보냈으니, 그것에 대해 이야기할게요.

치료자: 그 이야기를 정말 듣고 싶네요. 첫 번째 활동은 제니퍼가 해야만 하는 과제였어요. 그 활동을 어떻게 평정했나요?

제니퍼: 활동의 완성도는 8점이고, 즐거움은 5점이에요. 제가 계획한 시간 동안 과제를 해서 매우 기뻤어요. 그것은 저에게 큰 성과였어요.

치료자: 맞아요. 지난주에 제니퍼가 일정을 지키려고 애썼던 상황이 기억나네요.

제니퍼: 네, 이번에는 훨씬 더 좋았어요. 할당한 시간 동안 과제를 끝내지 못했어요. 생각보다 오래 걸려서 다음에 다시 해야 했어요. 그래서 완성도에 10점을 줄 수는 없었어요. 하지만 제가 원할 때 할 수 있어서 행복했어요. 훨씬 더 효율적이라고 느꼈어요.

치료자: 이번 주에 목표를 달성하는 데 무엇이 도움이 되었다고 생각하나요?

제니퍼: 음, 우리가 논의했던 몇몇 대안적인 생각에 관하여 생각하기요. 선생님과 함께 지난번 상황을 살펴본 것이 도움이 되었어요. 제가 지금 과제를 못 한다면 다른 활동을 취소해야 한다고 생각했는데, 이번에는 그렇게 하고 싶지 않았어요. 그런 다음, 제가 해야 할 일이 완벽할 필요는 없다는 것을 스스로 상기했어요. 과제를 마친 후에 언제든지 편집할 수 있어요. 일단 뭔가를 써야만 해요.

치료자: 아주 좋아요. 그래서 자신에게 우선순위를 상기하고, 자신이 하는 일이 완벽할 필요는 없다는 대안적인 생각을 사용했군요. 따라서 시작해 보기도 전에 자제하지는 않았군요.

제니퍼: 네, 정확해요.

치료자: 좋아요, 잘됐네요! (잠시 멈춤) 그래서 이 활동에 대해 어떤 점이 좋다고 생각하나요?

제니퍼: 제가 하겠다고 했을 때, 과제에 착수할 수 있다는 것에 대해 기분이 너무 좋았어요. 비록 그 시간 안에 끝내지는 못했지만, 대부분은 끝마쳤기 때문에 안도감을 크게 느꼈어요.

치료자: 잘됐어요. 자, 이 활동의 어떤 점이 좋지 않았나요?

제니퍼: 솔직히 좀 지루했어요. 논문을 찾고 필요 없는 자료들을 일일이 읽

어야 했던 것이 너무 지루했어요. 기대했던 것보다 지지부진하고 더 오래 작업해야 해서 조금 짜증났지만, 그렇게 나쁘지는 않았어요.

치료자: 이전의 과제들과 비교했을 때 이 과제에 대해 얼마나 좌절감을 느꼈나요?

제니퍼: 그렇게 좌절하진 않았어요. 저는 침착할 수 있었고 제가 원할 때 끝내지 못했다는 사실에 잘 대처할 수 있었어요. 세상이 끝난 게 아니었어요.

치료자: 아주 좋아요. 그래서 예전처럼 짜증을 느끼지 않고 완벽 추구하기를 누그러뜨리는 법을 배우고 있다는 것을 알아차리고 있군요.

제니퍼: 그래요. 그건 제가 원하는 걸 실제로 절대 주지 않기 때문에, 결국 아무것도 없는 것에 대해 기분이 나빠지거든요.

치료자: 그건 헛수고예요.

제니퍼: 맞아요.

해설

몇몇 장애물에도 불구하고, 제니퍼는 성공적으로 행동 활성화 과제를 완료했다. 그 활동에서 그녀는 더 적응적인 패턴을 반영하는 몇 가지 생각을 재구조화할 수 있었고, 완벽주의 패턴이 어떻게 삶의 다른 영역에 영향을 미치는지를 더 많이 이해하게 되었다.

치료자: 좋아요. 자, 세 번째 활동은 산책하는 거였어요. 그건 어떻게 되었나요?

제니퍼: 완성도는 8점이고, 즐거움은 8점이에요. 비가 곧 올 것 같아서 되돌아가야 했어요. 운 좋게도 비가 오기 전에 딱 맞춰 집에 도착했어요.

치료자: 좋아요, 날씨 때문에 활동을 제대로 끝내지 못했네요.

제니퍼: 네. 그 외에는 좋았어요.

치료자: 이 활동의 어떤 점이 좋았나요?

제니퍼: 야외에서 편안한 시간을 보낼 수 있어서 좋았어요. 저는 종종 '모 아니면 도'인 편이에요. 이제야 깨달았어요. 예를 들어, 단지 편안하거나 즐겁다는 이유만으로 보통은 바깥으로 나가거나 산책하지는 않았을 거예요. 스포츠에서 경쟁하거나 시합을 준비하는 것이 저에게는 더 저다운 거예요.

치료자: 알겠어요. 이전에는 스포츠나 시합, 혹은 해야 할 어떤 것과 관련될 때만 밖에 나가서 운동하고 신선한 공기를 마실 수 있다고 생각했다는 걸 알아차리게 되었군요. 하지만 지금은 휴식과 여가도 마찬가지로 중요할 수 있다는 것을 알게 되었네요.

제니퍼: 맞아요. 제가 이전에는 그것을 한 번도 생각해 본 적이 없다니 믿을 수가 없어요. 경쟁을 목적으로 하지 않은 것은 행할 가치가 없는 것 같았어요. 지금은 정말 어리석게 느껴져요. 왜냐하면 이렇게 산책을 하면 기분이 좋아지고 조용한 시간과 자연을 즐길 수 있으니까요. 여유를 갖는 데 도움이 돼요.

치료자: 그래요. 제니퍼는 스포츠나 시합 이외의 다른 이유로 산책을 하고 있네요.

제니퍼: 네, 긴장을 풀기 위해 산책하고 있어요. 그리고 건강하고 활동적이게 되려고요.

치료자: 좋아요. 건강과 즐거움이 스포츠를 위한 훈련만큼이나 자신에게 중요하다는 것을 깨닫고 있네요.

제니퍼: 네, 맞아요.

치료자: 좋아요. 자, 이 활동의 어떤 점이 좋지 않았나요?

제니퍼: 제가 말했듯이, 비가 오기 시작했어요. 아니, 비가 올 것 같았어요. 운 좋게도 비를 맞지는 않았지만 돌아와야 했고, 제가 계획한 만큼 멀리 또는 오래 갈 수 없었어요. 너무 아쉬웠어요.

치료자: 맞아요. 현재는 활동을 마치지 못하면 실망하는 자신을 발견하지만, 반면에 처음 여기 왔을 때는 밖에 나가거나 즐거운 일을 하는 것을 어려워했죠.

제니퍼: 네, 맞아요. 그건 미처 생각하지 못했어요. 동기부여가 힘들었을 때, 우리가 계획했던 첫 번째 활동이 더 많은 일을 하고 싶은 동기를 높이는 데 많은 도움이 된 것 같아요. 저도 이런 활동을 더욱 즐기고 있어요. 지금 선생님과 그것에 관해 말하면서 제가 그렇게 지치고 힘든 것처럼 느껴지지 않았고, 일들이 훨씬 더 쉽고 재미있어졌다는 것을 깨달았어요.

치료자: 그 말을 들으니 정말 좋네요. 운동이 제니퍼에게 유용하게 되고, 더 동기부여가 되어서 즐겁게 지내고 있다니 기뻐요.

제니퍼: 네, 정말 그랬어요.

치료자: 좋아요. 이제 오늘의 성과 평정 척도 양식을 살펴보도록 해요. **(성과 평정 척도 검토)**

제니퍼: 네.

치료자: 개인적으로 어떻게 지냈는지에 대한 평점에 대해 좀 더 말해 줄 수 있나요?

제니퍼: 네, 잘 지냈어요. 말씀드렸듯이, 좀 더 동기부여되었어요. 기분이 좀 나아졌어요. 저는 일을 마무리 짓고 혼자 즐길 시간을 찾고 있어요. 더욱 성취감을 느껴요.

치료자: 네, 좋아요. 그러니까 우리가 논의한 것처럼, 제니퍼는 더 동기부여

를 받고 있어요. 스스로 더 즐기고 있고, 기분이 좋아지는 것을 느끼는군요.

제니퍼: 네, 말씀드린 것처럼 모든 일에 꼭 목적이 있을 필요는 없다는 것을 배우고 있어요. 마치 학교처럼요. 제가 그냥 좋아서 하거나 기분이 좋아지기 때문에 할 수 있어요.

치료자: 좋아요. 대인관계 영역의 평점에 대해 좀 더 자세히 말해 줄 수 있나요?

제니퍼: 네, 지난주보다 이번 주가 훨씬 더 좋았어요. 2주 전, 지난 회기 전에는 밖에 나갈 시간이 거의 없었어요. 너무 바빴어요. 많은 사람과 관계를 맺지 못했어요. 이번 주는 훨씬 더 좋았어요. 가장 친한 친구와도 통화했고, 우리는 많은 것을 이야기했어요. 상당히 괜찮았어요. 저는 그것에 감사했어요. 어제 그녀가 저에게 전화해서, 수다 떨 시간을 가질 수 있었어요.

치료자: 좋아요. 사회적으로 어떤가요?

제니퍼: 이번 주에는 사람들과 만남을 가졌고, 괜찮았어요. 학교생활 또한 더 나아지고 있는데, 특히 제가 우선순위를 정하는 법을 배우고, 덜 완벽한 것들을 하도록 허용하고 있기 때문이에요.

치료자: 굉장해요! 그러니까 완벽하지 않은 일을 하는 것이 훨씬 더 많은 것을 해내고, 우선순위를 정하고, 더 많은 즐거움을 느낄 수 있게 한다는 것을 알게 된 건가요?

제니퍼: 네, 맞아요. 완벽하지 않은 일을 하는 것은 제 어깨에 짊어진 커다란 짐을 내려놓는 거예요.

치료자: 좋아요, 전반적인 평점은 어떤가요?

제니퍼: 전반적인 평점은 좋았어요. 단지 조금이나마 쉴 수 있다는 것을 알

게 되어 기분이 좋아졌고, 성적과 공부에 대해 겁먹거나 뭔가에 방해받을 때마다 짜증을 내는 대신, 여기 학교에서의 시간을 즐길 수 있었어요.

치료자: 좋아요, 모든 것이 하기 싫은 일이라기보다는 학교에서의 경험을 더 즐기게 되어서 점수가 높아졌네요.

제니퍼: 네, 맞아요.

치료자: 좋아요. 기분 척도에는 어떻게 평정했나요?

제니퍼: 기분 척도는 7점이에요. 우여곡절도 있었지만, 감정이 얼마나 나아졌는지, 기분과 동기부여가 얼마나 좋아졌는지 잘 알 수 있어요.

치료자: 좋아요. 기분이 나아지고, 완벽주의적 패턴을 다루는 것이 자신의 기분을 나아지게 하고 동기부여한다는 것을 발견했다니 기뻐요.

해설

회기의 이 부분은 증상 감소, 패턴 전환, 사회적 관심 증가의 세 가지 수준에서 변화를 반영한다. 제니퍼는 치료자와의 상호작용에서 변화에 관한 이야기를 많이 주도했고, 지난 한 주 동안 몇 가지 장애물을 성공적으로 헤쳐 나갔다.

8회기 축어록

제니퍼의 환자 건강 질문지-9 점수는 이제 임상 기준치 아래로 떨어져 우울증이 거의 없는 것으로 나타났다. 기분 척도 점수 또한 이러한 변화를 반영한다. 제니퍼의 성과 평정 척도 점수는 지속된 증상의 개선과 증가한 사회적 관심을 반영한다. 여기에서는 버튼 누르기 기법을 소개한다. 다음은 선택된 축어록의 일부이다.

〈표 8-4〉 8회기 사정 점수

환자 건강 질문지-9(PHQ-9)	5(우울증 거의 없음)
성과 평정 척도(ORS)	전체(32): 개인적(9), 대인관계적(7), 사회적(8), 전반적(8)
회기 평정 척도(SRS)	40
기분 척도(MS)	8
중요도 척도(MI)	중요성: 10 자신감: 8

치료자: 자신의 생각부터 살펴보도록 해요. 첫 번째 생각은 '나는 시험에 실패할 거야.'였어요. 자신이 원하는 것, 즉 공부와 수면 사이의 균형을 잡는 것을 얻는 데 도움이 되었나요, 해가 되었나요? (8)

제니퍼: 해가 되었어요.

치료자: 해가 되었다고요?

제니퍼: 네.

치료자: 어떻게 해가 되었나요?

제니퍼: 저를 압도하고 집중하기 어렵게 만들었어요.

치료자: 압도당해서 집중하기가 더 힘들어졌나요?

제니퍼: 네.

치료자: 그게 얼마나 어려웠을지 알 것 같아요. 그럴 때 어떤 생각이 더 도움이 되었을 것 같나요?

제니퍼: 만약 제가 그 수업에서 잘하고 있다고 생각한다면, 아마도 제가 자신을 인정하는 것만큼보다는 더 많이 알고 있는 셈일 거예요.

치료자: 좋아요. 그럼 제니퍼는 자기 자신에게 충분한 점수를 주고 있지 않나요?

제니퍼: 네, 맞아요. 지금까지 그 수업에서 좋은 성적을 받고 있거든요.

치료자: 제니퍼는 그게 어느 정도 저절로 매번 생기는 일로 생각하나요? 그래서 자신에게 충분한 점수를 주지 않게 된다는 말인가요?

제니퍼: 네, 정말 그래요. 많이 그런 것 같아요. 정말 속상해요.

치료자: 네, 전에 그 이야기를 했던 것이 기억나네요. 자신의 패턴이 거기에 어떻게 작용한다고 보나요?

제니퍼: 제가 완벽해야 하거나 모든 것을 구체적인 방식이 되게 해야 한다고 자신에게 끊임없이 말하고 있다고 생각해요. 잘하는 일은 그냥 무시해요. 제가 충분히 잘하고 있지 않다고 생각하는 일에만 초점을 맞춰요.

치료자: 자신이 충분히 잘하지 못하고 있는 것들에 대한 자신의 평가를 어떻게 생각하나요? 제니퍼는 자기 평가가 공정하다고 생각하나요?

제니퍼: 아니요. 이제 저는 그것이 아니라는 것을 깨달았어요. 저는 자신을 지나치게 높은 기준에 묶어 놓기 때문에 제가 하는 많은 일에 대해 너무 비판적이에요.

치료자: 그렇다면 제니퍼의 기대는 비현실적이고, 자신을 너무 가혹하게 비판하며, 자신이 잘하는 것들을 무시하나요?

제니퍼: 네. 그건 정말 제 기분을 망치게 해요.

치료자: 그건 이렇게 들려요. 즉, 성실성 패턴이 우울한 기분과 연결된 비효과성으로까지 다시 이어진 것 같아요. 이것이 원인이 되고 있나요?

제니퍼: 네, 정말 그런 것 같아요. 그런 마음가짐이 들 때는 기분이 안 좋아져요.

치료자: 알겠어요. 그 수업에서 잘하고 있고, 자신에게 충분한 점수를 주지 않고 있다는 생각을 대체할 수 있는 생각은 무엇일까요? 그 생각은

자신이 원하는 것을 얻는 데 어떻게 도움이 되었을 것 같나요?

제니퍼: 좀 더 자신감을 가질 수 있었을 것 같아요. 그리고 제가 잘할 것이라고 느꼈다면, 아마 잠을 좀 더 잘 수 있었을 거예요.

해설

이 대화에서 치료자는 제니퍼가 부적응적 생각들을 재구성하고 대체하는 것을 도왔다. 여기에서 제니퍼의 현실적인 성실성 패턴이 도움이 되었다. 제니퍼는 일을 제대로 하는 데 신경을 쓰기 때문에, 자신의 부적응적 패턴이 어떻게 그녀를 방해하는지 이해하면 할수록 생각과 행동을 보다 적응적인 패턴을 나타내는 것으로 바꾸려고 더 많은 동기를 부여했다.

제니퍼: 우리가 말했던 전략을 실천하는 것이 중요할 것 같아요. 공부하기를 멈출 시간을 계획하는 것처럼요.

치료자: 그것이 큰 차이를 만들 거라는 데 동의해요. 때로는 차분하고 자신감 있게 느껴질 수 있는 것처럼 보이지만, 때로는 그러한 기분은 스트레스를 받고 압도당하는 것과 균형을 맞추기가 어려울 수 있어요.

제니퍼: 네, 가끔은 매우 어려울 수 있을 것 같아요. 저를 우울하게 만드는 몇몇 행동에 다시 빠져드는 것은 매우 쉬운 것 같고요.

치료자: 물론이에요. 이해할 수 있어요. 특히 새로운 행동을 배우고 연습하고 있을 때는 더욱 그렇죠. 또 다른 기법을 소개하고 싶어요. 버튼 누르기 기법이라고 부르는데, 부정적인 기분 대신 좀 더 즐거운 기분을 만들도록 돕기 위한 거예요. 어떤가요?

제니퍼: 저, 그거 해 보고 싶어요. 부정적인 기분보다는 좀 더 즐거운 기분이면 좋겠어요.

치료자: 좋아요, 괜찮다면 부정적인 기분을 느끼게 하는 것부터 시작할게요. 자신을 슬프게 하는 그런 일들이죠.

제니퍼: 네, 알겠어요. 생각나는 게 있어요.

치료자: 어떤 생각이죠?

제니퍼: 할머니가 돌아가셨을 때를 생각하고 있어요. 알츠하이머를 앓으셨어요. 그래서 슬퍼요.

치료자: 0부터 10까지의 기분 척도에서 10이 가장 슬픈 것이라면, 얼마나 슬픈가요?

제니퍼: 아마 10이나 9일 거예요. 제가 어렸을 때에는 할머니랑 정말 친했거든요.

치료자: 많이 힘드셨겠네요.

제니퍼: 정말 그랬어요.

치료자: 유감입니다. 이제 그 생각에서 벗어날 수 있어요. 제니퍼를 행복하게 한 무언가를 생각했으면 좋겠어요. 자신을 기분 좋게 한 장소나 좋은 기억 같은 거 말이에요.

제니퍼: 지난 생일파티를 생각하고 있어요. 제 친구들과 멋진 시간을 보냈어요. 우리는 모두 멋지게 차려입고 외출을 했어요. 즐거운 하루였고, 정말 여유로움을 느꼈어요.

치료자: 지금 그 일을 생각하면 어떻게 느껴지나요?

제니퍼: 지금 편안하게 느껴져요. 그 일을 생각하면 행복해지고, 친구들과 또 다른 즐거운 밤을 계획하고 싶어져요.

치료자: 좋아요, 그렇다면 그 기억을 생각하면 더 동기부여가 되고 기분이 더 좋아진다는 건가요?

제니퍼: 네.

치료자: 그럼 지금 제니퍼는 0에서 10까지 척도로 얼마나 슬프거나 괴로운가요?

제니퍼: 아, 그 기억을 떠올리는 동안 2인 것 같아요.

치료자: 첫 번째 슬픈 기억과 이 행복한 기억은 큰 차이가 있나요?

제니퍼: 네, 정말 큰 차이가 있어요.

치료자: 부정적인 기억이나 긍정적인 기억을 생각함으로써 완전히 다른 두 가지 기분을 어떻게 느낄 수 있는지 깨달았나요?

제니퍼: 네, 저는 행복한 생각에 대해 생각할 때처럼 그런 기분을 더 많이 느끼고 싶어요.

치료자: 자, 또 다른 슬픈 일을 떠올려 보세요. 그리고 이번에는 자신이 누를 수 있는 두 개의 버튼이 있다고 상상해 보세요. 검정색 둥근 버튼 같은 걸 누를 수 있어요. 상상할 수 있겠어요? **(버튼 누르기 기법)**

제니퍼: 네, 버튼을 머릿속에서 그려 볼 수 있어요.

치료자: 좋아요. 이제 이 슬픈 생각을 할 때 그 버튼을 누르는 것을 상상해 보세요. 마음에 떠오르는 게 있나요?

제니퍼: 네. 저는 고등학교 때 친한 친구가 멀리 이사 갔을 때를 생각하고 있어요. 친구 엄마가 다른 지역에 취업하셔서, 친구는 학기 중반에 떠났어요. 모든 수업과 몇몇 동아리를 함께했었기 때문에 제게 매우 힘든 일이었어요. 친구가 이사한 후에 학교에 가는 것이 이상했고, 모든 것이 달라 보였어요.

치료자: 가장 친한 친구 없이 생활한다는 것은 매우 어려운 일인 것 같군요.

제니퍼: 네, 그랬어요. 그 일을 생각만 해도 슬퍼요.

치료자: 좋아요, 이제 두 번째 버튼을 상상하도록 해요. 이건 행복한 기분이 되고 싶을 때 누르는 버튼이에요.

제니퍼: 알겠어요.

치료자: 행복한 생각을 하면서 그 버튼을 상상해 보세요.

제니퍼: 네.

치료자: 마음에 떠오르는 게 있나요?

제니퍼: 네. 졸업 후 친구들과 해변에서 주말을 보냈을 때를 생각하고 있어요. 친구 부모님 중 한 분이 바닷가에 집이 있는데, 졸업 선물로 주말 동안 머물게 해 주셨어요. 너무 편안했어요. 우린 어떤 책임도 없었고, 걱정할 일도 없었어요. 스트레스 없이 밤새 놀 수 있었어요.

치료자: 친구들과 함께 보낸 멋진 추억 같네요.

제니퍼: 네.

치료자: 그것에 대해 어떻게 생각하나요?

제니퍼: 기분이 좋아요! 그런 일들을 생각하면 행복해요. 공부나 슬픈 기억을 생각할 때보다 스트레스가 훨씬 덜해요.

치료자: 과제로 자신을 힘들게 할 때보다 더 나은가요?

제니퍼: 오, 그럼요. 과제에서 했던 것과 하지 않은 것에 대해 화가 났을 때와는 완전히 달라요.

치료자: 그런 좋은 감정들을 불러일으킬 수 있는 것들을 좀 더 생각했으면 좋겠어요. 그것은 추억, 장소, 물건일 수도 있어요. 그런 것들을 생각하기를 연습해 보세요. 자신을 행복하게 하는 버튼 누르기를 생각하면서. 그리고 제니퍼가 스트레스를 받거나 기분이 우울할 때, 이 버튼을 눌러서 행복한 생각 중에서 하나를 떠올리길 바랄게요. 어떤가요?

제니퍼: 할 수 있을 것 같아요. 스트레스를 받는 시간에서 벗어날 수 있다면 좋을 것 같아요.

해설

제니퍼는 치료자와 협력했고 버튼 누르기 기법을 배우는 것을 즐기는 것 같았다. 이 기법은 증상을 줄이고 1차 변화 목표를 달성하기 위한 효과적인 전략일 뿐만 아니라 환경과 정서적 상태를 통제하고자 하는 제니퍼의 바람에도 적용된다. 제니퍼가 사람들을 기쁘게 하려는 그녀의 부적응적 패턴의 일부분을 나타내는 이전의 개입들에 동의했다면, 여기에서 제니퍼의 협력은 좀 더 적응적인 패턴으로의 전환을 나타낸다. 제니퍼는 좀 더 유연하고 새로운 아이디어에 개방적이며, 개입을 이행하려는 동기가 높아졌고, 자신의 패턴과 증상에 변화를 줄 수 있다는 자신감이 생겼다.

끝맺는 말

이 장은 치료의 중간 단계인 5~8회기에서 발췌한 내용을 검토했고, 제9장에서 다루게 될 종결 단계로 이어진다. 내담자가 불쾌한 감정 상태를 더 유쾌한 감정 상태로 대체할 수 있도록 돕기 위하여 버튼 누르기 기법을 도입했다. 내담자의 사회적 관심 수준의 변화를 추적하기 위해 사회적 관심 척도-간편형을 다시 시행했다. 패턴 전환 및 증상 감소가 지속되고, 내담자는 재발 예방 및 종결에 집중할 준비가 되었다. 게다가 제니퍼는 치료가 완료된 후에도 치료 효과가 지속되도록 하는 3차 변화를 보이기 시작했다.

참고문헌

Mosak, H. H. (1985). Interrupting a depression: The pushbutton technique. *Individual Psychology, 41*(2), 210-214.

Mosak, H. H., & Maniacci, M. (1998). *Tactics in counseling and psychotherapy*. Itasca, IL: F. E. Peacock.

제 9 장

종결과 종결 이후 준비하기

학습 내용

1. 성공적인 치료 종결을 위한 지침
2. 1차 및 2차 변화 목표의 경과를 검토하는 방법
3. 내담자와 협력하여 재발 예방 계획을 세우는 방법
4. 치료 후 초기기억을 수집하는 방법
5. 아들러 패턴중심치료의 실제: 제니퍼의 9~10회기 사례

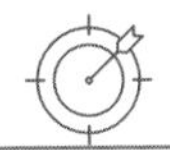

의사가 애초에 제안한 우울증 약물치료를 제니퍼가 원하지 않았기 때문에 심리치료에 의뢰되었던 것을 기억해 보자. 첫 만남에서 내담자와 치료자는 치료를 시작하기로 동의했고, 필요하다면 약물과 치료를 병행하기로 합의했다. 치료에 대해 제니퍼가 초기에 반응함으로써 약물을 병행한 치료는 필요하지 않게 되었다. 이러한 경과는 후속 회기 동안에도 계속되었다.

이 장은 9회기와 10회기에 해당하는 치료의 종결 단계를 보여 준다. 이 마지막 두 회기는 효과적인 아들러 패턴중심치료의 중요한 구성 요소를 포함하고 있다. 이 단계에서 치료의 초점은 종결과 최종 사정으로 옮겨진다. 사회적 관심 척도-간편형이 시행되고, 치료 후

(post-therapy) 초기기억이 수집된다. 이 장에서는 성공적인 종결을 위한 다섯 가지 지침을 제시하고, 두 가지 구성 요소인 재발 예방 계획과 경과 검토를 자세하게 설명한다. 그런 다음, 해설과 함께 9회기와 10회기 상담의 주요 부분을 제시하면서, 기법을 설명하고, 치료 과정 중 제니퍼의 경과를 검토한다. 1~4회기는 치료 초기 단계이며, 5~8회기는 중간 단계를 나타낸다. 마지막으로 종결 단계는 9~10회기로 이루어진다. 〈표 9-1〉은 제니퍼 사례에서 접수 회기와 8회기 사이에 일어난 변화를 요약한 것이다.

〈표 9-1〉 변화 요약(1~8회기)

과업	지표	기법
1차 변화	• 우울 감소 • 동기 증가 • 사회적 철회 감소	• 격려 • '마치 ~처럼' 행동하기(행동 활성화) • 순차적 질문 • 아들러식 ABC 모델 • 버튼 누르기 기법 • 자기 모니터링
2차 변화	효과성을 유지하면서, 합리적으로 성실한 더 적응적인 패턴으로 전환하기	• 격려 • 순차적 질문 • '마치 ~처럼' 행동하기 • '마치 ~처럼' 생각하기
사회적 관심	제니퍼의 사회적 행동과 사회적 관심 척도-간편형에서 12점 증가로 나타난 사회적 관심 증가	• 격려 • '마치 ~처럼' 행동하기(행동 활성화) • 순차적 질문 • 역할 놀이

기술 익히기	제니퍼는 기분 상태를 통제하고, 대안적인 생각과 행동을 사용하며, 기분과 촉발 요인을 모니터하는 것을 배움	• 격려 • 버튼 누르기 기법 • 순차적 질문 • 아들러식 ABC 모델 • 자기 모니터링

종결

아들러 패턴중심치료를 실행하는 치료자에게 필수적인 요구 사항은 치료를 성공적으로 종결하는 것이다. 종결은 중요한 관계가 내담자를 위하여 변화하는 과정이다. 내담자는 자신의 패턴에 따라 종결에 다르게 반응한다. 종결에 대한 장애물은 정확한 사례개념화를 통해 효과적으로 예측하고 극복할 수 있다. 효과적인 종결은 다음의 다섯 가지 주요 과업의 특징이 있다. 즉, ① 종결 및 이와 관련한 내담자의 생각과 감정을 논의하기, ② 경과와 목표 달성을 논의하기, ③ 재발 예방 계획 수립하기, ④ 지속적인 내담자 성장을 논의하기, ⑤ 추후 회기 또는 연락 방안 준비하기이다(Sperry, 2010).

종결 논의하기

치료자는 먼저 종결에 대한 논의를 시작하면서 내담자의 긍정적이고 부정적인 반응을 끌어낸다. 내담자의 반응은 다양하고 복잡할 수 있다. 내담자는 치료를 통해 이룬 목표를 뿌듯해하면서도, 치료 이후에 이러한 효과를 유지해야 한다는 과업에 대해 걱정할 수 있다.

경과와 목표 검토

치료자는 치료 성과를 나열하고, 이를 접수 회기에서 상호 합의했던 목표 목록과 비교함으로써 내담자가 치료 목표의 경과와 성취를 검토하도록 돕는다. 1차와 2차 목표를 한 번에 하나씩 검토한다. 치료자는 내담자에게 각 목표를 어느 정도 달성했다고 생각하는지 0점에서 10점까지 척도로 질문할 수 있다. 부분적으로 달성된 목표라 하더라도 변화를 나타내고 있으며, 내담자가 이러한 목표를 완전히 달성하는 과정을 지속하도록 격려한다. 그런 다음 치료자는 내담자가 종결 이후 스스로 또는 약간의 치료적 지원을 받아 추구할 수 있는 개인적인 성장을 위한 새로운 목표를 탐색하게 한다(Sperry, 2010).

재발 예방 계획

재발 예방은 내담자가 치료 후 증상이나 부적응 행동이 다시 나타날 가능성을 예상하고 줄이는 데 도움이 된다. 이 과업은 내담자가 대처 기술, 관계 기술 및 자기 효능감을 향상하는 데 도움이 된다(Marlatt & Gordon, 1985). 재발 예방 계획하기는 증상과 행동에 대한 잠재적 촉발 요인을 확인하는 것으로 시작하는 협력적 과정이다(Marlatt & Gordon, 1985). 촉발 요인은 개인 간, 개인 내, 신체적 또는 환경적일 수 있으며, 정서적 · 행동적 반응에 선행하는 것으로 생각된다. 전통적인 12단계에서 유래한 HALT[hungry(배고픈), angry(화난), lonely(외로운), tired(피곤한)]라는 약어는 일반적인 촉발 요인을 확인하는 데 유용한 도구이다. 사람은 보통 이것 중 하나 또는 그 이상이 자신에게 스트레스 요인이라는 것을 알게 된다. 각 촉발 요인을 회피하거나 대처하기 위한 전략을 확인해야 한다.

촉발 요인을 확인한 후, 치료자는 내담자의 증상이 다시 나타나거나 부적응 행동이 곧 나타날 것이라는 조기 경고 신호를 확인하도록 돕는다. 각 조기 경고 신호를 처리하기 위한 구체적인 전략을 확인해야 한다. 또한 내담자는 일반적으로 치료 성과를 유지하고 재발을 막는 데 도움이 되는 생활양식의 변화를 유지하도록 격려받는다(Sperry, 2010).

내담자의 지속적인 성장

내담자는 초기 목표를 넘어서서 지속하여 개인적인 성장을 추구하기 위해 노력할 수 있다. 치료자는 이러한 새로운 목표를 논의하고 내담자가 이를 달성할 수 있도록 지지 집단, 전문 치료자에게 의뢰 또는 기타 활동과 같은 방법을 계획하도록 도와야 한다.

추후 회기 제공

치료자는 추후 회기의 가능성을 논의해야 한다. 회기는 3개월 또는 6개월 간격으로 계획할 수 있다. 어떤 경우에는 추후 회기가 필요하지 않을 수 있다. 이 경우 치료자는 추후 회기가 필요한지를 결정하기 위해 내담자와 협력하고, 필요할 경우 언제든지 다시 방문하거나 전화할 수 있다는 것을 알려 준다(Sperry, 2010).

9회기 축어록

9회기에 제니퍼의 환자 건강 질문지-9 점수는 더 낮아지고, 성과 평정 척도 점수는 계속 높아진다. 이번 회기에서 치료자는 제니퍼가 종결을 대비하기 위해 재발 예방 계획을 세우는 것을 돕는다. 제니퍼는 우울 증상과 부적응적 패턴 둘 다에 대한 촉발 요인을 확인한다. 또한 그녀는 우울증이 다시 시작되거나 부적응적 패턴이 촉발되고 있는 조기 경고 신호를 확인하고, 촉발 요인과 초기 증상 모두를 관리할 수 있는 구체적인 전략을 목록화한다. 마지막으로, 치료자는 재발 예방 계획을 실행하려는 제니퍼의 동기를 평가한다. 다음은 선택된 축어록의 일부이다.

〈표 9-2〉 9회기 사정 점수

환자 건강 질문지-9(PHQ-9)	2(우울 거의 없음)
성과 평정 척도(ORS)	전체(33): 개인적(9), 대인관계적(7), 사회적(9), 전반적(8)
회기 평정 척도(SRS)	40
기분 척도(MS)	8
중요도 척도(MI)	중요성: 10 자신감: 9

치료자: 개인적인 기능에 대한 자신의 평점에 대해 좀 더 말해 줄 수 있나요?

제니퍼: 전반적으로 꽤 좋았어요. 처음 여기에 왔을 때보다 기분이 훨씬 좋아졌어요. 기분이 확실히 바뀌었고 정말 행복해요. 홀가분하게 느껴져요.

치료자: 좋아요. 기분이 나아지고 있고, 처음 저를 만나러 왔을 때와 달라졌다고 느끼는 건가요?

제니퍼: 네, 정말 그래요. 계속 우울하지 않을까 걱정했었는데, 정말 다행이에요.

치료자: 대인관계 영역에 대해 자신이 준 평점에 대해 좀 더 말해 줄 수 있나요?

제니퍼: 네, 친구들과의 외출은 좋았어요. 부모님과의 최근 전화 통화는 꽤 괜찮았어요. 부모님께서 잔소리하지는 않으셨어요. 전반적으로 대인관계 영역은 잘되고 있는 것 같아요.

해설

이 대화에서 제니퍼는 5회기 이후 처음으로 부모에 대해 다시 이야기했다. 그녀는 전반적인 기분이 좋아졌고, 부모와의 관계도 개선되었다고 말했다. 치료과정에서 제니퍼의 사회적 관심과 소속감의 향상은 이제 부모와의 관계를 완화시켜 주는 요인으로 작용한다.

치료자: 기대되는 일이 있다는 것은 항상 좋은 일에요. 전반적인 점수는 어떤가요?

제니퍼: 전반적인 점수는 좋아요. 저는 일들이 그다지 제 신경을 거스르지 않는다는 것을 깨달았어요. 전에는 일과 사람들이 제 신경을 건드릴 거라는 것을 당연하게 여겼어요. 제가 실제로 그것을 얼마나 많이 통제할 수 있는지 결코 깨닫지 못했어요.

치료자: 맞아요. 한때 생각했던 것보다 자신의 기분과 짜증을 훨씬 더 많이 통제할 수 있다는 것을 발견했어요. 게다가 패턴 역시 상당히 많이 통제할 수 있어요.

제니퍼: 맞아요. 저는 많은 사람이 더 나아지기 위해 무엇을 할 수 있는지 또는 무엇을 책임질 수 있는지에 대해 계속 생각한다고 믿어요. 저는 항상 제 공부에 대한 책임을 지고 있기도 하고, 충분하게 그래야만 한다고 생각했지만, 지금은 그렇지 않다는 것을 알게 되었어요. 저도 제 기분에 대해서도 생각해야 해요. 그렇지 않으면 건강하지 않은 패턴으로 되돌아갈 수 있어요.

해설

제니퍼는 재발 예방 계획을 세우는 데 유용할 몇 가지 사항을 제시했다. 그녀는 자신의 패턴과 촉발 요인에 대해 새롭게 이해했음을 밝혔다. 정서적 상태와 환경을 통제하기를 원할 때, 제니퍼의 성실한 패턴은 자신의 적응적 패턴을 반영하는 대안적인 생각과 행동을 실행할 가능성을 높인다. 이 경우, 그녀는 반사적 반응에 대한 적응적이고 생산적인 통제를 연습할 수 있다. 이러한 패턴 변화 결과는 10회기에 수집될 제니퍼의 치료 후 초기기억에서 분명해질 것으로 예상한다.

치료자: 아주 좋아요. (잠시 멈춤) 이제 제니퍼, 우리는 상담 진행 상황을 되돌아보았고, 매우 잘 진행되었다고 동의했어요. 제니퍼의 증상과 건강하지 못한 패턴에 커다란 변화가 있었고, 이는 제니퍼의 일상생활 기능, 관계 및 삶의 즐거움에 반영되었어요. 이제 저는 제니퍼가 얻은 성과를 유지하는 데 도움이 될 수 있는 계획을 함께 세우고 싶어요. 이것을 재발 예방이라고 부릅니다.

제니퍼: 네, 저도 이전보다 기분이 훨씬 좋아졌기 때문에 계속 유지하고 싶어요.

치료자: 좋아요. 재발 예방 계획의 첫 번째는 증상을 촉발하는 요인을 알아차리는 거예요. 외롭다고 느끼거나 할 일이 많은 것과 같은 상황일

수 있어요. 또 특정 장소나 특별한 사람이 될 수도 있어요. 저조한 기분을 촉발하는 것들을 생각할 수 있나요? **(재발 예방)**

제니퍼: 네, 보통 제가 자기비판적이어서 제가 잘못했거나 원하는 대로 되지 않는 것에 너무 집착해요.

치료자: 자신에 대해 지나치게 비판적일 때 그것이 자신의 기분에 영향을 미친다는 것을 알게 되었네요. 그 밖에 다른 것이 있나요?

제니퍼: 네, 저는 자신을 고립시키는 것이 제 기분에 정말 영향을 미친다는 것을 알게 되었어요. 우울해지기 시작하면 훨씬 더 사람들을 피하는 악순환이에요.

치료자: 그래요. 사람을 회피하고 고립되는 것은 또 다른 기분 촉발 요인이군요. 어떤 요인이 자신의 동기가 줄어든다고 느끼는 것과 관련 있을까요?

제니퍼: 음, 대부분 제가 완벽주의적이고 지나치게 성실해서 프로젝트의 모든 작은 세부 사항까지 초점을 둘 때라고 생각해요. 그것은 프로젝트를 불가능하게 만들어요. 게다가 계획을 세우거나 그렇게 큰 문제가 아닌 일을 해결하려고 노력하는 데 모든 시간을 다 써 버려요. 일하는 데 엄청난 시간을 쓰지만, 정작 성과는 별로 없고 정말 좌절감이 느껴져요.

치료자: 네, 완벽하고 지나치게 성실한 패턴이 작동하여 작은 세부 사항에 과하게 초점을 맞추는 자신을 발견하게 되면, 압도당하고 스스로 지치며 프로젝트를 진행하지 못할 정도로 시간을 낭비하게 되는군요. 그로 인해 좌절하고 의욕이 감소한다고 느끼는 거네요.

제니퍼: 네. 일이 그런 식으로 진행돼요.

치료자: 우리는 완벽주의 패턴을 이야기하면서 과도하게 세부 사항에 초점

을 두는 것과 비판 및 짜증이 자신의 기분 증상을 촉발한다고 했는데, 그 패턴을 촉발하는 것은 무엇인가요?

제니퍼: 음, 가장 중요한 한 가지 촉발 요인은 제가 중요한 것에 대해 평가받을 거라는 것을 알았을 때 같아요. 보고서나 프로젝트가 성적의 큰 부분을 차지하는 것처럼요. 다른 사람들과 작업하고 조정해야 할 때도요. 그룹 프로젝트에서 사람들과 함께 작업하는 것이 어려워요. 또 사람들과 함께 외출 계획을 조정하려고 할 때도요. 그런 상황이 귀찮고 짜증이 나는 경향이 있어요. 하지만 여기에서 제 자신에 대해 알게 되어, 더욱 효과적으로 대처할 수 있어서 좋아요.

치료자: 그렇군요. 자신의 패턴을 촉발하는 요인은 중요한 프로젝트에서 평가받는 것 그리고 다른 사람과 함께하는 공부와 사교 모임을 조정하는 것이군요. 맞나요?

제니퍼: 네, 맞아요.

치료자: 자, 이제 촉발 요인을 확인했으니 조기 경고 신호에 대해 말해 봅시다. 자신이 우울하다고 느끼기 시작할 때를 어떻게 알 수 있죠?

제니퍼: 음, 대체로 무감각해지거나 짜증이 나요. 아무 일도 하고 싶지 않다고 느껴요. 모든 것이 신경이 쓰여요. 그냥 혼자 있고 싶고, 어떤 일도 더 이상 그다지 재미있지 않아요.

치료자: 대부분의 일이 짜증이 날 뿐만 아니라 무감각해지기 시작하는 자신을 발견하게 되는군요.

제니퍼: 맞아요.

치료자: 자, 완벽주의 패턴이 다시 작동하고 있음을 알려 주는 조기 신호는 무엇일까요?

제니퍼: 음. 알아내기가 더 어렵네요. 저는 대체로 좌절, 귀찮음, 짜증을 느

끼기 시작하는 것 같아요. 보통 저를 짜증나게 하는 것은 사소한 일이에요.

치료자: 그래서 짜증나고, 좌절하고, 귀찮아지는 역치(threshold)가 더 낮아지는 것을 알아차릴 때, 패턴의 신호가 나타나나요?

제니퍼: 네, 그런 것 같아요.

치료자: 사람들이 촉발 요인을 이해하기 위해 자주 사용하는 유용한 약어를 HALT라고 해요. 배고프고(hungry), 화나고(angry), 외롭고(lonely), 피곤하다(tired)는 뜻입니다. 많은 사람에게 흔히 나타나는 촉발 요인이죠. 이 중 어떤 것이 자신의 부적응적 패턴을 촉발하는 가능한 요인으로 보이나요? **(HALT)**

제니퍼: 네, 정말 흥미롭네요. 저의 촉발 요인은 분명히 화나고, 외롭고, 피곤한 거예요. 제가 외로울 때, 외로움은 우울을 촉발해요. 화가 나거나 피곤하면 오래된 패턴이 더욱 촉발되는 것 같아요.

치료자: 네, 좋아요. 그것들을 확인할 수 있어서 기쁘군요. 우리는 자신의 기분과 패턴에 대한 촉발 요인과 일부 조기 경고 신호를 확인했어요. 이러한 조기 신호를 알아차렸을 때 상황이 악화되는 것을 방지하는 데 사용할 수 있는 전략은 무엇일까요?

제니퍼: 음, 우리가 이야기했었던 버튼 누르기 기법이에요.

치료자: 그러니까 제니퍼가 말했던 것처럼 짜증이 나거나 무감각해질 때, 버튼 누르기 기법을 사용할 건가요?

제니퍼: 네, 그리고 대안적인 생각과 행동도 있어요. 특히 생각이요. 그것들을 생각하면 정말 도움이 될 수 있어요.

치료자: 생각과 행동을 멈추고 검토하면서 더 도움이 되는 대안을 만드는 것이군요. 제니퍼가 전에 말했듯이, 이런 식으로 하루 중 일부를 바

꾸고 기분을 바꿀 수 있다는 것을 알게 되었군요.

제니퍼: 네, 실제로 효과적이에요. 그래서 그건 제가 할 수 있는 것이에요. 저는 긍정화하기(affirmations)도 좋아해요. 그것은 도움이 되고 사용하기 쉬워요.

치료자: 좋아요. 긍정화하기는 제니퍼가 계속 사용할 수 있는 것이네요. 그 밖에 다른 것이 있나요?

제니퍼: 운동이 도움이 되는 것 같아요. 화날 때 정말 도움이 돼요. 실제로 친구들과 외출하는 것도 그래요. 저는 여유 있게 사람들과 함께 시간을 보낼 때 전반적으로 훨씬 낫다는 것을 알게 되었어요.

치료자: 좋은 계획 같아요. 구체적인 계획을 세우는 것도 도움이 될 수 있어요. 저조한 기분이 촉발된다고 느낄 때, 그 순간 자신이 할 수 있는 구체적인 일이 있나요?

제니퍼: 음, 친구에게 전화할 수 있어요.

치료자: 좋은 생각이네요. 곤경에 처했을 때, 누구에게 전화하면 좋을까요?

제니퍼: 아마도 제 친구 스테파니 아니면 데브라에요. 누군가를 필요로 할 때, 그 두 친구들은 대개 제 옆에 있어 줘요.

치료자: 좋아요, 그래서 우울증의 조기 경고 신호가 느껴지면, 스테파니나 데브라에게 전화할 건가요?

제니퍼: 네.

치료자: 부적응적 패턴이 다시 나타나기 시작한다고 느낄 때는 어떻게 할 건가요?

제니퍼: 운동하면서 머리를 맑게 한 다음, 그 대안들을 사용할 수 있을 것 같아요.

치료자: 멋진 계획 같아요. 이전에 운동과 사회적 활동, 둘 다 자신의 기분

과 완벽주의적 패턴을 나아지게 한다고 말했어요.

제니퍼: 그래요, 전 계속할 수 있을 것 같아요.

치료자: 0점부터 10점까지에서 이 재발 예방 계획을 실행하고 경과를 유지하는 것이 얼마나 중요한가요?

제니퍼: 분명하게 10점이에요. 이것이 얼마나 제게 도움이 되었는지 알았고, 계속 유지하고 싶어요.

치료자: 네, 좋은 소식이네요. 같은 척도로 이 계획을 실행할 수 있는 자신감은 어때요?

제니퍼: 8점이에요. 할 수 있다고 자신해요. 하지만 저는 이번 학기가 얼마나 바쁠 것인지 알아요. 그래서 그건 공부하면서 함께해야 할 일이에요.

치료자: 네, 좋아요. 그것을 9점 또는 10점으로 높이려면, 어떻게 해야 한다고 생각하나요?

제니퍼: 정말 바쁠 것 같은 다음 2주 동안 이 일을 계속할 수 있다면, 제가 이를 회복의 핵심 부분으로 만들어 간다는 더 큰 자신감을 갖게 될 거예요. 특히 제가 건강하지 않은 패턴이 아닌 적응적 패턴에 따라 행동하는 데 어떻게 도움이 되는지 알기 때문이에요.

치료자: 멋진 통찰이네요.

제니퍼: 정말 희망이 느껴지기 시작해요.

치료자: 대단해요. 저도 너무 기뻐요. (잠시 멈춤) 치료를 마친 후에, 제니퍼가 심지어 바쁘더라도 회기에서 배운 것을 지속할 수 있다는 걸 자신에게 보여 줄 수 있다면, 장기적으로 얻어진 성과를 유지할 수 있는 자신의 능력에 대해 더 자신감을 느끼는 데 도움이 될 것 같나요?

제니퍼: 네, 저도 그렇게 생각해요.

해설

제니퍼는 재발 예방 계획을 수립하는 데 적극적으로 참여했으며, 그 과정에 동의했다. 그녀는 기분, 동기 감소 및 패턴에 대한 구체적인 촉발 요인을 확인했고, 또한 우울 증상과 부적응 패턴이 다시 나타나는 조기 경고 신호도 확인했다. 게다가 그녀는 촉발 요인과 경고 신호에 대처하는 데 사용할 구체적인 전략을 확인했다. 치료자는 제니퍼가 어떤 상황에서 사용할 몇 가지 구체적인 전략, 즉 모호하거나 일반적이지 않은 전략을 확인하도록 주의를 기울였다. 명료한 계획을 갖는 것은 제니퍼가 이러한 전략을 사용하고 유지할 가능성을 더 높일 것이다.

〈표 9-3〉 제니퍼의 재발 예방 계획

계획/ 세 가지 목표	촉발 요인	경고 신호	전략
기분	• 자기비판 • 실수/결점을 되새김 • 고립/사회적 철수 • HALT: 외로움	• 무감정 • 신경이 예민해짐	• 버튼 누르기 기법 • 대안적인 생각과 행동 • 운동 • 사회적 활동 • 친구에게 전화하기
동기	• 완벽주의 • 세부 사항에 과도한 초점	• 무감정 • 신경이 예민해짐	• 격려 • 대안적인 생각과 행동
패턴	• 평가받는 것 • 다른 사람과 함께 작업하는 것 • HALT: 화남, 피곤함	• 좌절 • 짜증 • 신경이 예민해짐	• 대안적인 생각과 행동

10회기 축어록

10회기는 치료의 완결을 나타낸다. 환자 건강 질문지-9, 성과 평정 척도 및 기분 척도 점수에서 제니퍼가 개선되었음을 분명하게 알 수 있다. 게다가 10회기에 사회적 관심 척도-간편형 점수는 접수 면접보다 28점이 더 높아져서 현저하게 증가했다. 이 회기는 목표 검토하기, 재발 예방 계획, 치료 후 초기기억 수집에 전념한다. 각 목표는 하나씩 검토되고, 0~10점 척도의 성취 수준으로 평정된다. 치료자는 제니퍼가 치료과정에서 배운 것이 무엇인지, 미래의 개인적 성장을 위해 설정하고 싶은 새로운 목표는 무엇인지에 대해 숙고하도록 돕는다. 치료 후 초기기억은 치료 전 초기기억과 유사한 방식으로 수집된다. 다음은 축어록의 일부이다. 제10장에서는 치료 후 초기기억을 분석한다.

〈표 9-4〉 10회기 사정 점수

환자 건강 질문지-9(PHQ-9)	1(거의 없음)
성과 평정 척도(ORS)	전체(34): 개인적(9), 대인관계적(8), 사회적(8), 전반적(9)
회기 평정 척도(SRS)	40
기분 척도(MS)	9
사회적 관심 척도-간편형(SII-SF)	49

치료자: 네, 아주 좋아요. 다음 요점으로 넘어가도록 할게요. 처음 왔을 때 세웠던 목표를 이야기하고, 어느 정도 달성했는지 알아보고 싶어요. 어떤가요? **(치료 목표 경과 검토)**

제니퍼: 네, 좋아요.

치료자: 자신의 목표 중 한 가지는 기분 개선이었어요. 0에서 10점까지 척도로 그 목표를 얼마나 달성했다고 느끼나요?

제니퍼: 9점이에요. 기분이 훨씬 좋아졌어요. 훨씬 홀가분해졌어요. 저는 한동안 정말로 기분이 나빴어요. 그 차이를 분명히 말할 수 있어요.

치료자: 그것에 대해 좀 더 말해 줄 수 있나요?

제니퍼: 네, 잠에서 깨면 정말 우울한 기분이 들었고, 하루가 꽤 파란만장할 것 같은 느낌이 들곤 했어요. 그냥 틀에 박혀서 끌려가는 느낌이었죠. 정말 짜증이 많이 났죠. 지금은 그렇게 느끼지 않아요. 훨씬 기분이 좋아졌어요. 예전의 제가 아니에요. 정말 더 나아졌어요.

치료자: 정말 좋네요. 기분의 변화를 경험하고, 원하는 대로 느끼고 있다는 말을 들으니 매우 기쁘네요. 다음 목표는 동기를 높이는 것이었어요. 그 목표를 얼마나 달성했다고 말할 수 있나요?

제니퍼: 아마 이것도 9점이에요. 저는 최근에 훨씬 동기부여를 더 많이 받고 있어요. 하면 할수록 더 많이 하는 것 같아요. 그건 마치 제가 일들에 익숙해지고, 그런 다음에는 스스로 굴러가는 것과 같아요. 또한 제가 더 많은 것을 다룰 수 있을 것 같아요. 외출하면 실제로 스스로 즐기고 있어요. 예전에는 정말 질질 끌려다녔어요.

치료자: 더 의욕을 느끼고, 스스로 즐기고 있다는 말을 들으니 기쁘네요. 세 번째 목표는 더 많은 활동을 즐기는 것이었어요. 그 목표는 얼마나 달성했나요?

제니퍼: 8점이에요. 너무 바빠서 즐길 시간이 많지 않았기 때문에 항상 즐길 수는 없었어요. 이전에는 너무 우울해서 아무런 감정이 들지도 않았어요. 일들이 그다지 중요하지 않은 것처럼요. 외출해서 뭔가

를 할 때조차도 재미가 없었어요. 하지만 저는 지난 몇 주 동안 확실히 더 많은 것을 즐겼고, 그게 너무 기뻐요. 저에게는 재미있고 여유를 느낄 시간이 필요해요. 선생님을 만나러 오기 전에는, 모든 것이 자질구레한 일로 느껴졌었어요. 실제로 스트레스를 해소한 적이 없었어요.

치료자: 자신이 하고 있었던 활동에서 즐거움을 거의 또는 전혀 얻지 못했기 때문인가요?

제니퍼: 네, 맞아요. 이러한 목표를 달성할 수 있어서 편안해요. 이는 저에게 정말 중요한 일이에요.

치료자: 저는 제니퍼가 다시 스스로 즐기며 매우 필요한 즐거움을 얻고 스트레스를 해소하게 되었다는 말을 들으니 매우 기쁘네요. (잠시 멈춤) 완벽하게 되려는 패턴과 하고 싶은 일에 방해가 될 정도로 세부 사항에 초점을 두는 것을 바꾸려는 목표는 어떤가요? 0에서 10점까지 척도로 그 목표를 얼마나 달성했나요?

제니퍼: 8점인 것 같아요. 저는 확실히 이런저런 일을 더 자주 내버려 둘 수 있게 되었어요. 큰 그림에 집중할 수 있게 되었어요. 작은 세부 사항으로 인해 그렇게 많이 곁길로 빠지지 않고, 일이나 다른 사람에 의해 더 이상 쉽게 좌절하지 않기 때문에 일을 끝내기가 더 쉬워졌어요.

치료자: 이 말을 들으니 기쁘군요. 기분이 더 나아지고 인생에서 원하는 것을 더 많이 해내는 데 도움이 되는 큰 변화를 만들 수 있었군요.

해설

제니퍼는 목표 달성에 대해 높은 점수를 주었다. 이러한 점수는 그녀가 합리적으로 성실한 보다 적응적인 패턴으로 옮겨졌다는 것을 나타낸다. 제니퍼가 적응적인 패턴으로 전환하지 않았다면 그녀의 자기비판과 엄격한 기준으로 그녀의 진전을 더 가혹하게 평정했을 것이다. 그녀의 세부 사항에 대한 초점을 두는 것과 기대하는 학업에 대한 현재 스트레스로 인해 제니퍼의 평정 점수는 10점 미만일 가능성이 있다. 〈표 9-5〉는 제니퍼의 목표 달성을 요약한 것이다.

〈표 9-5〉 제니퍼의 목표 평정

목표	평정(0~10)
기분 개선	9
동기부여 증가	9
즐거움/기쁨 증가	8
적응적 패턴으로 이동	8

제니퍼: 감사해요. 그런 식으로 확실하게 느껴져요. 제가 여기 와서 선생님과 이야기를 시작하기 전에는 정말 이런 것들에 대해 깊이 생각하지 않았어요. 하지만 이제 저는 그것이 저를 어떻게 방해했는지 알게 되었어요. 저는 이제 덜 완벽주의적이라고 말하고 싶어요. 사물에 대한 특정한 기준을 가지고 있고 정말로 제 일을 잘하고 싶지만, 어느 것도 실제로 완벽할 수 없다는 것을 이제는 깨달았어요. 그래서 실제로 저는 아무것도 아닌 일에 화내고 있었어요. 그것은 아마도 내가 화를 낼 것인지 기분이 나쁠 것인지에 대한 선택권이 실제로 저에게 있다는 사실을 알게 된 것이고, 그게 아마 중요한 가르침 중 하나일 거예요. 특히 선생님이 가르쳐 준 버튼 누르기 기법과 '마치 ~처럼' 생각하기 기법과 함께 말이에요. 제가 제 기분을 통제할 수 있다는 사실을 알게 되어 기분이 좋고, 어떤 일이 일어나거나, 잠에서 깨어날 때 기분이 좋지 않다고 해서 하루나 일주일 전부

를 망치는 것이 아니라는 사실을 알게 되어 기분이 좋아요.

치료자: 그렇군요. 버튼 누르기 기법과 '마치 ~처럼' 생각하기 기법을 연습하면서 기분을 통제하는 방법을 알게 되었고, 이를 유익하게 사용할 수 있었다고 느끼는 거네요.

제니퍼: 네, 물론이죠. 예를 들면, 기분이 좋지 않은 상태에서 일어나기 전에 '그래, 오늘은 나쁜 날이 될 거야. 또 나쁜 날이라니 믿을 수가 없어.'라고 생각했고, 종일 짜증이 나고 괴로웠어요. 하지만 이제는 '오늘을 바꿀 수 있어.'라고 생각해요. 그리고 저는 실제로 제 기분을 바꿀 수 있다는 것을 깨달았어요. 때로는 조금 어려울 때도 있지만 기분이 좋지 않더라도 하루 전체를 망치게 할 필요는 없어요. 바꿀 수 있어요. **(3차 변화)**

치료자: 기분이 하루를 좌우하는 대신 생각을 바꾸고 기분을 바꾸는 방법을 찾았네요.

제니퍼: 네, 좋은 방법이에요.

치료자: 일상생활 기능과 관련하여 가장 중요한 변화는 무엇인가요?

제니퍼: 음, 속상하거나 압도될 때, 멈추고 대안적인 생각과 행동을 생각할 수 있는 거예요.

치료자: 예를 들어 줄 수 있나요?

제니퍼: 음, 어느 날 친구가 함께 놀고 싶은지 알아보려고 문자를 보냈어요. 토요일이었지만 저는 해야 할 과제가 있었어요. 친구에게 정말 짜증이 났어요. 저는 나갈 수 없다고 말했지만, 문자를 보내서 제가 공부에 집중하는 데 어려움을 겪게 한 것에 대해 여전히 속상했어요. 그래서 잠시 멈추고, 제가 무엇을 생각하고 있는지 알아내려고 했어요. '걔는 정말 게으른 사람이야. 실제로 어떤 사람은 할 일이

있다는 것을 깨닫지 못하는 거야?'라고 생각하고 있음을 알아차렸어요. 그런 다음, 저는 어떤 관점을 갖게 되었는데, 그때가 주말이었고 우리가 같은 수업을 듣지 않는다는 것을 알아차렸어요. 친구가 저를 생각해 주고, 저에게 함께 어울리고 싶은지 물어봐 주는 것은 실제로 좋았어요. 그 후 훨씬 더 나아졌고 공부에 다시 집중할 수 있었어요. **(3차 변화)**

치료자: 네. 그러니까 잠시 멈추고, 자신의 감정에 영향을 미친, 머리를 스쳐 지나가는 생각에 대해 생각할 수 있었군요. 그런 후에 자신을 재정향하고 몇 가지 대안적인 생각을 할 수 있었군요. 그리고 자신이 그런 식으로 자신의 기분과 집중력에 영향을 미칠 수 있다는 것을 깨달았군요.

제니퍼: 네, 맞아요.

해설

제니퍼는 그녀의 기분과 부적응적 패턴을 촉발한 상황을 설명했다. 이를 통해 그녀는 촉발 요인과 조기 경고 신호를 확인하기 위한 재발 예방 계획을 실행할 수 있었다. 그런 다음 그녀는 기분을 개선하기 위하여 버튼 누르기 기법을 사용했고, 부적응적 패턴을 방지하기 위하여 대안적인 생각과 행동을 사용했다. 두 가지 경우 모두 3차 변화의 구성 요소가 되었고, 제니퍼의 자기효능감 및 치료 효과를 유지하고 재발을 피할 가능성을 높이는 데 공헌했다.

치료자: 이 기법들을 유익하게 사용할 수 있었고, 그 결과로서 자신의 삶에서 어느 정도 측정 가능한 변화가 생겼다는 말을 들으니 기쁘네요. 이 과정을 통해 자신에 대해 무엇을 알게 되었나요?

제니퍼: 예전에 제가 얼마나 완벽주의적이었고, 그것이 제 자신의 길을 막

고 있었는지를 정말 몰랐던 것 같아요. 내 자신의 기준을 충족시켰다고 결코 느껴 본 적이 없었기 때문에 제가 완벽주의자라고 생각한 적이 없었어요. 그래서 완벽함에 도달해 본 적이 없었기 때문에, 완벽하지도 않고 세부 사항에 집착하지도 않는다고 생각했어요.

치료자: 자, 제니퍼는 자신과 패턴에 대해 많은 것을 깨닫게 되었어요. 자신은 완벽주의적인 성향을 가지고 있었고, 그것은 자신의 성과를 향상하게 하기보다는 실제로는 방해한다는 것을 알 수 있었어요.

제니퍼: 네, 맞아요. 또한 저는 때때로 사람들에 대해 비판적일 수 있다는 것도 알았어요. 저는 가끔 인내심을 잃어요. 그런데 잠시 후 자세히 살펴보았을 때, 다른 사람의 행동이 어디에서 시작되었는지를 실제 이해할 수 있다는 것을 알았어요. 전에 이야기한 것처럼 속도를 늦추고, 제 생각에 사로잡히지 않도록 하는 거예요.

치료자: 네, 그래서 제니퍼는 때때로 다른 사람들을 불필요하게 비판할 수 있다는 것과 대안적인 생각을 선택함으로써 그것을 통제할 수 있는 능력이 있다는 것을 알게 되었네요.

제니퍼: 네.

치료자: 그 결과, 그 사람들과의 관계에 대한 감정에서 어떤 변화를 알아차리나요?

제니퍼: 네, 그럼요. 훨씬 더 이해하려 하고 공감하게 되는 것 같아요. 사람들에게 짜증을 내지 않기 때문에 관계가 좋아졌어요. 친구들의 행동에 대한 저의 생각을 더 많이 바꿀 수 있다면, 친구들과 더 많이 외출하고 더 많이 어울릴 수 있다는 것을 알았어요. 기본적으로, 친구들에게 그러한 완벽주의적 기준을 고집하지 않는 것이죠.

치료자: 좋아요. 제니퍼의 기분을 완화하는 것에 더해, 관계를 풍요롭게 할

수 있었다니 기쁘네요. 이제부터는 그 밖에 자신에 대해 무엇을 더 바꾸고 싶나요?

제니퍼: 음, 좀 더 자발적일 수 있었으면 좋겠어요. 항상 자발적이고 싶은 것은 아니에요. 몇몇 사람처럼 충동적인 수준까지는 아니고요. 하지만 가끔은 자발적이면 정말 재미있고 기분 좋겠다고 생각한 적들이 있어요. 저는 대체로 일에 계획을 세우길 원해요. 그것 때문에 제가 힘들 수 있어요.

치료자: 좀 더 자발적인 것이 어떤 것인지 예를 들어 줄래요?

제니퍼: 네, 2주 전에 어떤 수업에서 주말에 박물관에 갈 기회가 있었어요. 모두 금요일과 토요일 밤에 호텔에 머물면서 도시를 탐험할 시간을 가질 예정이었어요. 저는 여행 대기자 명단에 있었는데, 마지막 순간에 자리가 생겼어요. 그런데 시간이 부족하고 부담스러워서 거절했어요. 지금은 '갔었더라면 좋았을 텐데'라고 생각해요. 가끔은 계획하지 않았더라도 그런 것을 그냥 하는 게 좋을 것 같아요.

치료자: 좋은 목표 같군요. 그런 목표를 이루는 데 도움이 되도록 여기에서 배운 몇 가지 기법을 사용할 수 있다고 생각하나요?

제니퍼: 네, 그렇게 생각해요. 대안적인 생각과 행동을 찾는 데 훨씬 능숙해져서 그 기술을 여기에 적용할 수 있다고 생각해요.

해설

제니퍼는 치료과정을 통해 자신에 대해 배운 것을 파악했다. 자신의 완벽주의와 부적응적 패턴을 객관적으로 논의할 수 있는 능력은 그녀가 더 적응적인 패턴으로 전환했다는 것을 나타낸다. 이 대화에서 제니퍼는 자기비판을 촉발하지 않고 자기 자신과 행동을 검토할 수 있었다. 그녀의 새로운 목표는 더 자발적이게 되는 것이라고 말했다. 이 목표는 부적응적인 패턴에서 벗어나는 주요한 변화를 나타낸다. 이는 단지 더 합리적으로 성실하기라는 초기 목표를 훨씬 뛰어넘는 것이다. 마지막으로, 자발성의 목표는 증가한 사회적 관심과 지속적인 타인과의 유대를 나타낸다. 결국 이것은 보람이 있는 경험이었다.

치료자: 이제 화제를 조금 바꿔 봅시다. (잠시 멈춤) 자신의 가장 오래된 기억을 말해 주세요. 여덟 살 이전의 것이어야 합니다. 누군가가 제니퍼에게 말해 준 것이 아니라, 자신이 기억한 것이어야 해요. **(초기기억 1)**

제니퍼: 네, 제가 여섯 살 때 부모님께서 사 주신 장난감 벽돌로 일주일 내내 탑을 쌓았어요. 열심히 탑을 쌓았고, 그것을 만드는 데 오래 걸렸어요. 무척 높게 쌓았어요. 그런데 어느 날 학교에서 집으로 돌아왔을 때, 여동생이 그것을 무너뜨려 놓은 것을 발견했어요. 저는 여동생에게 너무 화가 났고, 엄마는 싸움을 말리러 오셨어요. 엄마는 저를 불쌍하게 여기셨고, 다시 만드는 것을 함께 도와주셨어요.

치료자: 네. 제니퍼가 장난감 벽돌로 탑을 만들었는데 여동생이 그것을 무너뜨렸고, 어머니는 제니퍼가 다시 쌓을 수 있도록 도와주셨군요. 맞나요?

제니퍼: 네, 우리는 함께 탑을 쌓으면서 실제로 오랜 시간을 보냈어요.

치료자: 그 기억에서 가장 생생한 부분은 무엇인가요?

제니퍼: 아마도 엄마와 함께 탑을 다시 쌓는 것이에요. 정말 즐거웠고 안심이 되었어요. 저는 엄마와 함께 많이 웃었고, 엄마는 저를 안아 주시면서 잘했다고 말씀하셨어요.

치료자: 무슨 생각을 했는지 기억하나요?

제니퍼: 엄마가 저를 도와주시고 지지해 주신 것이 정말 좋았던 것 같아요. 엄마는 제가 얼마나 속상한지 관심을 기울이셨고, 그게 좋았어요.

치료자: 그리고 기분은 어땠어요?

제니퍼: 기분이 좋았어요. 행복했고, 사랑받는 느낌이었고, 인정받는 느낌이었어요.

치료자: 또 다른 기억을 말해 주세요. (초기기억 2)

제니퍼: 음, 제가 여덟 살 때 웅변 수업에서 연설했던 것이 기억나요. 매일 1시간씩 연습했어요. 어느 날 웅변 선생님이 제가 학예회의 발표자로 뽑혔다고 말씀하셨어요. 잘 진행되었죠.

치료자: 자, 학교에서 이 연설을 열심히 준비했군요. 매일 1시간씩 연습하고요. 그다음에 학예회의 발표자로 뽑혔다는 말을 들었어요. 맞나요?

제니퍼: 네, 맞아요.

치료자: 그 기억에서 가장 생생한 부분은 무엇입니까?

제니퍼: 음, 제가 발표자로 뽑혔다고 들은 거예요. 정말 멋졌어요.

치료자: 좋아요. 그리고 무슨 생각을 했는지 기억나나요?

제니퍼: 저는 발표자가 될 수 있었고, 삶의 균형을 잃지 않아서 정말 자랑스러웠어요. 저는 그것에 집착하지 않았어요. 연습을 많이 했지만, 정신이 없지는 않았어요. 필요하고 원하는 다른 일들을 여전히 할 수 있었어요.

치료자: 네, 기분이 어땠어요?

제니퍼: 제가 뽑혀서 너무 기쁘고 고마웠어요. 그것은 저에게 정말 멋진 경험이었어요. 제게 정말 중요한 의미가 있었어요.

해설

제니퍼의 치료 후 초기기억 분석과 치료 전 초기기억과 비교하기 위해서는 제10장을 참조하라.

치료자: 아주 좋아요. 지난 회기의 재발 예방 계획을 검토해 보겠어요. **(재발 예방 계획)**

제니퍼: 물론이죠. 우리가 그 계획을 생각해 낸 것이 정말 기뻐요.

치료자: 먼저 촉발 요인을 검토해 볼게요. 저는 제니퍼의 주요 촉발 요인이 '완벽주의' '자기비판' 그리고 '스스로 자신을 고립하기로 반응할 가능성이 있는 상황'이라고 썼어요.

제니퍼: 네, 맞아요. 제가 그런 일을 언제 시작하는지를 더 잘 알아차려야 한다고 생각해요. 이제 그것이 제 기분과 어떻게 연결되어 있는지 깨달았고, 그런 일을 그대로 내버려 두지 않는 것이 중요하다는 것을 알게 되었어요.

치료자: 좀 더 말해 줄 수 있나요?

제니퍼: 네. 저는 고립되거나 완벽해지려고 할 때, 그것에 대해 어떤 일도 하지 않았어요. 이전에는 제 기분과 관련이 있다는 것을 몰랐기 때문에, 그것을 다루는 것이 중요하다고 느끼지 않았어요. 지금은 제 기분에 지대한 영향을 미치기 때문에, 이러한 촉발 요인을 알았을 때 더 많은 주의를 기울이고 어떤 변화를 주어야 한다는 것을 깨달았어요.

치료자: 아주 좋은 통찰이네요. 이것은 제니퍼의 조기 경고 신호 중 일부를 알려 주네요. 우울하기 시작할 때 무감각해지고 짜증이 나기 시작한다고 말했어요.

제니퍼: 네, 맞아요. 이제 저는 그렇게 느끼기 시작할 때, 더 나빠지지 않도록 여기서 배운 전략 중 일부를 사용할 필요가 있다는 것을 알고 있어요.

치료자: 어떤 전략을 사용할 건가요?

제니퍼: 버튼 누르기 기법과 긍정화하기로 시작하면 좋을 것 같아요.

치료자: 저도 동의해요. 그리고 지난 회기에서 패턴이 촉발될 때, 짜증이나 귀찮음을 느끼는 역치가 더 낮아짐을 알아차린다고 말했어요.

제니퍼: 네. 이제 제가 역치에 대해 뭔가를 할 수 있음을 깨달았기 때문에 저에 관한 역치를 아는 것은 좋은 일이라고 생각해요. 제가 통제할 수 없는 일이 일어날 필요는 없어요.

치료자: 그래서 기분과 패턴을 통제할 수 있다는 사실을 깨닫는 것이 도움이 되었군요.

제니퍼: 확실해요. 저는 그 상황에서 제가 할 수 있는 일이 있다는 것이 좋아요.

치료자: 네, 좋아요. 재발 예방 계획을 검토하면서 그동안의 경과와 이를 유지할 수 있는 능력에 대해 희망을 품게 되어 기쁘네요. 여기 처음 왔을 때 서명했던 사전 동의서를 보면, 필요한 경우에 추가 후속 회기를 할 수 있다는 조항이 있어요. 오늘 진척 상황을 검토한 결과를 살펴보니, 함께 했던 작업을 최대한 활용하고 정말 잘하고 있는 것으로 보여요. 따라서 조만간 후속 회기는 필요하지 않을 것 같아요. 동의하나요?

제니퍼: 네, 동의해요. 제가 생각했던 것보다 지난 회기들에서 더 많은 것을 얻었어요. 우울증과 스트레스를 다루는 데 사용할 수 있는 도구가 그렇게 많은지 몰랐어요. 제가 일이나 사람 또는 일상생활에서 접근하는 방식을 바꿀 수 있다는 것을 이전에는 생각하지 못했어요. 이 모든 것이 약 없이 말이에요!

치료자: 네, 이러한 모든 변화는 약물 없이도 가능합니다! 기분, 생각, 행동을 얼마나 많이 통제할 수 있는지를 경험한 지금은 훨씬 더 힘을

얻었다고 느끼는 것 같군요. 그러나 나중에 상황이 정말 힘들고 전략이 효과가 없는 것 같으면 상담실로 제게 연락하셔도 됩니다.

제니퍼: (잠시 멈춤). 네, 그런 선택 사항이 있어서 좋아요. 감사해요.

치료자: 좋아요, 제니퍼. 그동안 많은 진전을 이루었고 자신에게 매우 중요한 변화를 만드는 자신을 보면서 힘을 얻었다는 것을 정말 기쁘게 생각해요. 함께하는 시간이 정말 즐거웠고, 성장하는 모습을 볼 수 있었어요.

제니퍼: 감사합니다. 선생님과 함께 작업하는 것이 정말 즐거웠어요. 정말 많은 것을 배웠고, 제가 겪고 있는 일을 공유할 만큼 편안했어요.

치료자: 감사합니다.

해설

결론적으로 치료자는 제니퍼의 재발 예방 계획을 다시 한번 검토하고, 제니퍼의 종결 준비 상태를 평가했다. 추후 회기의 가능성에 대해 논의하고 행동 방침에 대해 합의했다. 제니퍼는 1차 목표와 2차 목표를 모두 달성하여 치료를 종결했으며, 자신의 효과를 유지하고 향후 재발을 예방하려는 의욕이 넘쳤다. 제니퍼의 목표 평정 요약은 〈표 9-5〉를 참조하라.

끝맺는 말

이 장에서는 치료의 종결 단계를 설명했다. 경과 검토로 시작하여, 재발 예방 계획 작성이 포함되었다. 1차와 2차 목표를 향한 상당한 진전이 보고되었고, 치료자는 내담자가 주요 증상과 부적응 패턴 모두에 대한 촉발 요인과 조기 경고 신호를 확인하도록 도왔다. 종결 후의 촉발 요인과 증상에 대처하기 위한 전략이 내담자와 치료자 간에 상호 합의되었다. 이후 개인의 지속적인 성장을 위한 다른 목표와 추가 회기 가능성에 대한 논의가 이어졌으며, 내담자에 대한 종결 계획을 상호 합의했다.

참고문헌

Marlatt, G. A., Gordon, J. R. (1985). *Relapse prevention: Maintenance strategies in the treatment of addictive behaviors*. New York, NY: Guilford Press.

Sperry, L. (2010). *Highly effective therapy: Developing essential clinical competencies in counseling and psychotherapy*. New York, NY: Routledge.

제 10 장

성공적인 치료의 표식과 아들러 심리치료의 미래

학습 내용

1. 성공적인 치료의 여섯 가지 표식
2. 제니퍼의 성공적인 치료에서 여섯 가지 표식
3. 제니퍼의 초기기억은 성공적인 치료의 또 다른 표식
4. 아들러 치료의 업적과 직면한 도전

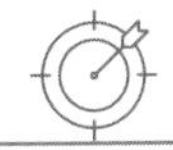

제니퍼는 아들러 패턴중심치료 10회기를 완료했다. 그녀의 개인적인 평가를 포함한 모든 측정에서 치료는 성공적이었다. 그녀가 우울증에 대해 약물치료를 원하지 않았기 때문에, 의사가 심리치료를 의뢰했던 것을 상기해 보자. 우울증을 직접적으로 다루는 집중 치료에 반응하는 다른 사람들과 유사하게, 제니퍼는 치료 계획에 약물을 추가하지 않고서도 다행히 성공적으로 치료를 마칠 수 있었다.

그렇다면 일반적으로 치료가 성공적이었다는 것을 무엇으로 설명할까? 그리고 구체적으로 제니퍼 사례의 성공을 무엇으로 설명할까? 제10장은 앞선 두 가지 질문 모두를 다루고 있다. 성공적인 치료의 표식(marker) 또는 준거에 대한 논의로 시작한다. 그리고 제니퍼 치료가 각각의 준거에 어떻게 부합되는지 보여 준다. 그런 다음, 첫 회기

와 마지막 회기에 수집했던 초기기억의 변화를 검토한다. 구체적으로, 이러한 변화를 해석하고, 제니퍼가 부적응적 패턴에서 좀 더 적응적인 패턴으로의 전환을 어떻게 '확인(confirm)'하는가에 대해 숙고한다. 마지막으로, 아들러 치료의 미래를 업적과 도전의 관점에서 논의한다.

성공적인 치료의 지표

치료가 내담자의 심층적이고 지속적인 변화에 어떻게 영향을 미치는지에 대한 명확한 연구는 아직 없지만, 성공적이거나 매우 효과적인 치료의 여섯 가지 표식과 준거는 설명되었다(Goldfried, 2012; Sperry & Carlson, 2014). 즉, 치료적 동맹의 강화, 긍정적인 기대와 내담자의 동기 함양, 패턴과 치료 초점의 확인, 내담자의 자각 증가, 교정적 경험 조성, 1차, 2차, 3차 변화 촉진이다. 이 장은 이 모든 여섯 가지 지표를 설명하고, 제니퍼 사례에서 이러한 표식이 어떻게 작동하는지를 언급한다.

치료적 동맹의 강화

치료적 동맹은 내담자와 치료자 사이의 유대일 뿐만 아니라 치료의 목표와 이를 달성하는 방법에 대한 합의이다(Bordin, 1994). 생산적인 치료적 동맹은 치료자가 유능하며 자신의 안녕에 관심이 있다는 내담자의 신뢰를 강화한다(Sperry & Carlson, 2014). 치료적 동맹은 내담자마다 다르다. 따라서 치료자는 동기화된 내담자와의 유대를 쉽게 발달시키지만, 동기화되지 않았거나 반항적인 내담자와의 효과적인 동맹을 발달시키고 유지하는 데는 상당한 노력과 임상적 기술을 발휘해야 한다. 치료적 동맹을 강화하면 치료에 대한 내담자의 참여와 종종 고통스러운 변화의 과정에 참여하려는 의지가 높아진다(Goldfried, 2012).

제니퍼의 치료에서 치료적 동맹은 비교적 쉽게, 그다지 큰 저항 없이 발달한 것으로 보인다. 이는 대부분 그녀의 동기 수준에 기인한다. 그리고 특히 지속적인 격려로, 그리고 가능한 전이 및 권위 문제를 예상함으로써 생산적인 동맹을 촉진하는 치료자의 전문성 때문이다. 그녀의 가족력, 특히 어머니의 비판적이고 요구하는 행동을 검토하면서, 치료자는 제니퍼와의 동맹에서 이러한 역동이 발생할 수 있다고 예상했다. 따라서 제니퍼보다 다소 나이가 많은 여성인 치료자는 그러한 전이가 활성화하지 않고 대신에 제니퍼를 배려하고 요구하지 않는 방식으로 대하려고 의도적으로 노력했다.

긍정적인 기대와 내담자의 동기 함양

치료적 변화가 일어나려면, 내담자에게 치료가 자신에게 도움이 될 것이라는 기대뿐만 아니라 변화하려는 합리적인 동기 수준이 필요하다. 동기와 기대가 낮을 때, 치료자의 당면 과제는 이 두 가지 필수적인 전제 조건을 강화하거나 증가시키는 것이다(Goldfried, 2012). 치료자는 치료가 효과적일 것이라는 내담자의 기대를 높일 뿐만 아니라 변화의 동기와 준비도를 높이기 위하여, 동기 강화 상담이나 다른 개입을 사용할 수 있다.

제니퍼의 치료는 비교적 높은 수준의 동기와 현실적인 기대를 보여주었다. 치료자는 이를 계속해서 지지하고 강화했다. 제니퍼는 약물 치료보다는 대화 치료를 원한다는 것을 분명히 했고, 우울증 증상이 낮은 중등도 범위에 있었기 때문에 그녀의 기대는 이 치료와 잘 어울렸다. 회기마다 두 가지 핵심적인 동기 강화 질문(즉, 부적응적 패턴 변화의 중요성과 이를 달성할 수 있는 자신감 수준)을 사용하여 변화에 대한 동기와 준비도를 높였다.

패턴과 치료 초점의 확인

"대부분 환자는 그들의 행동 저변에 '패턴'이 있다는 생각을 쉽게 수용한다. 이 단어는 고무적이다. 왜냐하면 행동과 경험에 질서와 의미가 있다는 것을 시사하기 때문이다. 이러한 패턴에 대해 환자를 교육하는 것은 환자가 사건으로부터 자기 자신을 떼어 놓고, 자기 관찰을 촉진하도록 돕는다. 동시에 패턴 인식은 이전에 관련되지 않았다고 여겼던 관계, 사건, 행동, 경험의 통합을 촉진한다."(Livesley, 2003, p. 274) 분명하고 정확한 사례개념화를 전개하고 공유하는 핵심적인 가치는 내담자가 비효과적인 패턴을 확인하고 좀 더 적응적인 패턴으로 전환하도록 돕는 것이다(Sperry & Sperry, 2012).

치료 초점은 치료에 방향성을 제공하며, 부적응적 패턴을 좀 더 적응적 패턴으로 대체하려는 것이다(Sperry, 2010). 치료에 계속 초점을 맞추는 가장 좋은 방법은 초간편 사정 척도로 치료를 추적하거나 모니터링하는 것이다. 이 사례에서는 환자 건강 질문지-9와 사회적 관심 척도-간편형 검사가 사용되었다. 치료에 초점을 맞추고 추적하는 것이 효과적인 단기치료에서 필수적이라는 것은 그리 놀랍지 않은 사실이다.

제니퍼의 치료는 의도적으로 그녀의 패턴에 초점을 두었다. 2회기부터 10회기까지, 치료자는 패턴 중심의 사례개념화를 전개했고, 제니퍼는 이를 공유하고 수용했다. 이러한 사례개념화는 치료과정을 안내할 뿐 아니라 과정 전반에 스며든다. 그녀는 자신의 부적응적 패턴이 우울증으로 '몰아넣었다'는 데 전적으로 동의했으며, 부적응적 패턴을 더 적응적인 패턴으로 전환하기 위하여 치료과정에 흔쾌히 참여했다. 치료가 제니퍼의 생애 전략이나 패턴에 초점을 계속 맞추는 것 이외에도, 치료자는 회기마다 측정 도구를 계속 사용하면서 치료의 초점을 유지하고 모니터링했다. 회기마다 사용된 측정 도구들은 기분 척도, 환자 건강 질문지-9, 회기 평정 척도, 성과 평정 척도 그리고 1회기, 5회기, 마지막 회기에서는 사회적 관심 척도-간편형이다.

내담자의 자각 증진

내담자의 자각 증진은 변화의 또 다른 지표이다. 치료자의 지향성과는 상관없이 변화가 효과적이려면 자각이 필요하다. "어떤 내담자는 생각하기가 느끼는 방식에 영향을 끼치는지 모를 수 있다. 어떤 내담자는 자신의 정서적 반응이 어떻게 행동으로 귀착되는지 모를 수 있다. 어떤 내담자는 자신의 행동이 어떻게 다른 사람에게 부정적인 영향을 미치는지 모를 수 있다. 그러므로 자신의 화를 인식하지 못하는 사람 그리고 화날 때 철회하는 경향이 있는 사람은 이러한 정서-

행동 연결이 다른 사람과의 관계에 어떻게 불리한 영향을 미치는지 모를 수 있다."(Goldfried, 2012, p. 20)

내담자의 자각을 증진하기는 생각, 감정, 행동의 빈도 유형과 같은 몇 가지 치료적 고려 사항을 수반한다. 내담자와 분명하고 정확한 사례개념화를 공유함으로써 이러한 자각을 상당히 촉진할 수 있다. 내담자는 부적응적 패턴을 이해함으로써 그들의 삶에 영향을 미치는 요인들을 더 잘 이해할 수 있다.

제니퍼 치료의 초점을 통해 그녀의 자각은 상당히 촉진되었다. 먼저, 그녀는 완벽주의와 과도한 성실성의 부적응적 패턴을 촉발하는 일상생활 상황과 생각을 자각하게 되었다. 다음으로, 그녀는 패턴이 어떻게 우울증을 촉발하고 악화시키는지를 점차 자각하게 되었다. 이어서, 이러한 자각이 그러한 패턴에서 벗어나 전환하려고 결정하는 데 결정적이었다.

교정적 경험 조성

자각, 통찰, 단순한 행동 변화를 넘어서서, 효과적인 변화는 교정적 경험을 요구할 수 있고 실제로 자주 요구한다. 교정적 경험은 개인이 예상하지 못한 다른 방식으로 사건이나 관계를 재경험하는 것이다. 이러한 교정적 경험은 과거의 부정적인 경험의 부당성을 증명하고, 심층적인 변화를 가져올 수 있다(Castonguay & Hill, 2012). 이러한 경험은 2차 변화에 해당하며, 다양한 심리치료 접근이 포함하는 변형적 과정(transformative process)에서 중심적인 역할을 한다. 교정적인 정서적 · 인지적 · 대인관계적 경험이 일어났다는 한 가지 분명한 지표는 "내담자의 목소리에 놀라움의 어조를 띠면서 회기 사이에 있었던 경험을 보고할 때이다. 이는 내담자가 자신과 다른 방식으로 행동했거나 자신이 한 일에 따른 예상치 못한 긍정적인 결과가 있었기 때문이다. 어떤 때는 교정적 경험이 지지적이고 긍정하는(affirming) 치료자와의 지속적인 상호작용의 결과일 수 있다."(Goldfried, 2012, p. 21)

제니퍼의 치료는 교정적인 정서적 · 인지적 · 대인관계적 경험을 제공했다. 교정적인 정서적 경험은 그녀의 자기 수용 증가에서 분명하게 나타났고, 교정적인 인지적 경험은 좀 더 적응적인 패턴으로의 전환에서 드러났다. 교정적인 경험은 또한 그녀의 관계로 확장되었다. 이는 요구하기보다는 격려하고 긍정하는 치료자와의 관계를 포함한다. 더불어 대학 교수와 부모를 포함한 그녀의 인생에서 권위 있는 사람들과의 관계가 좀 더 긍정적으로 바뀐 것으로 보인다.

1차, 2차, 3차 변화 촉진

치료 변화는 세 가지 순위 또는 수준의 면에서 확인된다(Good & Beitman, 2006). 1차 변화는 증상이 감소하거나 안정감을 얻기와 같은 작은 변화를 수반한다. 위기 상담, 약물 관리, 사례 관리에는 적합하지만, 이 수준은 심리치료에 충분하지 않다. 2차 변화는 변형적이며(Fraser & Solovey, 2007), 부적응적 패턴에서 좀 더 적응적인 패턴으로 전환하면서 발생한다. 치료자는 항상 이 수준의 변화를 중재한다. 반면, 3차 변화는 치료자의 도움 없이 내담자 스스로 노력한 결과이다. 기본적으로 내담자가 스스로 자신의 치료자가 된다. 장기적으로 변화를 지속하려면 어느 정도 3차 수준의 변화가 필요하다(Sperry

& Carlson, 2014). 만약 치료 목적이 깊이 있는 지속적인 변화라면, 치료의 초점은 1차 변화만으로는 충분하지 않으며 2차 및 3차 변화여야 한다.

제니퍼의 치료는 1차와 2차 목표를 달성했고, 3차 변화 목표를 어느 정도 달성한 지표가 나타났다. 달성한 1차 목표는 그녀의 기분과 일상의 기능을 포함했다. 그녀의 우울 증상이 개선되면서 기분이 좋아졌고, 에너지가 더 많아졌으며, 동기가 높아졌다. 그녀는 자신의 삶과 친구 관계를 이전보다 더 즐길 수 있었다. 달성한 2차 목표는 합리적으로 성실하고 덜 완벽해지는 좀 더 적응적인 패턴으로의 전환이었다. 3차 변화도 있었다. 제니퍼는 회기 밖 몇몇 상황 속에서 자신에게 순차적 질문을 사용했다. 마지막 회기에서 그녀는 옛 패턴이 자신에게 영향을 미쳤던 다른 방식들을 확인했고, 치료 후에 좀 더 자발적이고자 하는 목표를 설정했다.

모든 내담자가 제니퍼가 했던 만큼 치료에 반응하지는 않을 것이다. 주요한 치료적 변화는 내담자와 치료자 모두에게 많은 것을 요구한다. 내담자에게는 치료자와 관계를 맺는 능력과 강점 및 보호 요인의 존재를 변화시킬 준비도와 의지가 필수적이다(Sperry & Carlson, 2014). 치료자에게는 효과적인 치료의 여섯 가지 준거에 도달하기 위한 충분한 전문지식이 필수적이다. 지난 40년 동안 치료자를 슈퍼비전한 필자(Len Sperry)의 경험에 비추어 볼 때, 이 중 다음의 세 가지는 치료하기 어려운 내담자의 변화를 촉진하는 데 절대적으로 필수적이다. 즉, 촉진적인 치료적 동맹을 발달시키고, 정확하고 완성된 사례개념화를 공식화하며, 효과적으로 개입을 조정하고 실행하는 것이다.

초기기억: 첫 회기와 마지막 회기

앞서 언급했듯이, 초기기억은 부적응적이든 적응적이든, 개인의 생활양식 신념 또는 자기-타인 심리도식, 생애 전략, 개인의 패턴을 확인하는 데 사용되는 투사적 기법이다. 아울러 심리치료자는 기억을 개인의 자기, 타인, 세상에 대한 현재의 관점에 의해 형성된 이야기로 간주한다. 치료과정을 통해, 기억은 바뀔 수 있고 바뀐다(Clark, 2002; Mosak & DiPietro, 2006). 치료를 시작할 때 수집된 초기기억을 개입 전 초기기억(pre-intervention ERs)이라 하며, 치료 종결 즈음 수집된 기억은 개입 후 초기기억(post-intervention ERs)이라 한다. "초기기억의 변화는 치료에서 자주 발생하며, 이러한 변화는 내담자의 삶에 대한 변화된 인식과 일치하는 것으로 보인다."(Mosak & DiPietro, 2006, p. 203). 우리의 경험에 따르면, 개입 전후의 변화에는 생애 전략의 변화(즉, 부적응적 패턴에서 좀 더 적응적 패턴으로)도 포함된다. 치료가 부적응적 패턴을 좀 더 적응적 패턴으로 전환하는 데 초점을 맞추면서, 치료의 초점이 자기-타인 심리도식이 아니라 생애 전략에 있다고 할지라도, 내담자의 자기-타인 심리도식(즉, 자기관, 세계관)도 역시 더 건강한 방향으로 전환한다. 이 장은 일련의 초기기억 두 세트를 살펴보고 해석한 다음, 이들이 제니퍼의 부적응적인 패턴과 좀 더 적응적인 패턴을 어떻게 반영하는지를 언급한다.

제니퍼의 치료 전 초기기억을 살펴보는 것으로 시작하자. 기억하겠지만 그녀는 첫 회기에서 두 가지 초기기억을 말했다. 첫 번째는 여섯 살 때였다. "하루에 몇 시간씩 일주일 동안 장난감 벽돌로 높은 탑을 만들면서 보냈어요. 다음 날 학교에서 집으로 돌아와 보니 여동생이 그 탑을 무너뜨렸다는 것을 알게 되었어요. 나는 동생을 밀어 넘어뜨렸고, 부모님은 제 특권을 빼앗아 가는 벌을 주셨어요."라고 말했다. 가장 생생한 장면은 '바닥 전체에 흩어진 내 탑을 보고 있는 것'이었다. 질문의 응답에서 감정은 '속상했고 화가 났지만 드러내지 않은 것'이었으며, 생각은 '망쳤어. 잘못은 동생이 했는데 내가 벌을 받고 있어. 공평하지 않아.'였다.

두 번째는 여덟 살 때였다. "학교 음악회에서 바이올린 독주를 하고 있었는데, 두 번의 작은 실수를 했어요. 그 후 부모님은 충분히 연습하지 않았다고 내게 소리쳤어요."라고 말했다. 가장 생생한 장면은 '실수하고 있는 것'이었다. 생생한 장면에 대한 응답에서 그녀의 감정은 '당황스럽고 슬프며 걱정됨'이었으며, 생각은 '매우 열심히 했지만 실패했다. 그걸 참을 수 없다.'였다.

우리는 이러한 치료 전 초기기억이 그녀의 성취에 대한 강박적인 패턴, 완벽주의, 과도한 성실성과 일치한다고 해석했다. 첫 번째 초기기억에서 그녀는 힘들게 한 작업을 '망쳤고', 동생을 '밀어뜨려서' 처벌받았다. 두 번째 초기기억은 지나치게 높은 요구와 다른 사람의 정서적인 지지 결여에 대해 우울하게 반응하는 징조를 보여 준다. 우리는 두 가지 초기기억이 과제 완성을 방해하는 제니퍼의 부적응적 패턴인 과도한 성실함 및 완벽주의와 일치하며, 이를 확인했다는 점을 언급했었다.

이제 치료 후 초기기억을 살펴보자. 10회기에 두 가지 초기기억을 보고했다. 첫 번째는 여섯 살 때였다. "저는 장난감 벽돌로 높은 탑을 만들었어요. 다음 날 학교에서 돌아왔을 때 여동생이 그것을 무너뜨린 것을 발견했어요. 그런데 엄마가 다시 만드는 것을 도와주셨어요."

라고 말했다. 가장 생생한 장면은 '엄마와 함께 다시 쌓는 것'이었다. 이에 대한 반응으로 그녀의 감정은 '좋음'이었고, 생각은 '엄마의 도움과 정서적 지지를 받아서 기뻤다.'였다.

두 번째 치료 후 초기기억은 여덟 살 때였다. "저는 매일 한 시간씩 웅변 발표를 연습했어요. 그리고 웅변 선생님께서 학예회에서 제가 발표자로 선발되었다고 말씀하셨어요."라고 말했다. 가장 생생한 장면은 '발표할 학생으로 선발되었다는 말을 들은 것'이었다. 이에 대한 반응으로, 그녀의 감정은 '흥분되고 감사함'이었고, 생각은 '제 삶에서 강박에 사로잡히거나 균형을 잃지 않고 무언가를 성취할 수 있었다.'였다.

제니퍼의 두 번째 초기기억은 치료과정을 통한 변화를 더욱 분명하게 반영한다. 그녀는 우울 증상을 이미 경험하지 않을 뿐만 아니라, 초기기억은 좀 더 균형 잡힌 건강한 자기-타인 심리도식(자기관, 세계관)도 보여 준다.

이러한 초기기억의 변화는 좀 더 적응적인 생애 전략이나 패턴으로 관찰된 전환 또는 변화와도 일치한다. 치료 전에 관찰된 패턴과 초기기억은 지나친 성실성과 완벽주의적 추구를 보여 주었던 반면에, 그녀의 좀 더 적응적인 패턴은 보다 덜 완벽적이면서, 합리적으로 성실하며, 과업에 초점을 두는 것이었다. 그녀는 항상 삶에서 좀 더 균형이 있고 더욱 만족하는 것으로 나타났다.

초기기억의 치료적 변화에 관해 자주 묻는 두 가지 질문이 있다. 첫 번째는 "같은 사건의 두 번째 초기기억에서 개인은 새롭고 더 긍정적인 의미를 주입하는 것으로 보이는데, 어떻게 그럴 수 있는가?"이다. 이 질문의 답은 개념에 대한 정의상 초기기억은 과거 상황에 대한 정확한 기억이 아니라 현재 자기 삶에 대한 개인의 지각을 반영하기 때문이라고 말할 수 있다. 실제로 개인이 더 건강하고 긍정적이면 초기기억도 더 긍정적이고 건강할 것이라는 점은 중요하다. 두 번째 질문은 "개인은 어떻게 첫 번째 기억과 전혀 상관없는, 두 번째 치료 후에 초기기억을 상당히 다르게 떠올릴 수 있을까?"이다. 이 사례에서 그 이유는 제니퍼가 지나친 성실성, 완벽주의, 부정적 평가로 이루어진 강박적 패턴에 초점을 덜 맞추기 때문이다. 대신에 그녀는 지금 합리적으로 성실하기에 더 초점을 두고, 자신과 타인의 긍정적인 평가를 덜 걱정하기 때문에 이전 음악회 기억은 이미 생각에서 제일 앞에 존재하지 않는다. 그 대신 그녀는 학예회에 참가 통지를 받은 긍정적인 기억을 보고했다.

환자 건강 질문지-9와 사회적 관심 척도-간편형

마지막으로, 치료과정 동안 수집했던 두 가지 측정 도구와 제니퍼의 초기기억 해석을 비교해 보자. 매 회기 전에 주요우울장애를 측정하는 도구인 환자 건강 질문지-9 결과를 수집했음을 기억할 것이다. 물론, 이는 1차 치료 목표에 대한 경과의 지표이다. 점수가 낮을수록 주요우울장애의 증상과 준거가 낮다는 것을 시사한다. 사회적 관심 척도-간편형 점수도 1회기, 5회기, 10회기에 수집되었음을 기억할 것이다. 점수가 높을수록 사회적 관심 수준이 높다는 것을 의미한다. 만일 치료가 효과적이면 초기기억이 좀 더 건강하고 적응적일 뿐만 아니라, 사회적 관심 수준도 높아져야 한다고 예상할 수 있다.

실제로 이러한 결과가 제니퍼의 치료에서 나타났다. 환자 건강 질문지-9 점수는 점점 낮아지고, 사회적 관심 척도-간편형 점수는 점점 높아지는 변화를 [그림 10-1]에서 확인할 수 있다.

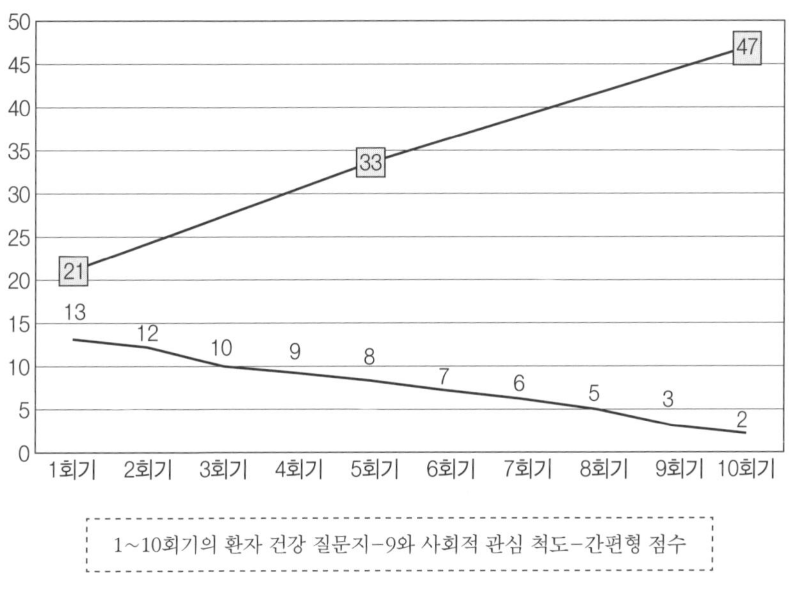

[그림 10-1] 우울증 증상과 사회적 관심 점수의 변화

아들러 심리치료의 미래와 도전

앞서 말한 것처럼, 아들러 치료는 초창기 심리치료법 중 하나이며 많은 기본적 개념이 여러 현대 치료법에 통합되어 있다(Corey, 2016). 아들러 치료는 대학원생과 치료자에게 꾸준하게 매력적이다. 변화를 도모하려는 그들의 가치와 목적(즉, 사회적 관심)에 부합하기 때문이다. 이 장에서는 아들러 치료의 업적과 미래의 도전과제를 논의한다.

업적

수련생뿐만 아니라 개업 치료자에게도 아들러 치료의 주된 매력은 이론의 유연성과 치료에 대한 절충적 접근이라는 것이다. 기본적으로, 이는 치료자가 아들러식 철학과 사정 방법(즉, 생활양식 사정)을 이용할 수 있고, 그다음 다른 치료법뿐만 아니라 아들러 치료법으로부터 나온 다양한 개입 방법을 통합하는 치료를 계획할 수 있음을 의미한다. 수년 동안 이것은 아들러 접근법의 강점과 매력적인 특징으로 여겨졌다. 다음 부분에 언급하겠지만, 이 매력이 변화하기 시작했다.

지난 수십 년 동안 이 접근법의 영향에 대해 대략적인 검토만 해 봐도 상당히 설득적이다. 대부분의 현대 치료법의 이론과 실제에 미친 긍정적인 영향 이외에도, 대학원생 훈련, 전문 출판물, 전문 기관에서의 주요한 업적은 이 접근법이 발달하고 진화하는 데 어떻게 성공해 왔는지를 보여 준다.

현재 전 세계에는 아들러 치료의 이론과 실제에서 차세대 임상가와 학자를 훈련하는 수많은 아들러 치료자가 있다. 북미에서만 시카고, 밴쿠버, 토론토, 미네아폴리스 지역에 4개의 아들러 심리학 전문대학원 프로그램이 있다. 이 중 시카고에 있는 아들러 대학교(Adler University)는 아들러식 실제와 학문 센터(the Center for Adlerian Practice and Scholarship)이다. 많은 업적 중 하나는 'AdlerPedia'인데, 이것은 알프레드 아들러 시대부터 지금까지 수많은 아들러 치료자가 개발한 거의 모든 출판물, 비디오, 훈련 자료를 담고 있는 광범위한 온라인 자원이다.

또한 아들러 심리학의 주제를 가르치고, 임상 훈련을 제공하며, 연구를 감독하는 아들러 학파로 훈련받은 교수가 있는 대학이 적어도 다섯 개가 있다. 또한 두 개의 아들러 전문 기관이 있다. 북미 아들러 심리학회(North American Society of Adlerian Psychology)와 국제 아들러 심리학회(International Association of Adlerian Psychology)이다. 이들은 매년 학술대회를 개최하고, 아들러 치료의 훈련을 제공한다. 『개인 심리학 학술지(Journal of Individual Psychology)』는 지난 100년 동안 아들러 심리학 이론, 연구, 실제에 공헌하여 온 아주 높이 평가된 저널이다. 아들러 주제에 대한 다양한 전문 저널에는 수많은 저서, 책의 장, 논문이 상당하다. 최신 목록은 'AdlerPedia'(2018)에 있다. "이러한 모든 요소는 아들러 모델이 계속 성장하고, 아들러 심리학자들이 교육, 출판, 상호작용을 위한 확실한 장을 갖도록 해 준다." (Carlson & Englar-Carlson, 2017, p. 113)

도전

최근 보고서에 따르면, 대부분의 대학원생이 이론적인 접근법으로 아들러 치료를 선호하지만, 대신에 대부분은 인지행동치료를 실습할 거라고 했다. 이유는 무엇일까? 인지행동치료는 증거 기반 접근법이며 보험사로부터의 비용 변제가 가능하지만, 아들러 치료는 증거 기반이 아니며, 조만간 비용 변제가 가능하지 않을 것이다(Glenn, 2015). 학생들은 전통적인 인지행동치료의 기본 이론과 비교하여, 아들러 치료법이 그들의 기본 신념과 가치에 훨씬 더 부합한다고 했다. 본질적으로, 이 학생들은 자신이 동경하는 접근법과 상담료를 변제받을 수 있는 접근법 사이에서 고민하고 있다.

학생과 개업 치료자 모두가 직면한 근본적인 고려 사항은 치료 서비스를 제공할 때 책무성의 요구가 증가한다는 점이다. 특히, 정신건강 전문가뿐만 아니라 의사의 전문적인 서비스에 대한 변제도 점차 증거 기반 치료법을 사용했다는 문서에 근거하고 있다는 것이다. 현대의 많은 치료법을 증거 기반으로 여기지만, 아들러 치료는 현재 증거 기반 접근법으로 여겨지지 않고 있다.

아들러 패턴중심치료의 핵심적인 개입 요소 중 하나가 이미 인정된 증거 기반 접근법이기 때문에, 아들러 패턴중심치료는 다른 현대 아들러 치료법보다 증거 기반 접근법의 지위를 확보할 가능성이 더 있다. 이러한 지위에는 임상적 실험을 포함해야 하는 필수적인 연구 지원이 요구된다.

이와 관련한 도전 과제는 몇몇 아들러 치료자 사이에 태도의 전환이 필요하다는 것이다. 현실에서 아들러 치료자를 포함하여, 오늘날 많은 치료자가 증거 기반 또는 문서로 입증하는 치료 성과를 수용하는 것을 경계하고 있다. 실제로 "많은 아들러 심리학자는 성과에 초점을 덜 맞추고, 우리가 사용해 왔던 접근법들의 효과성에 관해서는 개인적 진술 정보에 만족해 왔다. 사용했던 작업과 개입에 관한 연구에 아들러 상담자들이 참여해야 한다."(Carlson & Englar-Carlson, 2017, p. 126)

끝맺는 말

이 책의 목적은 독자에게 아들러 치료의 이론과 실제의 지위에 관한 최신 정보를 제공하는 것이다. 우리는 처음 두 장에서 아들러 치료의 전통적인 이론과 실제를 검토하여 이 목적을 달성했다. 그다음, 좀 더 책무성 있는 치료법을 제공하고 문서화해야 하는 학생과 개업 치료자의 요구를 충족할 수 있는 아들러식 치료 실제에 대한 현대적인 관점을 설명하고 예시했다. 그에 따라 제3장에서 아들러 패턴중심치료를 설명했다. 그다음 나머지 장에서 실제를 다루었다. 우리는 독자에게 치료과정 자체에서 체험적인 몰입감을 제공하려고 의도했다. 이를 위해 완전히 완료된 치료의 축어록에서 광범위한 장면들을 사용했다. 마지막으로, 우리는 포괄적인 해설로 치료과정의 내부자 관점을 제공했다. 관심 있는 독자는 이 책(원서)과 함께 제공되는 웹사이트에 10회기 전체에 대한 무삭제 축어록을 찾을 수 있다.

이 장의 목적은 독자로 하여금 제니퍼의 치료가 왜 성공적이었는지 이해하도록 돕는 것이다. 그러나 약물을 사용하지 않고 심리치료만을 받은 경도 수준의 우울증이 있는 사람뿐만 아니라 중등도 수준의 우울증이 있는 모든 사람이 제니퍼처럼 개선되지는 않는다는 점에 주목하는 것이 중요하다. 아들러 패턴중심치료, 치료자의 전문성, 제니퍼의 치료 참여와 전념 등이 서로 매우 높은 수준으로 맞추어졌기 때문에, 그녀는 우울증 완화(1차 변화)뿐만 아니라 그녀의 패턴에서 필요한 변화(2차 변화)도 달성할 수 있었다.

현시점에서 아들러 심리치료의 미래는 상당히 낙관적으로 보인다. 물론 이는 임상적 실험을 하고 증거 기반 지위를 획득하려는, 아들러 패턴중심치료와 같은 하나 이상의 아들러 치료법의 여하에 달려 있다.

참고문헌

AdlerPedia (2018). Retrieved from: https://www.adlerpedia.org/

Bordin, E. S. (1994). Theory and research on the therapeutic working alliance: New directions. In A. O. Horvath & L. S. Greenberg (Eds.), *The working alliance: Theory, research, and practice* (pp. 13-37). New York, NY: John Wiley & Sons.

Carlson, J., & Englar-Carlson, M. (2017). *Adlerian psychotherapy*. Washington, DC: American Psychological Association.

Castonguary, L., & Hill, C. (Eds.). (2012). *Transformation in psychotherapy: Corrective experiences across cognitive-behavioral, humanistic, and psychodynamics approaches*. Washington DC: American Psychological Association.

Clark, A. (2002). *Early recollections: Theory and practice in counseling and psychotherapy*. New York, NY: Brunner-Routledge.

Corey, G. (2016). *Theory and practice of counseling and psychotherapy* (10th ed.). Belmont, CA: Brooks-Cole.

Fraser, J., & Solovey, A. (2007). Second-order change in psychotherapy: The golden thread that unifies effective treatments. Washington DC: American Psychological Association.

Glenn, K. (2015). Can you relate? *Counseling Today, 58*(5), 48-52.

Goldfried, M. (2012). The corrective experiences: A core principle for therapeutic change. In L. Castonguary & C. Hill (Eds.). *Transformation in psychotherapy: Corrective experiences across cognitive-behavioral, humanistic, and psychodynamics approaches* (pp. 13-29). Washington DC: American Psychological Association.

Good, G., & Beitman, B. (2006). *Counseling and psychotherapy essentials: Integrating theories, skills, and practices.* New York, NY: Norton.

Mosak, H., & DiPietro, R. (2006). *Early recollections: Interpretation method and application*. New York, NY: Routledge.

Livesley, W. (2003). *Practical management of personality disorder.* New York, NY: Guilford.

Sperry, L. (2010). *Core competencies in counseling and psychotherapy: Becoming a highly competent and effective therapist.* New York, NY: Routledge.

Sperry, L., & Carlson, J. (2014). *How master therapists work: Effecting change from the first through the last session and beyond.* New York, NY: Routledge.

Sperry, L., & Sperry, J. (2012). *Case conceptualization: Mastering this competency with ease and confidence.* New York, NY: Routledge.

찾아보기

인명

저자 소개

Len Sperry(MD, Ph.D)

현재 미국 플로리다주 보카 러톤 소재 플로리다 애틀랜틱 대학교(Florida Atlantic University)의 정신건강상담학과(Mental Health Counseling) 교수로 재직 중이다. 위스콘신 의과대학 정신의학과 교수를 역임했고, 사례개념화 및 성격장애 등을 포함하여 다양한 주제에 관한 수백 편의 저서와 논문을 발표했다. 특히 아들러 상담 이론을 적용한 패턴중심치료(Pattern-Focused Therapy)를 개발하여 보급하고 있다.

Vassilia Binensztok(Ph.D)

현재 미국 플로리다주 팜비치 카운티에서 상담센터를 설립하여 개업 상담자로 있으며, 노스웨스턴 대학교 및 플로리다 애틀랜틱 대학교의 겸임교수로 재직 중이다. 다트머스 칼리지에서 영문학을 전공했고, 이후 플로리다 애틀랜틱 대학교에서 상담 전공 박사를 취득했다. 특히 불안, 트라우마, 이혼 문제 등을 포함한 관계 문제에 관심을 갖고 상담을 제공하고 있다.

역자 소개

강영신(Kang, Young-Shin)

미국 Northeastern University 철학 박사(상담심리 전공)
현 전남대학교 심리학과 교수

〈저서 및 역서〉
개인심리학적 상담: 아들러 상담(공저, 학지사, 2021)
성격심리학(2판, 공저, 학지사, 2018)
아들러 상담이론과 실제(공역, 학지사, 2005)

유리향(Yu, Li-Hyang)

전남대학교 교육학 박사(상담심리 전공)
현 서울 신남초등학교 교사

〈저서 및 역서〉
개인심리학적 상담: 아들러 상담(공저, 학지사, 2021)
교사를 위한 아들러 심리학(공저, 학지사, 2018)
용기의 심리학(공역, 학지사, 2015)

오익수(Oh, Ik-Soo)

전남대학교 교육학 박사(교육상담 전공)
현 광주교육대학교 교육학과 명예교수

〈저서 및 역서〉
개인심리학적 상담: 아들러 상담(공저, 학지사, 2021)
교사를 위한 아들러 심리학(공저, 학지사, 2018)
용기의 심리학(공역, 학지사, 2015)

아들러 심리치료의 실제

Learning and Practicing Adlerian Therapy

2022년 10월 20일 1판 1쇄 인쇄
2022년 10월 25일 1판 1쇄 발행

지은이 • Len Sperry · Vassilia Binensztok
옮긴이 • 강영신 · 유리향 · 오익수
펴낸이 • 김진환
펴낸곳 • (주) 학지사

04031 서울특별시 마포구 양화로 15길 20 마인드월드빌딩
대표전화 • 02)330-5114 팩스 • 02)324-2345
등록번호 • 제313-2006-000265호

홈페이지 • http://www.hakjisa.co.kr
페이스북 • https://www.facebook.com/hakjisabook

ISBN 978-89-997-2779-5 93180

정가 17,000원